Nauticus

Beiträge zur Flottennovelle 1900

EHV
HISTORY

Nauticus

Beiträge zur Flottennovelle 1900

ISBN/EAN: 9783955640859

Auflage: 1

Erscheinungsjahr: 2013

Erscheinungsort: Bremen, Deutschland

EHV
HISTORY

Beiträge

zur

Flotten-Novelle

1900.

Von

Nauticus.

Berlin 1900.

Ernst Siegfried Mittler und Sohn

Königliche Hofbuchhandlung

Kochstraße 68—71.

Vorwort.

Das Deutsche Reich steht vor einer der größten Entscheidungen seiner neuesten Geschichte, vor der Entscheidung, ob die sehnlichen Wünsche seiner sturmbewegten Vergangenheit nach einer machtvollen deutschen Flotte Erfüllung finden sollen. Was einst nur in unbestimmten Vorstellungen die Volksseele bewegte, als die Vorbedingung politischer Einheit und kraftvoller materieller Entwickelung fehlte, dazu hat sich allmählich in normalem, gesundem Wachsthum das Fundament gebildet. Und jetzt gilt es, einen stolzen, wetterfesten Bau zu fügen, darin die Güter nationaler Wohlfahrt und blühenden wirthschaftlichen Gedeihens sicher und wohlbehütet ruhen können.

„Für eine starke deutsche Flotte!" So hallt der Ruf weithin durch die Gaue unseres Vaterlandes. Gering ist die Anzahl derer, welche ihre Nothwendigkeit in schroffer Ablehnung nicht anerkennen. Nur ob der materiellen Bürde, die unser Volk mit diesem Plane auf sich nimmt, ob der finanziellen Opfer, die unser Staatshaushalt bringen muß, steht eine Anzahl sonst patriotischer Männer noch zögernd und zweifelnd beiseite.

Mit hohem Ernst und wachsender Gründlichkeit nimmt sich die öffentliche Meinung unseres Volkes der Prüfung der Flottenfrage an. Sachkundige Darlegungen in der Tagespresse,

wissenschaftliche Erörterungen in Form von Broschüren und
Vorträgen in steigender Fülle, bemerkenswerthe Kundgebungen
in Versammlungen und Vereinen lassen erkennen, daß wir Alle
uns der Größe der Aufgabe bewußt geworden sind.

Eine so große geistige Bewegung zeitigt naturgemäß neben
zahlreichem Guten und Ersprießlichen mancherlei irrige Anschauungen und wohlmeinende, aber undurchführbare Vorschläge,
welche der weiteren Klärung und Richtigstellung bedürfen.
Wie in früheren Jahren, habe ich mich deswegen abermals
der Aufgabe unterzogen, aus der Fülle des mir zur Verfügung stehenden Materials und mit Unterstützung kenntniß-
reicher Mitarbeiter dem Leserkreise weitere Mittel an die Hand
zu geben, um sich über die Bedeutung der Flottenvorlage für das
politische und wirthschaftliche Leben der Nation ein eigenes
Urtheil zu bilden.

Die vorliegende Veröffentlichung, welche neben dem
ständigen Jahrbuch einhergeht, liefert in einer Reihe von Auf-
sätzen politischen, militärischen, wirthschaftlichen, geographischen
und historischen Inhalts objektiv gehaltene Beiträge zur Beurtheilung der die Verstärkung unserer Flotte enthaltenden
Flottengesetz-Novelle.

Der Uebersichtlichkeit halber ist wie früher die Reihenfolge der Aufsätze alphabetisch gehalten.   Als Anhang ist der
Wortlaut des Entwurfs zur Flottengesetz-Novelle nebst Begründung und ein Verzeichniß der einschlägigen Marinelitteratur
seit Oktober v. J. hinzugefügt.   Den Schluß des Werkes bildet
ein Index, der dem Leser das Auffinden einer ihm wissens-
werthen Materie erleichtert. — Eine Anzahl werthvoller Aufsätze, die wegen Raummangels zurückgestellt werden mußten,
wird in der Fortsetzung dieses Werks Verwendung finden.

Meinen Mitarbeitern, mit denen ich mich Eins fühle in
der Erkenntniß, daß für die Wahrung eines ehrenvollen, gedeihlichen Friedens und für die Abwendung einer unserer

Volkswohlfahrt durch Krieg und Blockade drohenden Krisis eine Achtung gebietende deutsche Seemacht unerläßlich ist, sage ich an dieser Stelle für ihre Unterstützung meinen herzlichsten Dank.

Möge diese Schrift das Ihrige dazu beitragen, um das Verständniß für die Nothwendigkeit einer starken Flotte in immer weiteren Kreisen des deutschen Volkes zu wecken und zu festigen!

Berlin, im März 1900.

Nauticus.

Reihenfolge der Aufsätze.

		Seite
1.	Die Blockadegefahr	1
2.	Deutschlands wirthschaftliche Interessen in Hongkong	23
3.	Deutsche Interessen in Mittelamerika	35
4.	Deutschland in der Südsee	46
5.	Die Finanzen des Deutschen Reiches und die Flottenverstärkung	56
6.	Deutschlands geographische Lage zur See	76
7.	Grundlagen des gewerblichen Aufschwungs in Deutschland	94
8.	Historische Rückblicke	104
9.	Die Kontinentalsperre	116
10.	Die Personalfrage in der deutschen Kriegsmarine	131
11.	Das Personal der fremden Marinen	140
12.	Politische Machtstellung und Kriegsmarine	158
13.	Die Entwickelung des deutschen Schiffbaues und seiner Hülfsindustrien	175
14.	Stärkevergleich der wichtigsten Kriegsmarinen	196
15.	Flotte und Valuta	203
16.	Volkseinkommen und Konsum	217

Anhang.

Novelle zum Flottengesetz nebst Begründung	225

Namen-Verzeichniß.

Bismarck: Meine ganze politische Kunst wäre vollständig gescheitert ohne Hinblick auf die deutsche Militär-Organisation S. 172.

Bluntschli: Völkerrechtlich anerkannte Grundsätze über Blockade S. 4.

Brunel, engl. Ingenieur: baute den Great Eastern S. 182.

Bülow, v.: unternahm 1852 einen Kolonisationsversuch mit europäischen Landarbeitern in Costa Rica S. 36.

Bülow, Graf v., Staatssekretär: Wir müssen uns eine Flotte schaffen, stark genug, um den Angriff jeder Macht auszuschließen S. 159.

Chapman, Techniker: gab der Schiffbaukunst ein wissenschaftliches System S. 178.

Clausewitz: Der Krieg ist nur die Fortsetzung der Diplomatie S. 172.

Colbert, franz. Minister: schuf die französische Kriegsmarine S. 148.

Cromwell: schädigte durch die Navigations-Akte das holländische Seefrachtgeschäft S. 108.

Eitel, Dr., geborener Schweizer: Sorgfältige Geschichte Hongkongs S. 23.

de Foville: schätzt das gesammte Volkseinkommen Frankreichs auf 25 Milliarden Francs S. 220.

Fyffe: Die Schlacht von Trafalgar war nicht nur der größte Seesieg, nein, sie war der gewaltigste und bedeutungsreichste Sieg überhaupt. S. 112.

Grotius, Hugo: stellte den Grundsatz vom „mare liberum" auf S. 1.

Halle, Prof. Dr. v.: Die Arbeiterschaft hat Vortheil von dem Ueberfluß der Produktion S. 96.

Heckel, Prof. v.: berechnet die pro-Kopf-Belastung durch Zölle und indirekte Steuern in anderen Großstaaten S. 72.

Hohenlohe, Fürst, Reichskanzler: Ankündigung der Flottengesetz-Novelle im Deutschen Reichstag am 11. Dezember 1899 S. 56.

Iglesias, Rafael, Präsident von Costa Rica: fördert den wirthschaftlichen Aufschwung seines Landes S. 45.

Katharina II. von Rußland: regte 1780 die Schließung des „Bundes der bewaffneten Neutralität" gegen England an S. 2.

Lesseps, Erbauer des Suez-Kanals: macht mit Rücksicht auf den Panama-Kanal auf die Wichtigkeit der Südseestationen aufmerksam S. 47.

Lieber, Dr., Abgeordneter: wünscht, daß Kriegsschiffe nicht aus Anleihen bezahlt werden S. 59.

Lind, E. Th., Firma: verfrachtete anderthalbmal soviel nach Ostasien, wie die Reichspostdampferlinie S. 33.

Mulhall: schätzt das gesammte deutsche Volkseinkommen auf 25,8 Milliarden Mark S. 221.

Napoleon I.: Erklärung der Kontinentalsperre gegen England S. 2.

Napoleon I.: stellte die politische Uebermacht Frankreichs in den Dienst seiner Wirthschaftspolitik S. 124.

Napoleon III.: vermehrte Frankreichs Kolonialbesitz in der Südsee S. 47.

Niederlein, Dr.: Ueber den Handel in Guatemala S. 41.

Peter der Große: gründete die russische Seemacht 153.

Pitt, engl. Prem. Minister: Wir haben unsern äußeren und inneren Handelsverkehr auf eine höhere Stufe gebracht als je zuvor (Rede vom 18. Februar 1801) S. 111.

Porter, amerik. Admiral und Historiker: Die Blockade hat mehr dazu beigetragen, die Konföderation zu Fall zu bringen, als die übrigen militärischen Aktionen zusammengenommen S. 18.

Réveillère, Admiral: Napoleons Glück ist in den Gewässern Trafalgars versunken S. 112.

Robinson, Sir William, früh. Gouverneur von Hongkong: Der von ihm sechs Jahre lang verwaltete Handelsplatz falle immer mehr in deutsche Hände S. 24.

Stentzel: Die Flotte der Nordstaaten im Sezessionskriege S. 11.

Stosch, v., General: verstand es, der Organisation des Marinepersonals System und Entwickelungsfähigkeit zu geben S. 131.

Stosch, v. General: Ohne deutschen Schiffbau keine deutsche Marine S. 186.

Sutherland, Sir Thomas: hält Hongkong für den größten Schiff= fahrtsplatz der Welt S. 27.

Thielmann, Frhr. v., Staatssekretär des Reichsschatzamts: sprach über die finanzielle Seite der Flottenfrage. (Reichstagssitzung vom 11. De= zember 1899) S. 56.

Voigt, Dr., Paul: Der Zusammenbruch unseres Exports und damit der Verlust unserer Einfuhr würde neben dem 30jährigen Kriege die furchtbarste Katastrophe der deutschen Geschichte sein S. 102.

Wagner, Adolf, Prof.: Deutschland befindet sich in Bezug auf die Kosten für Heer und Flotte in einer unvergleichlich günstigeren Lage als andere Großstaaten S. 64.

Die Blockadegefahr.

Man versteht unter Blockade eines Hafens oder einer Küste die völlige Absperrung derselben von jedem Seeverkehr durch Seestreitkräfte. Sowohl eigene wie neutrale Handelsschiffe setzen sich bei dem Versuch, in blockirte Häfen ein- oder aus solchen auszulaufen, der Gefahr der Wegnahme durch den Blockirenden aus. Aus Furcht vor dieser Wegnahme unterbleibt der Verkehr.

Die Blockade ist dasjenige Mittel im Seekriege, welches der Stärkere gegen den Schwächeren, der den Kampf um die Entscheidung auf hoher See vermeiden muß oder vermeiden will, stets angewendet hat und immer anwenden wird, um ihn zum Friedensschlusse zu zwingen.

Es ist keine Aussicht vorhanden, daß die Blockade als Mittel der Kriegführung in Zukunft verworfen werden wird.

Völkerrechtlich anerkannte Grundsätze über Blockade.

Das Recht kriegführender Mächte, einen Hafen- oder Küstenstrich „blockirt" zu erklären, ist von jeher völkerrechtlich anerkannt.

Im Gegensatz zu dem von Hugo Grotius 1609 aufgestellten Grundsatz vom „mare liberum" ist das Blockaderecht stets geübt und als nothwendiges Mittel im Kriege erachtet worden.

Als „nothwendiges Mittel", weil es zur wirksamen Schädigung des Gegners und damit zur Beendigung des Krieges beiträgt.

In früheren Zeiten begnügte man sich häufig mit der einfachen Erklärung, daß eine Küste blockirt sei, um einen

Rechtsgrund zu haben, allen und jeden Seeverkehr durch Weg=
nahme von Handelsschiffen auszuschließen.

Der auf Anregung Katharinas II. von Rußland ge=
schlossene „Bund der bewaffneten Neutralität“ versuchte 1780
vergeblich, diesem Zustande ein Ende zu machen, indem der
Grundsatz aufgestellt wurde, daß für die Wirksamkeit einer
Blockade die Anwesenheit einer genügenden Anzahl blockirender
Kriegsschiffe Bedingung sei.

Noch 1807 erklärte z. B. England alle Häfen der mit
Frankreich freiwillig oder zwangsweise verbündeten Kontinental=
mächte für blockirt und nahm alle dorthin fahrenden Schiffe fort.

Napoleon antwortete darauf bekanntlich mit dem Berliner
Dekret, dem sich später diejenigen von Mailand und Trianon
anschlossen. Es wurde darin ausgesprochen, „daß England
einen ungeheuren Mißbrauch des Völkerrechts beginge und daß
sein Vorgehen lediglich den Zweck habe, allen Verkehr zwischen
den Völkern zu verhindern, um Englands Handel und
Gewerbefleiß auf den Trümmern des Handels und des
Gewerbefleißes des festen Landes zu erheben“. Nicht nur
wurden die britischen Inseln für blockirt erklärt, sondern auch
die Verhaftung aller englischen Unterthanen, die Hemmung
allen Verkehrs mit den britischen Inseln und die Konfiskation
alles englischen Eigenthums auf dem Kontinent angeordnet.

Es wird dies hier angeführt, um anzudeuten, bis zu
welchen Ausschreitungen eine „fiktive“ Blockade führen konnte.

Das Erforderniß für eine Blockade, effektiv, d. h. durch
eine hinreichende Anzahl von Kriegsschiffen durchgeführt zu
sein, fand erst 1856 in der Pariser Seerechtsdeklaration An=
erkennung. Die Vereinigten Staaten von Nordamerika gehören
zu denjenigen Ländern, die diesen völkerrechtlichen Vertrag nicht
unterzeichnet haben.

Der auf die Blockade bezügliche Satz der Pariser De=
klaration lautet: „Blockaden müssen, um rechtsverbindlich zu
sein, wirklich bestehen, d. h. durch eine hinreichende Macht aus=
geübt werden, um den Zugang zum feindlichen Küstengebiet
thatsächlich zu verhindern.“

Die Wirkungen dieser Konvention traten 1861 bis 1865
im nordamerikanischen Sezessionskrieg in die Erscheinung.
Nachdem die Nordstaaten die südstaatlichen Küsten für blockirt
erklärt hatten, erkannten England und Frankreich die Süd=

staaten als kriegführende Macht an und fügten sich gleichzeitig, obwohl widerwillig, den nunmehr giltigen Blockadegesetzen.

Im Allgemeinen haben sich die Seemächte auch sonst an diesen Vertrag gehalten.

Es wird Dänemark vorgeworfen, 1864 davon abgewichen zu sein, als es einen Theil der preußischen Ostseehäfen für blockirt erklärte, zu diesem Zweck aber nur ein Geschwader von vier Schiffen nach Rügen schickte. Der Protest der preußischen Regierung wurde von Frankreich mit der zweideutigen Bemerkung beantwortet, daß sich Dänemark, falls die Blockade nicht wirksam sei, völkerrechtlichen Entschädigungsansprüchen aussetze. (Generalstabswerk von 1864, Band II, S. 458.)

Ohne Zweifel handelte die Türkei gegen den obigen Grundsatz, als sie 1877 alle russischen Häfen im Schwarzen Meer als blockirt behandelte, ohne auch nur ein Kriegsschiff davor aufzustellen. Zweifel können auch heute noch darüber bestehen, wann ein Hafen effektiv blockirt ist.

Der zur See Stärkere wird es immer in der Hand haben, eine Auslegung zu finden, die ihm am passendsten erscheint.

Das preußische Prisenreglement sagt im § 20: „Ein Hafen gilt als blockirt, wenn er durch ein oder mehrere Kriegsschiffe dergestalt gesperrt ist, daß ein Handelsschiff ohne augenscheinliche Gefahr der Aufbringung in den Hafen weder ein- noch auslaufen kann.“

Hiernach würde sich Deutschland nicht weigern können, die Weser- und Elbemündung als blockirt anzusehen, wenn nach der Vernichtung der deutschen Schlachtflotte auch nur wenige feindliche Schiffe dauernd in der deutschen Bucht der Nordsee kreuzten.

Als völkerrechtlicher Grundsatz gilt, daß zu Anfang des Krieges Schiffe, die sich der blockirten Küste nähern, gewarnt werden, ehe sie genommen werden können, und ebenso, daß man den in blockirten Häfen eingeschlossenen Schiffen eine gewisse Frist zum Auslaufen gewährt. 1870 bewilligten die Franzosen den Schiffen der Neutralen eine Auslaufefrist von 10 Tagen. Jeder Verkehr von See aus nach den blockirten Häfen hört aber sofort bei Ausbruch des Krieges auf, nachdem die Blockadeerklärung erlassen ist.

Es ist kaum zu bezweifeln, daß neutralen Handelsschiffen auch in Zukunft eine Auslaufefrist bewilligt werden wird. Es stellt dies eine gewisse Rücksichtnahme gegen die

Neutralen bar, beren Rechte man achten unb beren Freundschaft man zu erhalten trachten wird.

In Seenoth befindliche Schiffe können die Blockade ein=
laufenb brechen, ohne als Prise aufgebracht zu werden. Alle
anberen, bei diesem Versuch betroffenen Handelsschiffe, auch bie
neutralen, werben mit der Labung die Beute des Feindes.
Die Labung nur bann nicht, wenn ber Eigenthümer glaub=
haft nachweisen kann, baß die Blockadeverletzung gegen seinen
Willen versucht ist.

Interessant unb den Auslegungen bes immer sehr behn=
baren Seerechts überlassen ist auch die Frage, wie lange unb
wo ein Schiff, z. B. ein Schnelldampfer, der die Blockade ge=
brochen hat, noch mit Recht beschlagnahmt werden darf. Der
bekannte Rechtslehrer v. Martens hat die Ansicht ausge=
sprochen, baß die Verfolgung auf's hohe Meer ausgedehnt
werden bürfe unb erst aufhören müsse, sobald der Blockadebrecher
einen neutralen Hafen angelaufen habe.

Bluntschli sagt im Gegensatz hierzu: „Die Blockade
ist ihrer Natur nach an eine bestimmte Oertlichkeit gebunben
unb barf baher auch nur bort gehanbhabt werden."

Die englische unb nordamerikanische Praxis hat die Weg=
nahme eines durchgeschlüpften Schiffes auch noch auf der Rück=
reise für zulässig erachtet. Englische Prisengerichte sind so weit
gegangen, die Wegnahme jedes Schiffes auf hoher See für
zulässig zu erklären, bas die Absicht hat, die Blockade zu
brechen. (Bluntschli.)

Es ist völkerrechtlich anerkannt, baß jebe Küste ganz ober
theilweise blockirt werben kann. Der Suez=Kanal barf jeboch
nach bem Vertrage von Konstantinopel (1882) niemals als
blockirt erklärt werden.

Eine Blockade bauert nicht länger, als sie wirksam ist.
Ein plötzlicher Sturm, welcher die blockirenden Schiffe momentan
zerstreut, hebt die Blockade nicht auf. Wohl aber wird bie=
selbe durch eine feinbliche Streitmacht aufgehoben, wenn die
blockirenden Schiffe sich vor dieser bauernb zurückziehen müssen.
(Bluntschli.)

Aus Obigem geht hervor, baß die Blockade (als
Mittel im Kriege) jederzeit gegen uns Anwendung
finden kann. Das zur Zeit bestehenbe Völkerrecht
ermöglicht es, dies Mittel in seiner ganzen Schwere
ohne jebe Einschränkung gegen uns zu gebrauchen.

Sind die deutschen Küsten leicht zu blockiren?

Von flottengegnerischer Seite ist oft ausgeführt worden, die deutschen Küsten effektiv zu blockiren, sei der Ausdehnung derselben wegen fast ausgeschlossen.

Man betrachte einmal daraufhin die Karte. Wie günstig auch immer Deutschland wirthschaftsgeographisch gelegen ist, so leicht ist es für einen zur See starken Gegner, Handel und Wandel durch eine Blockade lahm zu legen.

Eine rein theoretische Betrachtung soll zunächst diese Behauptung erläutern. Am schwersten zu blockiren ist eine Insel von einiger Ausdehnung, die an allen Seiten geeignete Häfen für den Handelsverkehr besitzt (z. B. England). Um die Blockade effektiv zu machen, müßten entweder alle Häfen durch einzelne Detachements bewacht oder um die ganze Insel herum eine lange Kette von Schiffen ausgelegt werden. Es ist leicht einzusehen, daß es auch einer Koalition der größten Seemächte kaum gelingen würde, ein Land wie England von dem Seeverkehr völlig abzuschließen.

Am leichtesten zu blockiren ist eine Bucht mit nur einem Ausgang nach der freien See. Als extremer Fall aus der jüngsten Zeit sei auf Santiago de Cuba hingewiesen. Für einen solchen Fall paßt mit Bezug auf die Blockade sehr gut der amerikanische Vergleich der zugekorkten Flasche.

Als Mittelding käme eine langgestreckte Küste mit mehreren Häfen in Betracht.

Die deutschen Nordseeküsten, die für unsere Betrachtungen weitaus am wichtigsten sind, treffen bei der Elbemündung fast rechtwinklig aufeinander und schließen so die deutsche Bucht der Nordsee ein. Die so gebildete Bucht hat zwar nicht nur einen schmalen, leicht abzuschließenden Ausgang nach der See, ist aber immerhin, wie der Name sagt, eine Bucht, und es genügt eine Kette von im Viertelkreise ausgelegten Schiffen, um sie für den Handelsverkehr völlig zuzumachen.

In der deutschen Bucht, in der Ecke, wo die Elbe sich ins Meer ergießt, laufen naturgemäß alle wichtigen Handelsrouten zusammen. Hier konzentrirt sich Handel und Verkehr. Hier liegen unsere bedeutendsten Seehandelsplätze, die infolge ihrer vorzüglichen Lage an billigen Transportstraßen (Weser, Elbe, Kaiser Wilhelm=Kanal) dazu bestimmt und daher auch mit den

Einrichtungen versehen sind, um als Umladeplätze zwischen dem überseeischen und dem binnenländischen Handel zu dienen.

Wie eine Blockade an dieser Stelle durchgeführt werden kann, solange nicht eine ausreichend starke deutsche Schlachtflotte diese Handelswege offen hält, wird später des Weiteren ausgeführt werden.

Betrachtet man die Ostseeküste für sich allein, ohne daran zu denken, daß die Ostsee ein abgeschlossenes Binnenmeer ist, so scheinen die Verhältnisse hier auf den ersten Blick nicht ganz so einfach zu liegen.

Zur Ostsee führen aber bekanntlich außer dem Kaiser Wilhelm-Kanal nur die schmalen und daher leicht zu überwachenden, in dänischem Besitz befindlichen Wasserstraßen Kattegat, Sund, großer und kleiner Belt.

Der Vortheil, den die langgestreckte deutsche Ostseeküste gegen die Nordseeküste mit Bezug auf die Blockadegefahr hat, wird hierdurch zum größten Theil wieder ausgeglichen.

Denn durch Auslegen einer Blockadelinie oben bei Skagen kann hier, um bildlich zu sprechen, der Sack sehr leicht zugeschnürt und so der Handel lahmgelegt werden. Ganz unzweifelhaft wäre es für jeden seemächtigen Gegner sehr leicht, dort im Skagerrak eine Anzahl von Kreuzern zu stationiren, die alle deutschen Schiffe aufbringen würden.

Unter ausgedehnter Anwendung des Durchsuchungsrechts und einer der Situation angepaßten „Erweiterung" des Begriffs „Kriegskontrebande" würde es aber auch gar nicht schwer fallen, den mit Hülfe neutraler Schiffe unternommenen Handel nach den Ostseehäfen schon hier so zu erschweren und zu verzögern, daß eine den deutschen Bedürfnissen einigermaßen entsprechende Ein- und Ausfuhr unmöglich gemacht wäre.

Wie weit die mit uns im Kriege befindliche Macht oder Koalition hierbei gehen kann, ist abhängig davon, wie stark sie ist. Je stärker sie sich fühlt, desto mehr wird sie das Völkerrecht in einem für uns und die Neutralen ungünstigen, für sie selbst günstigen Sinne auslegen können. Wesentlich hierbei ist natürlich auch, ob die Neutralen uns wohlwollend gesinnt sind oder nicht. Im letzteren Falle werden sie ein Interesse daran haben, daß wir recht gründlich geschädigt werden, und umsoweniger versuchen, den Blockademaßregeln unserer Gegner entgegenzutreten.

Nach den im amerikanischen Sezessionskriege gemachten Erfahrungen kann nicht bezweifelt werden, daß eine Blockade der ganzen in Betracht kommenden Strecken von einem entschlossenen Gegner leicht durchzuführen ist. Damals wurde eine Küstenstrecke effektiv blockirt, die an Ausdehnung der europäischen von Memel bis Italien gleichkommt, wobei die tiefen Einbuchtungen und zahlreichen Häfen die Verhältnisse noch sehr erschwerten.

Ein vergleichender Blick auf die Karte des amerikanischen Atlantik und der deutschen Ostseeküste lehrt auch den Laien, daß es unschwer möglich sein wird, die am meisten in Betracht kommenden Ostseehäfen durch eine effektive Blockade abzusperren, wenn dies unter ungleich schwierigeren Verhältnissen bei der amerikanischen Küste möglich war. Einzelne Hafeneinfahrten werden durch Blockademinen oder durch versenkte Schiffe geschlossen werden. Zeitungsnachrichten hierüber werden dann die Rheder davon abhalten, ihre Schiffe dorthin zu senden.

Wichtigere Hafenplätze werden durch einzelne Kreuzer, die an einer an verabredeter Stelle sich aufhaltenden Division von Linienschiffen einen Rückhalt finden, bewacht. Bei allen Ueberlegungen dieser Art wird man von der Annahme ausgehen müssen, daß das deutsche Gros durch eine überlegene feindliche Blockadeflotte in der Nordsee festgehalten wird und zu Vorstößen durch den Kaiser Wilhelm=Kanal nach der Ostsee von Kiel aus nur verhältnißmäßig wenig Schiffe entsendet werden können.

Die Gefahr für die nach der Ostsee entsandten feindlichen Kräfte, durch eine überlegene deutsche Streitmacht abgeschnitten zu werden, wäre überdies niemals eine sehr große, da eine Rückzugslinie — entweder die freie Ostsee ostwärts oder die dänischen Wasserstraßen nordwärts — immer offen bleiben würde. Im Falle der Noth bleibt noch der Eintritt in das nahe neutrale Gebiet übrig.

Die von Flottengegnern aufgestellte Behauptung, eine Blockadegefahr für die Ostsee sei überhaupt nicht vorhanden, da größere Schiffe der flachen Gewässer halber dort nicht fahren könnten, ist durchaus unrichtig. Die Ostsee kann überall von den größten Schiffen ohne jede Gefahr befahren werden. Selbst nicht unmittelbar an der See gelegene Städte, wie Danzig, Rostock, können von See aus beschossen werden.

Sehr zutreffend sagt die Begründung zur Novelle des Flottengesetzes: „Im Kriege mit einer erheblich über= legenen Seemacht wird die im Flottengesetze vorgesehene Schlachtflotte eine Blockade erschweren, namentlich im ersten Stadium des Krieges, aber niemals verhindern können. Es wird stets nur eine Frage der Zeit sein, daß sie niedergekämpft oder nach erheblicher Schwächung im eigenen Hafen eingeschlossen ist. Sobald dies der Fall, läßt sich kein Großstaat leichter von jeglichem nennenswerthen Seeverkehre — sowohl der eigenen Schiffe als auch der Schiffe neutraler Mächte — abschließen als Deutschland. Es bedarf dazu nicht der Blockirung langer Küstenstrecken, sondern nur der Blockade der wenigen großen Seehäfen.“

Wie hat man sich die militärische Durchführung einer Blockade der deutschen Küsten zu denken?

Die Ankündigung der Blockade der deutschen Küsten an die Neutralen wird eine der ersten Maßnahmen einer mit uns in Krieg gerathenen stärkeren Seemacht sein; nur mit einer solchen sollen die folgenden Betrachtungen rechnen.

Bei dem heutigen Stande der Kriegsbereitschaft in den einzelnen in Frage kommenden Staaten werden kaum 48 Stunden nach der Kriegserklärung vergehen, bis unsere Küste „effektiv“ abgesperrt ist.

Ob sich die voraussichtlich nicht minder schlagbereite deutsche Flotte vor dem anrückenden feindlichen Gros zunächst in den Flußmündungen der Nordsee zurückhalten wird, oder ob sie sich dem Gegner sofort entgegenstellt, wird von den Umständen ab= hängen. Einer sehr überlegenen Seemacht gegenüber würde die sofortige Annahme der Schlacht bei dem heutigen Stande unserer maritimen Machtmittel gleichbedeutend mit einer so= fortigen Niederlage sein.

Der seemächtige Gegner, dessen Heimath mindestens einige hundert Seemeilen von unserer Küste zu suchen ist, wird sich sehr bald einen Stützpunkt an unserer Küste zu schaffen versuchen. Bei längerer Durchführung einer Blockade und bei dem Bedarf an Heiz= und sonstigem Material, der Noth= wendigkeit kleinerer Reparaturen, wird ein solcher Stützpunkt im modernen Seekriege schwer zu entbehren sein.

Es unterliegt aber keinem Zweifel, daß mit Hülfe eines geeigneten Ankerplatzes und unter Benutzung von Werkstattschiffen, wie sie die Amerikaner im letzten Kriege gebrauchten, und bei gesicherten Verbindungen mit der Heimath, wie sie eine stärkere Seemacht uns gegenüber haben wird, eine Basis zu schaffen ist, die die erfolgreiche Durchführung einer längeren Blockade sicherstellt. Unbefestigte, für diesen Zweck geeignete Plätze sind an unserer Küste jedenfalls vorhanden.

Es ist auch mit großer Wahrscheinlichkeit anzunehmen, daß der Gegner sofort einen Theil unserer ins Innere führenden Wasserstraßen mit Blockademinen zuwerfen wird, um überraschenden Ausfällen aus mehreren Richtungen vorzubeugen, oder um ein Zurücklaufen unserer Schiffe nach beendigtem Ausfall in den Hafen zu erschweren. Die Ausrüstung der Kreuzer anderer Seemächte mit solchen Minen läßt auf diese Absicht schließen.

Die eigentliche Absperrung der Häfen gegen den Handelsverkehr wird durch die Furcht vor der Wegnahme der Handelsschiffe unterstützt. Daß diese Furcht berechtigt wäre, ist daraus zu entnehmen, daß in dem amerikanischen Sezessionskriege während der Blockade 1149 Schiffe im Werthe von 118 Millionen Mark weggenommen und 355 Schiffe aus Furcht vor Wegnahme durch die Eigenthümer vernichtet wurden.*) Einzelne erfolgreiche Fahrten von Blockadebrechern haben den Erfolg der Absperrung der Südstaaten durchaus nicht in Frage zu stellen vermocht. Was aber würde ein gelegentlicher Blockadebruch bedeuten angesichts der 175 000 Schiffe, die heute in den deutschen Häfen ein- und ausgehen!

Die militärische Bewachung der Zugänge mit Hülfe starker Streitmittel richtet sich in der Hauptsache gegen Vorstöße des eingeschlossenen Gegners. Eine feindliche Flotte wird bei Tage zwischen Norderney und der Eidermündung eine Art Postenkette auslegen. Allerdings wird es, nachdem Helgoland deutsch geworden ist, dem Gegner nicht mehr möglich sein, unter dem Schutze dieser Insel zu ankern, um Kohlen oder Vorräthe zu ergänzen.

---

*) Der Versuch, die Blockade zu brechen, geschah in diesem Kriege verhältnißmäßig häufig weil die enorme Höhe der Lebensmittelpreise in dem blockirten Lande den Blockadebrechern für den Absatz ihrer Waaren reichen Gewinn versprach.

Hieran werden die Helgoländer Geschütze den Feind hindern. Je nach der Sichtigkeit des Wetters wird man die Postenkette näher oder weiter an die Flußmündungen von Jade, Weser und Elbe heranschieben. Sie wird in der Hauptsache durch Kreuzer gebildet werden. Einige Linienschiffe werden als Soutien bereit sein, den eventuell auslaufenden Gegner so lange auf= zuhalten, bis das hinter der Kette stehende Gros der feind= lichen Flotte herangekommen ist. Beispiele für diese Art der Blockade finden sich zahlreich in der Seekriegsgeschichte. Muster= gültig für das Verhalten einer Blockadeflotte ist das Verhalten des englischen Geschwaders unter Lord St. Vincent im Jahre 1800 bei der Blockade von Brest. Zur Verstärkung der weiter vorgeschobenen Kreuzer hielten sich damals jederzeit acht Linien= schiffe in ständiger Signalverbindung mit der Beobachtungslinie.

Das eigentliche Gros wird immer so stark sein müssen, um, selbst wenn einige Schiffe zu Bekohlungs= oder Reparatur= zwecken detachirt sind, dem eingeschlossenen Feinde mit Sicherheit überlegen zu sein.

Die Torpedofahrzeuge, Torpedobootszerstörer und Torpedo= boote sowie die nicht in der Postenkette befindlichen Kreuzer werden bei Tage ankern, ausruhen oder ihre Vorräthe auffüllen, oder aber zu Meldezwecken oder Rekognoszirungsfahrten Verwendung finden.

Dem Blockirenden kann und muß es in der Regel gleichgültig sein, ob seine Stellung bei Tage durch Luftballons oder Küsten= signalstationen erkannt und gemeldet wird. Er ist ja der Stärkere und will daher den Kampf, den der Andere ver= meiden muß.

Der Tag wird im Allgemeinen die Zeit der geringeren Anstrengung sein, selbst auf den Kreuzern der Postenlinie wird ein Theil des Personals Muße zum Ausruhen haben.

Bei Nacht werden mit Vortheil an Stelle der Kreuzer Torpedofahrzeuge den eigentlichen Wachtdienst ausüben. Ihre Manövrirfähigkeit und Geschwindigkeit befähigen sie für diese Art des Kriegsdienstes. England hat wohl hauptsächlich aus Erwägungen dieser Art den Typ der Torpedobootszerstörer eingeführt.

Die Torpedofahrzeuge werden dabei näher als die Kreuzer an die Hafenzugänge heranrücken. Ihre Massenverwendung macht ein unbemerktes Auslaufen von Theilen der gegnerischen Streitmacht trotz der Dunkelheit unwahrscheinlich. Ihre Haupt=

aufgabe ift, den ausbrechenden Feind zu entdecken, durch weitleuchtende Signale zu melden und ihn anzugreifen. — Ein Handelsverkehr bei Nacht ift unter diesen Umftänden erft recht unmöglich.

Die Torpedofahrzeuge werden unterftützt durch die hinter ihnen aufgeftellten Kreuzer, die ihre Signale weitergeben, um das wahrscheinlich in Bewegung befindliche Gros zu benachrichtigen. Die das Gros bildenden Linienschiffe werden in der Regel bei Nacht, ohne ein Licht zu zeigen oder Signale abzugeben, weitab von der Küfte in Fahrt verbleiben, um so gegen überraschende Angriffe ausgelaufener feindlicher Torpedoboote gefichert zu fein.

Am Morgen findet dann jedesmal wieder ein Wechsel zwischen ruhenden und thätigen Schiffen ftatt. Auf diese Weise bildet sich mit der Zeit ein geregelter Wacht= und Beobachtungsdienst heraus, der für den Blockirenden mancherlei Anftrengungen mit sich bringen wird. Das Entdecken und Zurückschlagen der gegnerischen Ausfälle, das Wegnehmen einzelner Handelsschiffe wird die Monotonie dieses Dienftes ab und zu vermindern. Daran, daß eine solche Blockade monatelang durchzuführen ift, kann jedoch kein Zweifel beftehen. Hat man zur Zeit der Segelschiffe, wo Wind und Wetter doch viel eher erschwerend in Betracht kamen, monatelang die französischen Häfen zur Zeit der Winterftürme abschließen können, warum follte dies heute in der Nordsee nicht möglich sein? Der schon mehrfach erwähnte amerikanische Sezessionskrieg liefert fogar den unumftößlichen Beweis dafür, daß eine solche Blockade unter sehr schwierigen Umftänden nicht nur monatelang, sondern jahrelang durchgeführt werden kann. In einer Besprechung dieses Krieges hebt Kapitän zur See Stenzel*) noch ausdrücklich hervor, daß es mit Einftellung von Dampfern an Stelle der damals zum Theil noch verwendeten Segelschiffe noch sehr viel leichter fallen müffe, eine solche Blockade trotz Wind und Wetter durchzuhalten.

Das Verhalten unserer Streitkräfte wird, ohne auf Details einzugehen, etwa folgendes sein müffen:

---

*) Stenzel. „Die Flotte der Nordftaaten im Sezessionskriege." Beiheft zum Militär=Wochenblatt 1894.

Man wird es, trotz aller Kampfesfreudigkeit und trotz allen Opfermuthes unserer Besatzungen, vielleicht zunächst vermeiden, sich sofort dem überlegenen Gegner zur Schlacht zu stellen. Bei der erdrückenden Uebermacht unserer vermuthlichen Gegner sind Erfolge unwahrscheinlich, selbst wenn der Faktor „Tüchtigkeit" voll mit in Anrechnung gebracht wird.

Auf der See entscheidet — bis zu einem gewissen Grade und jedenfalls mehr wie auf dem Land, wo das Terrain eventuell in Betracht kommt — die Zahl.

Man muß darauf hoffen, um überhaupt eine Aussicht zu haben, daß es mit Ausfällen und Vorstößen gelingt, den Gegner zu beunruhigen, vielleicht ihm auch einigen Abbruch zu thun. Von einer Ueberschätzung der Torpedoboote als Blockadegegenmittel ist man heute nicht nur in deutschen, sondern auch in ausländischen Fachkreisen völlig zurückgekommen. Die Torpedowaffe hatte in den 80er Jahren einen gewissen Höhepunkt der Entwickelung erreicht, dem gegenüber die Entwickelung der anderen Waffen, namentlich der zur Abwehr der Boote bestimmten, erheblich zurückgeblieben war. Damals setzte man allerdings Hoffnungen auf die Zukunft der Torpedowaffe und versprach sich von ihr Veränderungen der Seekriegführung, welche jedoch nicht eingetreten sind und zwar in Folge der Geschwindigkeitssteigerung der großen Schiffe sowie der hohen Vervollkommnung der Schnellfeuergeschütze und der anderen Abwehrmittel während des letzten Jahrzehnts. Thatsächlich haben die meisten Seestaaten trotz der Einführung der Torpedoboote den Bau von Hochseeschlachtschiffen unbeirrt fortgesetzt. — Bei Tage können Torpedofahrzeuge allein gar nichts ausrichten. Sie werden einfach abgeschossen, und auch bei Nacht werden sie nur gelegentlich kleine Erfolge erringen können. Entscheidung kann nur der Kampf der Linienschiffe, „die Schlacht", bringen.

Gelingt es uns aber wirklich, durch gelegentliche Vorstöße unserer Linienschiffe Theile der Blockadeflotte zu schädigen, so würde der erheblich stärkere Gegner seine Verluste ergänzen können, wir nicht. Er bleibt der Stärkere und erreicht sein Ziel: Aufrechterhaltung der effektiven Blockade mit ihren für unsere Volkswirthschaft ruinösen Folgen.

Der von flottengegnerischer Seite erhobene Einwand, daß das 1898er Gesetz uns schon die Flotte schaffe, mit der wir der Blockadegefahr begegnen könnten, ist hinfällig. Das Flottengesetz hat der Möglichkeit eines Seekrieges gegen eine große Seemacht nicht Rechnung getragen, weil es bei Aufstellung desselben im Sommer 1897 zunächst darauf ankam, die Ausführung des Flotten= gründungsplans vom Jahre 1873 in zeitgemäßem Schiffsmateriale sicherzustellen, unter Beschränkung der Vermehrung auf diejenige geringe Anzahl von Linienschiffen, welche erforderlich war, um wenigstens für ein Doppelgeschwader die durch taktische Erwä= gungen gebotene Organisation durchführen zu können.

Die Begründung zum Flottengesetze von 1898 hat über die militärische Bedeutung der durch dieses geschaffenen Schlacht= flotte keinen Zweifel gelassen. In derselben ist ausdrück= lich gesagt:

„Größeren Seemächten gegenüber hat die Schlacht= flotte lediglich die Bedeutung einer Ausfallflotte."

Es ist sehr leicht, zahlenmäßig nachzuweisen, daß es der größten Seemacht auch nach Durchführung des Flottengesetzes von 1898 ein Leichtes sein würde, uns mit einer Uebermacht anzugreifen, die einen erfolgreichen Widerstand ausschließt und die Schrecknisse der Blockade mit Sicherheit herbeiführen müßte.

Im Jahre 1904 besitzt Deutschland 19 Linienschiffe mit 198 537 t Deplacement, von denen 4 („Sachsen", „Württem= berg", „Bayern" und „Baden") über 25 Jahre alt sind!

England verfügt, wenn man eine Stationsvertheilung der Streitkräfte analog der jetzigen annimmt, zur gleichen Zeit in der Heimath über 42 Linienschiffe mit 526 930 t Deplacement, und über ein Mittelmeer=Geschwader von 13 Linien= schiffen mit 154 390 t Deplacement. Keines der in Betracht gezogenen englischen Schiffe ist über 25 Jahre alt.

An Kreuzern verfügt Deutschland über 6 große und 16 kleine, England (Heimath und Mittelmeer) über 40 große und 42 kleine.

Für den Auslandsdienst würden den Engländern hierbei noch immer 9 Linienschiffe, 20 große und 42 kleine Kreuzer verbleiben.

Den 19 deutschen Linienschiffen stünden also 55 englische, den 22 Kreuzern 82 englische gegenüber.

Mit Bezug auf Linienschiffe ist also eine fast dreifache, mit Bezug auf Kreuzer eine vierfache Ueberlegenheit vor= handen.

Nach maßgebenden Anschauungen genügt zum Angriff auf unsere Küsten und die Durchführung einer Blockade eine $1\frac{1}{3}$ bis $1\frac{1}{2}$fache Ueberlegenheit. Englische Fachleute halten eine solche im Verhältniß von 5:3 für erforderlich.

Hiernach wird wohl nicht bestritten werden können, daß wir unsere Schlachtflotte erheblich verstärken müssen, um der Blockadegefahr wirksam zu begegnen. Das durch die Novelle zum Flottengesetz festgesetzte Maß der Verstärkung genügt diesem Zweck, auch wenn es hinter der Stärke der größten Seemacht noch zurückbleibt. Es kommt eben darauf an, ein Stärkeverhältniß herzustellen, das dem Gegner die Aussicht nimmt, von vornherein mit einer erdrückenden, die Durchführung der effektiven Blockade gewährleistenden Uebermacht aufzutreten. In durchaus zutreffender Weise beleuchtet ein englischer Fachmann die Frage in der Wochenschrift „Navy and Army" vom 17. Februar d. J. Wir lesen dort:

„Es ist in der That ein großer Unterschied, ob man so schwach ist, daß man eine Blockade einfach hinnehmen muß, oder ob man nur so weit schwächer ist, daß man sie sich erst nach einer Niederlage gefallen lassen muß. Die Aufgabe des Feindes ist im zweiten Fall unvergleichlich schwieriger, ganz abgesehen von der Möglichkeit, daß ein Sieg so theuer erkauft werden mag, daß der Sieger eine Blockade überhaupt nicht errichten kann. Nach Hyde Parkers Aktion an der Dogger Bank haben wir die holländische Küste nicht blockirt und waren dazu nicht im Stande. Man spricht oft von einer Blockade, als ob sie sich von selbst aus einer numerischen Ueberlegenheit ergeben würde. Das wäre nur der Fall, wenn die Ueberlegenheit, moralisch oder materiell, koloffal wäre. In der Mehrzahl der Fälle ist die Blockade erst blutigen Seeschlachten gefolgt und war dann das Ergebniß nicht eines, sondern mehrerer Siege. Wenn die deutsche Flotte auf die geplante Stärke gebracht wird, dann ist es sehr leicht möglich, daß wir, selbst nach einem Sieg, überhaupt nicht im Stande sein werden, eine Blockade zu errichten, zumal wenn Deutschland mit einer anderen Seemacht verbündet wäre, die einen beträchtlichen Theil unserer Flotte anderswo beschäftigte." Diese Worte treffen den Nagel auf den Kopf.

Ueber Blockadewirkungen.

Man hat von Seiten einer oppositionellen Presse beliebt, jede Besprechung der unausbleiblichen Folgen einer Blockade mit den Worten abzuthun: „Die Blockade ist das Schreckgespenst, mit dem man die Leute gruselig machen will." Eine sachverständige Widerlegung der Ausführungen über die Blockade- gefahr ist nirgends erschienen. Sie kann auch nicht erbracht werden. Alle geschichtlichen Erfahrungen aus der Vergangenheit sowie alle auf Grund wissen- schaftlicher Forschungen zu erbringenden Beweise für die Zukunft sprechen für das Bestehen der Blockade- gefahr. Diese kann gar nicht schlimm genug dar- gestellt werden. Es ist anzunehmen, daß die that- sächlichen Verhältnisse während einer effektiven Blockade noch schlimmer sind, als sie der Einzelne sich vorstellt.

Will man geschichtliche Erfahrungen als Beleg für die Wirkungen einer Handelsblockade heranziehen, so liegt es nahe, sich die Ergebnisse aus der Zeit der Kontinentalsperre und des Sezessionskrieges nutzbar zu machen.

Da ersteres Thema in einem anderen Abschnitte dieses Buches ausführlich behandelt ist,*) so sollen hier nur die Blockade- wirkungen während des amerikanischen Sezessionskrieges besprochen werden. Sie sind besonders lehrreich und können aus folgenden Gründen mit Recht zur Illustration dessen, was uns während einer effektiven Blockade bevorsteht, heran- gezogen werden:

1. Die blockirten amerikanischen Südstaaten waren, ebenso wie es das Deutschland von heute ist, auf den Absatz von im Lande produzirten Waaren angewiesen (in den Süd- staaten Rohstoffe: Baumwolle, Reis, Tabak, Zucker, in Deutschland: Fabrikate). Beide Länder mußten bezw. müssen aus den Erträgnissen dieses Güterabsatzes ihre unentbehrliche Einfuhr bezahlen.

Ebenso wie den Südstaaten die hierdurch geschaffene Abhängigkeit vom Auslande bei mangelnder Stärke zur

---

*) Siehe den Aufsatz „Die Kontinentalsperre", Seite 116.

See verderblich geworden ist, müßte dies auch bei Deutsch=
land gelegentlich einer Blockade der Fall sein.

2. Die Blockade fand damals statt unter Anerkennung der=
selben völkerrechtlichen Grundsätze, wie sie auch heute
bestehen.

Die wirksame Durchführung der Blockade nach diesen
Grundsätzen sicherte die blockirende Partei, die Nordstaaten,
gegen die Einmischung der Neutralen. Vergebens er=
warteten die Südstaaten, daß England, dessen Baumwollen=
industrie und übriger Handel schwer unter den Blockade=
wirkungen litt, und dessen Arbeiterbevölkerung daher viel
Elend zu erdulden hatte, helfend eingreifen würde.

Es ist besonders hervorzuheben, daß die hier am meisten
in Betracht kommenden Neutralen, England und Frank=
reich, also die ersten Seemächte der Erde, gerne ein=
gegriffen haben würden, wenn es angängig gewesen wäre.
Derjenige, der glaubt, das Interesse der Neutralen an dem
deutschen Seehandel würde eine längere, effektive Blockade
unmöglich machen, irrt also und weiß aus der Geschichte
keine Lehren zu ziehen.

3. Die Blockade wurde mit Hülfe von Kriegsmitteln durch=
geführt, die den modernen heute verwendeten recht ähnlich
waren: Es wurde eine größere Anzahl Dampfschiffe ver=
wendet. Ein Theil der Schiffe war gepanzert und mit
Sporn versehen. Seeminen und Torpedos wurden, wenn
auch in etwas unvollkommnerer Form wie heute, von beiden
Parteien benutzt. Auch eine provisorische Operations=
basis mit Werkstätten und Lazarethen wurde auf dem
Operationsfelde eingerichtet.

Die unter derartigen Bedingungen durchgeführte Blockade
hatte folgende Wirkungen:

Die Anzahl der genommenen oder aus Furcht vor Weg=
nahme durch die Eigenthümer vernichteten Schiffe betrug etwa
1500, manche darunter von hohem Werth. Für eine Prise
wurden z. B. 1½ Millionen gezahlt. Die Ausfuhr der Haupt=
produkte des Landes wurde vom Anfang der Blockade an sehr
erschwert und hörte später fast ganz auf. Im Herbst 1863
stand daher die Baumwolle in Liverpool 12mal so hoch im
Preise als in Wilmington. Alle für den täglichen Gebrauch
unentbehrlichen Einfuhrartikel wurden nach und nach uner=

schwinglich theuer. Das Gold verschwand, und die Papiergeld-
wirthschaft nahm ihren Anfang.

Im August 1863 wurden in Charleston für die Flasche
Wein 100 Mark, für ein Paar Stiefel 250 Mark, für einen
Anzug 920 Mark gefordert! Kapitän zur See Stenzel nennt
dies mit Recht Phantasiepreise!

Aehnlich stand es mit Kolonialwaaren und Lebensmitteln.
Schon Ende 1862 kostete in Savannah der Kaffee 6 Mk. 30 Pf.
bis 7 Mk. 35 Pf. das Pfund. Im Februar 1863 wurden
in Richmond für einen Schinken 46 Mark, für ein Pfund Kaffee
17 Mark, für ein Pfund Thee 71 Mark verlangt.

Auch die im Lande erzeugten Lebensmittel stiegen
bei der Papierwährung schnell im Preise. Rindfleisch war
schon Ende 1862 drei bis vier mal so theuer als vor dem
Kriege. Aehnlich ging es mit Butter und Eiern, die nur noch
von reichen Leuten bezahlt werden konnten.

Die Finanzen der südstaatlichen Regierung wurden durch
die Blockadewirkungen immer mißlicher. Das Papiergeld fiel
reißend im Kurse. Ende 1863 galt der Papierdollar nur
ein Zwanzigstel seines Nennwerthes.

Die ganzen Zustände waren überaus traurig, die Städte
veröbeten. Den Landleuten mußten die Waaren, da
sie dieselben gegen das werthlose Papiergeld nicht
mehr eintauschen wollten, mit Gewalt abgenommen
werden.

Allgemeiner Mangel herrschte. Alle Bande der Zucht
und Ordnung lösten sich. Unter diesen Umständen mußte, wie
Kapitän zur See Stenzel, dessen Aufsatz: „Die Flotte der
Nordstaaten im Sezessionskriege" auch die vorstehenden Angaben größtentheils entnommen sind, bemerkt, auch die Ver-
pflegung der Feldarmee sehr bald Mangel leiden. Die Rationen
wurden auf Minimalportionen herabgesetzt, die kaum im Stande
waren, den Soldaten das Leben zu fristen, geschweige denn,
sie bei Kräften zu erhalten. Auch die Bekleidung der Leute
war völlig unzureichend. Je 3 Mann hatten im Jahre 1864
nur eine Decke. Anfang 1865 hatte das Elend im ganzen
Lande eine wahrhaft furchtbare Höhe erreicht. Die Erschöpfung
des Südens war verwirklicht.

Das Schicksal des Südens, der Ausgang des
Krieges, wäre ein ganz anderes gewesen, wenn die
Südstaaten über eine bessere Flotte verfügt hätten

ober aber, wenn ihnen die Blockade nicht die Mittel abgeschnitten hätte, sich eine solche zu verschaffen.

Die mangelnde Stärke zur See ist den Konföde= rirten verderblich geworden.

Nach Ansicht des amerikanischen Admirals und Historikers Porter hat die Blockade mehr dazu beigetragen, die Kon= föderation zu Fall zu bringen, wie die übrigen militärischen Aktionen zusammengenommen.

Hieraus fällt es nicht schwer, den Schluß für unsere Verhältnisse zu ziehen. Man kann ungefähr schätzen, welche Wirkung eine Blockade der deutschen Küsten auf Handel und Industrie haben würde, wenn man hört, daß der direkte Schaden, den allein Hamburg durch die Verkehrsstörung während der 2 Monate andauernden Choleraquarantäne im Jahre 1892 erlitt, sich auf nicht weniger als 250 Millionen Mark bezifferte!

Es ist keine „ungeheuerliche" Uebertreibung oder Schwarzmalerei, wenn darauf hingewiesen wird, daß bei einer Blockade Millionen Industriearbeiter brotlos und beschäftigungslos werden würden, weil ihnen die Rohmaterialien zur Verarbeitung fehlen, weil den Fabriken die Exportmöglichkeit abge= schnitten ist.

Auch alle von Uebersee bezogenen, für den täglichen Ge= brauch bestimmten Einfuhrwaaren müßten bei einer Blockade unserer Küsten sehr bald im Preise steigen. Es würde ebenso wie in den Südstaaten die Möglichkeit fehlen, Preistreibereien durch Regierungsmaßregeln vorzubeugen.

Deutschland bezieht bei dem augenblicklichen Stande seiner Volkswirthschaft einen großen Bruchtheil seiner täglichen Ge= brauchsmaterialien aus dem Auslande, und zwar ebenfalls zum großen Theile auf dem Seewege. Eine plötzliche Unterbindung dieser Zufuhr müßte unabsehbare Folgen haben: die ganze Volkswirthschaft, die nun einmal mit dieser Einfuhr rechnet, müßte umgestoßen werden, und das könnte natürlich nicht ohne tiefgehende Erschütterungen vor sich gehen. Diese werden auch dann eintreten, wenn an die Stelle des Seetransports der sehr viel kostspieligere Landtransport tritt. Ein so wichtiges Nahrungsmittel wie der Reis, dessen Einfuhr 1898 einen Werth von 49 Millionen hatte — davon 72 pCt. aus überseeischen Ländern —, müßte eine gewaltige Vertheuerung erleiden und der ärmeren Bevölkerung entzogen werden. Man irrt auch darin, wenn man glaubt und wie es in einer landwirthschaft= lichen Korrespondenz ausgesprochen worden ist, daß die deutsche Landwirthschaft — von nationalen Gesichtspunkten abgesehen — eine Blockade ganz angenehm empfinden würde.

Auch bei uns würde das Geld rasch abfließen, das Papier= geld im Werthe sinken.

Ist dem Landwirth mit solchen werthlosen Scheinen gedient? Wird er sie nicht ebenso zurück= weisen, wie die südstaatlichen Bauern im Sezessions= kriege? Auch der Vorrath an Heringen und anderen Fischen würde nicht mehr zureichen, denn die Ein= fuhr dieser Artikel, die an 67 Millionen Mark betrug, erfolgt bis zu 70 pCt. aus überseeischen Ländern. Das Aus= bleiben dieser Zufuhr würde eine um so empfindlichere Ver= theuerung zur Folge haben, als gleichzeitig durch eine Blockade die deutsche Hochseefischerei lahmgelegt werden würde. Für 65 Millionen Petroleum wurde 1897 eingeführt, davon 93 pCt. von überseeischen Plätzen und auf besonders ausgerüsteten Schiffen. Könnte man das überhaupt auf dem großen Umweg zu Lande heranführen? Und zu welchen für den Aermeren unerschwing= lichen Preisen? —

Das sind nur einige Beispiele, die beweisen, wie die Ver= sorgung Deutschlands von dem freien Seeverkehr abhängig ist; es ist nicht abzusehen, wie das Land die Krisis überstehen sollte, wenn sich diese und andere Nahrungsmittel etwa in derselben Weise wie in dem Secessionskriege vertheuerten.

Man wende nicht ein, daß Deutschland bei einer Blockirung seiner Küsten noch den Weg über die Häfen benachbarter Staaten frei habe und durch diese seinen Bedarf decken könne. Denn einerseits wird der Gegner Mittel finden, auch Antwerpen und Rotterdam, über die ein Theil unsers Seehandels auch in Friedenszeiten geht, zu sperren. Ueber Triest und Genua würden die Waaren, selbst wenn die letzteren Häfen offen blieben, durch den langen Landtransport nach Deutschland einen erheblichen Preisaufschlag erleiden. Andererseits ist es sehr un= wahrscheinlich, daß die Eisenbahnen leistungsfähig genug sein würden, diesen dann plötzlich anwachsenden Verkehr zu bewältigen.

Sehr viele und schwerwiegende Gründe sprechen für diese Auf= fassung. Unser Gesammtseehandel beträgt dem Werthe nach etwa 7 Milliarden Mark, der Landhandel dagegen nur etwa 3 Milliarden.

2*

Es soll hier davon abgesehen werden, ob die deutschen Bahnen im Stande wären, die große Verkehrssteigerung bei dem Güter= verkehr glatt zu bewältigen. Es wäre vielleicht „möglich", weil der sonst übliche Waarentransport von und nach den Hafen= plätzen wegfiele. Sicher aber würden die Verkehrseinrichtungen unserer Nachbarstaaten, deren Güterverkehr doch derselbe bleibt wie sonst, nicht ausreichen, um neben dem Transport der eigenen Güter auch den der für Deutschland bestimmten Riesen= mengen zu bewältigen.

Sollen wir uns aber — in einem Kriege mit England — die fehlenden Zufuhren dadurch verschaffen, daß wir unsere Eisenbahnwaggons und Lokomotiven nach französischen oder italienischen Häfen rollen lassen? Würden wir damit nicht ein unentbehrliches Hülfsmittel für eine durch die politischen Um= stände leicht geschaffene Mobilmachungsmöglichkeit aus der Hand geben und so die Schlagfertigkeit der Armee in Frage stellen?

Dabei muß auch bedacht werden, daß uns für die Zufuhr auf dem Schienenstrang verhältnißmäßig wenige und auch schon im Frieden stark belastete Routen verbleiben. Holland, Belgien, Dänemark kommen aus später zu erwähnenden Gründen als Einfuhrländer kaum in Betracht. Nach dem Mittelmeer sind es nur 3 Bahnlinien (Gotthard, Brenner, Semmering), nach Frankreich auch nur wenige, nach Rußland desgleichen. Ueberdies würde bei Rußland die nicht übereinstimmende Spurweite an der Grenze einen Wagenwechsel, d. h. ein Umladen der Güter noth= wendig machen.

Man hat ausgerechnet, daß der gesammte jährliche Güterverkehr auf der stark belasteten Gotthardbahn noch nicht $1/13$ allein des Seeverkehrs von Hamburg ausmacht und daß bisher die Einfuhr von Italien nach Deutschland noch nicht $1/100$ des Seeverkehrs von Hamburg in der gleichen Zeit beträgt.

Aber selbst zugegeben, es sei „möglich", auf diesem Wege die Einfuhr, ohne die wir nicht leben und gedeihen können, zu bewältigen. Was wird und müßte wiederum die Folge dieses Landtransportes sein? Eine gewaltige Preissteigerung der Rohmaterialien, welche unsere Industrie gegen das Ausland konkurrenzunfähig machen würde, und eine Vertheuerung auch der im Lande erzeugten Nahrungs= und der unentbehrlich gewordenen Genuß= mittel, welche vor Allem die breiten Schichten der Be= völkerung treffen müßte.

Die Ereignisse der jüngsten Zeit, die Beschlagnahme deutscher Dampfer beweisen überdies recht deutlich, wie wenig diejenigen Recht haben, die als Argument gegen die Schrecknisse einer Blockade anführen, die nothwendige Ein= und Ausfuhr würde sich im Kriegsfalle mit einem seemächtigen Gegner ein= fach auf dem Wege über unsere Nachbarländer Holland, Bel= gien und Dänemark ausführen lassen. Mit demselben Recht, wie jetzt den Engländern zugestanden worden ist, daß die Be= stimmung eines Dampfers nach der neutralen Delagoa=Bai kein Hinderungsgrund für ein Anhalten und Durchsuchen desselben auf Kriegskontrebande sei, werden sie auch bei einer etwaigen kriegerischen Verwickelung mit uns daran festhalten, daß Kriegskontrebande=Waaren, die in Holland oder Belgien gelandet werden sollen, aller Wahrscheinlichkeit nach aber für uns be= stimmt sind, in diesen neutralen Häfen nicht ausgeschifft werden dürfen. Mit dem gleichen Recht, wie sie amerikanisches, für die Buren bestimmtes Mehl zunächst anhielten, können sie alle für uns bestimmten Einfuhrgüter, die sie unter die Kontrebande rechnen, einer umständlichen Untersuchung unterziehen und auf diese Weise den Verkehr bis zur Unmöglichkeit erschweren. Sie würden uns sagen: Jede Zufuhr an Nahrungsmitteln oder Roh= stoffen könne direkt oder indirekt die Widerstandskraft stärken und so die Blockademaßnahmen weniger wirkungsvoll machen. Gerade unsere nächsten Nachbarn an der Nordsee= küste sind klein und schwach. Sie verfügen über keine Macht= mittel, um durch Drohung oder offenen Widerstand eine Aus= legung des Völkerrechts zu erzwingen, wie sie vielleicht billig, aber weniger im Interesse unserer Gegner wäre.

Der durch die Beschlagnahme der deutschen Dampfer durch England geschaffene Präzedenzfall, an dessen symptomatischer Bedeutung die spätere, selbstverständliche Freilassung nichts ändert, muß viel zu denken geben.

Schlußbetrachtungen.

Aus vorstehenden Ausführungen folgt:

1. Die Blockade ist ein völkerrechtlich anerkanntes Kriegsmittel, auf dessen Anwendung gegen uns wir in jedem Krieg mit einer überlegenen See= macht oder Koalition auf das Bestimmteste ge= faßt sein müssen.

2. Der Seeverkehr Deutschlands ist mit Hülfe einer Blockade leichter abzusperren, wie der jedes anderen größeren Landes.

3. Die Wirkungen jeder Blockade, vor Allem die eine längere Zeit andauernden, würden den Volkswohlstand ruiniren und die ganze Volkskraft dauernd schwer beeinträchtigen.

Je mehr der Nationalwohlstand in Deutschland sich hebt, je inniger unsere Volkswirthschaft mit dem Weltverkehr verwoben ist und vom Weltmarkt abhängig wird, um so schwerer werden die Wirkungen einer Blockade empfunden werden, um so bringlicher wird es, daß wir uns gegen die Möglichkeit einer effektiven Blockade schützen.

4. Die großen Gefahren einer Blockade für die deutsche Volkswirthschaft abzuwenden, ist die Hauptaufgabe der deutschen Flotte im Kriege. Diese Aufgabe kann nur durch eine ausreichend starke Linienschiffsflotte gelöst werden, mit deren Hülfe es allein gelingen kann, die deutschen Häfen auch im Kriege dem Handel offen zu halten.

5. Der Besitz einer den deutschen überseeischen Interessen entsprechenden Schlachtflotte, wie sie die Novelle zum Flottengesetz vorschlägt, ist nicht nur das beste Mittel im Kriege gegen eine Blockadegefahr, **sondern auch das beste Vorbeugemittel gegen den Krieg.**

6. Die für den Bau und die Erhaltung einer starken Flotte erforderlichen Geldmittel stellen daher eine Art Versicherungsprämie dar, auf deren Beschaffung schon aus rein kaufmännischen Ueberlegungen nicht verzichtet werden darf.

Das deutsche Volk von beinahe 60 Millionen Köpfen sieht durch die Blockadegefahr den gesammten Wohlstand, der sich unter den Segnungen des Friedens immer mehr entwickelt hat, und seine wirthschaftliche Zukunft ernstlich bedroht. Das Freihalten der deutschen Küsten und Meere, der Haupteingangsthore des deutschen Weltverkehrs, ist das einzige Mittel, dieser Gefahr zu begegnen. Dies Ziel kann nur durch den einmüthigen Willen des deutschen Volkes, sich eine starke Schlachtflotte zu schaffen, erreicht werden!

―――――

Deutschlands wirthschaftliche Interessen in Hongkong.

In den ersten beiden Jahrzehnten, nachdem die öde, nur von ärmlichen chinesischen Fischern bewohnte Felseninsel vor der Deltamündung des Westflusses von den Engländern besetzt worden war, spielten die Deutschen anscheinend in der kleinen englischen Kolonie, die lange wegen ihrer Krankheiten, der Räubereien zu Wasser und Land, der Taifune und Feuers= brünste verrufen war und nur langsam sich zu einem Handels= platz entwickelte, keine Rolle nennenswerther Art. Die von dem Schweizer Dr. Eitel sorgfältig geschriebene Geschichte Hongkongs thut ihrer in dieser ganzen Zeit keine Erwähnung. Zu Anfang der 60er Jahre des 19. Jahrhunderts hatte die deutsche Kaufmannschaft in Hongkong jedoch immerhin eine solche Bedeutung gewonnen, daß, als im Jahre 1861 eine Handelskammer in der englischen Kolonie begründet wurde, auch ein Deutscher in ihren Vorstand gewählt wurde.

Heutige Stellung der Deutschen.

Seitdem hat das Deutschthum auf jener fernen kleinen Insel — was in englischen Kreisen besser als bei uns bekannt ist — einen außerordentlichen Aufschwung genommen. Es kommt nur unvollkommen darin zum Ausdruck, daß die Organisation des Handels der englischen Kolonie heute unter neun Vorstands= mitgliedern zwei Deutsche aufweist. Auch wenn im Jahre 1891 in der ansässigen Bevölkerung Hongkongs (einschl. der Be= satzung der Handelsschiffe) 366 Deutsche gegenüber 118 Fran= zosen, 223 Amerikanern und 2374 Engländern gezählt wurden, so giebt das, wie die entsprechende Statistik in China, nur ein unzulängliches Bild. Schon deutlicher spiegelt sich die Be= deutung des Deutschthums in Hongkong in einer Firmenstatistik wieder. Es standen Ende des Jahres 1897 21 im Großhandel thätige deutsche Firmen, zu denen noch fünf deutsche Wechsel=, Schiffs= und Effektenmakler und acht deutsche Ladengeschäfte hinzukamen, 28 englischen Firmen, 31 indischen Firmen, d. h. Firmen von Parsis und indischen Juden, sowie — wenn von ein paar Ladengeschäften abgesehen wird — einer einzigen

französischen Firma gegenüber.   Diese deutschen Firmen beschäftigen — außer Chinesen und den meist als Schreibern
verwendeten portugiesischen Mischlingen — etwa 180 meist
deutsche Angestellte.   Nach dieser Firmenstatistik steht also unsere
deutsche Kaufmannschaft in Hongkong fast ebenbürtig neben der
englischen, und wenn man von Parsis und indischen Juden absieht, so läßt sie die aller anderen Nationen zusammen weit
hinter sich.

Das ist von einer sehr sachkundigen englischen Seite bestätigt worden.   Sir William Robinson, der bis vor Kurzem
Gouverneur von Hongkong war, hat bei seiner Rückkehr nach
England jüngst geäußert, daß der von ihm sechs Jahre lang
verwaltete Handelsplatz immer mehr „in deutsche Hände
falle", so daß „das Mutterland entschuldigt erscheine,
wenn es sich frage, ob es der Mühe werth sei, große
Summen für eine Kaufmannschaft zu verwenden, die
ihren Konkurrenten gegenüber anscheinend hülflos sei";
als auf ein äußerlich sichtbares Zeichen dieser Entwickelung
wies er darauf hin, daß die Deutschen bereits „fast alle besten
Wohnungen" in Hongkong innehätten.   Und die verbreitetste
und einflußreichste Zeitung der englischen Kolonie, die „Hongkong
Daily Press", mußte in diesem Punkte dem sonst so oft und
scharf von ihr bekämpften Sir William Recht geben; sie führte
(in ihrer Nummer vom 23. April 1898) ergänzend aus:
„Nimmt man die Beamten der Marine, der Besatzung, der Verwaltung und der Justiz fort, so sticht
die englische Gemeinde nur ärmlich ab von der deutschen.   Die Angestellten der Zuckerraffinerien, die
Dockanlagen, die verschiedenen Berufe, Geschäfte und
Industrien, die mehr oder minder unmittelbar mit der
Schifffahrt in Verbindung stehen, geben noch der
englischen Gemeinde ein ziffermäßiges Uebergewicht,
aber der Haupttheil der eigentlichen Kaufmanns-
thätigkeit liegt in den Händen unserer deutschen
Freunde, und daß sie Gewinn daraus zu ziehen wissen,
das sieht man daraus, daß sie sich die besten Häuser
der Kolonie erwerben."

Vielleicht noch eindrucksvoller als in diesen Meinungs-
äußerungen, die allerdings von sehr urtheilsfähigen Stellen ausgehen, kommt die einflußreiche Stellung des deutschen Kaufmanns in der fernen Inselkolonie in der Thatsache zum Ausdruck,

daß in der mächtigen ersten Bank in Asien, in der Hongkong and Shanghai Banking Corporation, deren Aktienkapital, Reservefonds und Reserveverpflichtungen der Aktionäre je 20 Millionen Mark übersteigen, nicht nur unter 11 Vorstands= mitgliedern vier Deutsche, daß ebenso in der Hongkong and Whampoa Dock Company, in der fast jedes englische Kriegs= schiff, das in Ostasien reparaturbedürftig wird, gedockt wird, nicht nur unter sieben Vorstandsmitgliedern drei Deutsche sind, sondern daß in beiden mächtigen Unternehmungen im Jahre 1897 ein Deutscher sogar „Chairman" war, d. h. den Vorsitz im Direktorium führte; heute ist in beiden Unternehmungen ein Deutscher wenigstens stellvertretender Vorsitzender.

Aehnliches gilt auch von anderen weniger bedeutenden Unternehmungen, die gewöhnlich kurzweg als englische betrachtet werden. So waren im Jahre 1897 in der Hongkong and Kowloon Wharf and Godown Company, deren Kapital sich auf eine Million Silberdollar beläuft, unter elf Direktoren vier Deutsche, in der Hongkong, Canton and Macao Steamboat Company, deren Kapital 1200000 Silberdollar beträgt, unter fünf Direktoren zwei Deutsche, in der China Traders In= surance Company, die über ein Aktienkapital von zwei Millionen Silberdollar verfügt, unter fünf Direktoren drei Deutsche, in der China Fire Insurance Company, die ein gleiches Kapital hat, unter sechs Direktoren wiederum drei Deutsche, sowie in der Hongkong Land Investment Company, deren Aktienkapital auf fünf Millionen Silberdollar angegeben wird, unter sieben Direktoren zwei Deutsche. Aus dieser Liste, die noch durch eine Reihe von Gesellschaften, in denen wenigstens ein deutsches Vorstandsmitglied ist, bereichert werden könnte, kann man einen oberflächlichen Schluß auf die Höhe der Betheiligung des deutschen Kapitals an den Gesellschaftsunternehmungen in der fernen englischen Inselkolonie ziehen. Man wird annehmen können, daß allein in den angeführten sieben großen Unter= nehmungen ein deutsches Kapital von mindestens 20 Millionen Mark steckt.

Bedeutung Hongkongs für Industrie, Handel und Verkehr.

Für industrielle Unternehmungen war Hongkong bisher kein günstiger Boden. Außerhalb der chinesischen Zollgrenze gelegen, kam es kaum in Betracht für jene vielleicht natürlichsten

und aussichtsreichsten Fabrikanlagen, die ihren Rohstoff aus
China beziehen und ihre Erzeugnisse dorthin absetzen wollen.
Auch die geringe Ausdehnung der Kolonie, die eine außer=
ordentliche Steigerung der Preise des Grund und Bodens bei
der beständigen Zunahme der Bevölkerung zur Folge hatte,
stand industriellen Anlagen größerer Art hindernd im Wege.
So ist Hongkong in der industriellen Entwickelung, die seit dem
unglücklichen Kriege mit Japan an Chinas Küste kräftiger ein=
gesetzt hat, weit zurückgeblieben hinter seinem Rivalen Schanghai,
dessen stattliche Hafeneinfahrt bereits Fabrik neben Fabrik ein=
drucksvoll umsäumt. Es hat eigentlich nur Industrien auf=
zuweisen, die den Schwerpunkt, insbesondere im Absatz, im
chinesischen Ausland haben. Weit voran steht — abgesehen
von den Schiffbauanstalten, insbesondere der erwähnten Hongkong
and Whampoa Dock Company — die Zuckerfabrikation, die
Rohzucker insbesondere aus Java und den Philippinen für den
Auslandsmarkt raffinirt; von den drei Zuckerfabriken, die zum
Theil recht schwere Zeiten durchzumachen hatten, ist deutsches
Kapital anscheinend nur an einer, der größten, erfolgreichsten,
bereits im Jahre 1878 gegründeten China Sugar Refining
Company betheiligt, was darin zum Ausdruck kommt, daß ein
Deutscher in ihrem Vorstand sitzt. Auf anderen Gebieten tritt
aber auch der Deutsche mehr in den Vordergrund; zum Theil
handelt es sich ja nur um ziemlich geringfügige Versuche; sie
zeigen aber, daß auch hier der Deutsche die Rührigkeit und den
Wagemuth des Pioniers bethätigt, eine wichtige Voraussetzung
für weitere Erfolge in der Zukunft. Deutsche Firmen sind es,
welche die großen Tankanlagen erbauten, in denen Petroleum
aus Rußland und aus Sumatra, das in Tankdampfern an=
kommt, in die von den Chinesen so begehrten und so wundersam
mannigfach verarbeiteten viereckigen Blechdosen abgefüllt wird.
Auch die Federreinigungsanstalt, die aus dem chinesischen Inland
bezogene Federn für den Auslandsmarkt, insbesondere für
Deutschland, verarbeitet und verpackt, ist von Deutschen be=
gründet worden. Deutsche sind es auch, die die Fabrikation
von Seife und Säuren in Konkurrenz mit der japanischen
Einfuhr begonnen haben, die mit Hülfe japanischer Bläser eine
Glasfabrik dort einrichteten sowie eine Fabrik für Rattan=
arbeiten dort besitzen. Endlich ist auch deutsches Kapital be=
theiligt an der großen Baumwollspinnerei und Weberei, die
die unternehmungslustige große englische Firma Jardine,

Matheson and Company, im Jahre 1897 mit einem Kapital von 1 200 000 Silberdollar ins Leben rief.

Die jüngst erfolgte bedeutende Erweiterung von Hongkong auf der Festlandsseite ist zwar in erster Linie aus strategischen Gründen vorgenommen worden; sie ist jedoch auch durchgesetzt in der Absicht, der englischen Kolonie zugleich mit einem engen Anschluß an das entstehende chinesische Eisenbahnnetz mehr als bisher die Möglichkeit zu schaffen, auch an einer zunehmenden industriellen Erschließung Chinas einen Antheil zu nehmen. Das setzt allerdings voraus, daß die infolge dieser Erweiterung nöthig gewordene Revision der Zollvereinbarungen auch unter diesem Gesichtspunkt vorgenommen wird. Gelingt es, auch Hongkong, ähnlich wie Schanghai, zu einem Mittelpunkt des gewerblichen Lebens in China zu machen, so darf man nach den allerdings geringfügigen bisherigen dortigen Anfängen annehmen, daß auch auf diesem Gebiet die Deutschen reiche Früchte zu ernten wissen werden.

Am wichtigsten bleibt Hongkong jedoch stets als Schifffahrtsplatz und Durchfuhrhafen. Was es in dieser Beziehung für eine Rolle spielt, läßt sich hier im Einzelnen nicht ausführen. Es kann nur verwiesen werden auf den ausführlichen Aufsatz von Schumacher über Hongkong, seine Entwickelung und wirthschaftliche Bedeutung in dem Jahrbuch der Internationalen Vereinigung für vergleichende Rechtswissenschaft und Volkswirthschaftslehre zu Berlin (5. Jahrgang, 1899, 1. Abth.), an den die nachstehenden Ausführungen eng sich anlehnen.

Statistisch läßt die Handelsbedeutung Hongkongs sich bekanntlich nicht genau fixiren. Denn als Freihafen besitzt die der Küste Chinas vorgelagerte kleine Inselkolonie, von der jüngst Sir Thomas Sutherland in der 57. Jahresversammlung der Peninsular and Oriental Steam Navigation Company sagen konnte, daß sie — einschließlich der Dschunkenschifffahrt — „vielleicht der größte Schifffahrtsplatz der Welt sei, selbst London und Liverpool nicht ausgenommen", keine Zollstatistik; auch unsere deutsche Handelsstatistik, wird erst von diesem Jahre an Hongkong aus der Gesammtziffer für China ausscheiden.

Deutsche Schifffahrt in Hongkong.

Man sieht sich daher in Hongkong fast ausschließlich auf die Schifffahrtsstatistik angewiesen. Diese ist aber im vorliegenden Fall ein besonders unzureichender Maßstab für die deutschen Interessen. Nicht nur leidet ihr gleich= sam symptomatischer Werth allgemein darunter, daß Schiffe unter deutscher Flagge auch nichtdeutsche Waaren und Schiffe unter fremder Flagge deutsche Waaren befördern; es kommt hier noch besonders hinzu, daß das Schifffahrtswesen und insbesondere die Küstenschifffahrt, die mit ihren häufig wiederholten kurzen Fahrten in erster Linie die Zahlen einer Schifffahrtsstatistik anschwellt, gerade das Gebiet in ganz Ost= asien ist, auf dem die Deutschen nicht ihrer sonstigen Bedeutung gemäß vertreten waren. Früher ist das anders gewesen. Einst — in den sechziger Jahren des 19. Jahrhunderts, als noch an den fernen Küsten des Stillen Ozeans die Segelschifffahrt vorherrschte — hatte der berufene Vertreter der deutschen Handelsinteressen im fernen Osten berichten können: „die Küsten= schifffahrt Chinas ist jetzt fast ausschließlich in den Händen der kontinentalen Schiffe liegend zu betrachten, von denen die deutschen die bei Weitem größte Zahl bilden". Das hatte sich geändert.

Zunächst war der Umstand, daß unsere Handelsschiffe im deutsch=französischen Kriege in den fernen ostasiatischen Ge= wässern schutzlos den französischen Kreuzern preisgegeben waren, der deutschen Schifffahrt verhängnißvoll. Ungefähr gleichzeitig gab die Eröffnung des Suez=Kanals der Entwickelung der Dampfschifffahrt einen starken Ansporn, nicht nur weil der Kanal den Weg zwischen Europa und China sehr verkürzte, sondern auch, weil er wegen der Windverhältnisse auf der neuen Route und wegen der hohen Durchfahrtsgebühren für Segel= schiffe kaum benutzbar war. So wurde es lohnender, Dampf= schiffe nach China hinauszuschicken, als Segler. Das thaten die Engländer, während die Deutschen sich fast ganz damit be= gnügten, die Flotte von Segelschiffen, die sie einmal draußen hatten und — schon wegen des Kanals — schwer nach Hause zurückziehen konnten, so lange es ging, weiter zu nutzen. Endlich geriethen die Deutschen in der chinesischen Küstenschifffahrt dadurch noch weiter ins Hintertreffen, daß Hand in Hand mit dem Vordringen der fremden Segelschiffe die Engländer, Amerikaner und Chinesen große kapitalkräftige Gesellschaften bildeten, die auf bestimmten Linien regelmäßig Schiffe zwischen den Hafenplätzen an der chinesischen Küste laufen ließen und den fremden Schiffsverkehr dort immer mehr zu monopolisiren begannen. So wurde die deutsche Küstenschifffahrt in China, die anfangs, wie gesagt, aus Seglern, später aus einzelnen Dampfern, die in sogenannter wilder Fahrt fuhren, überwiegend bestand, immer mehr zurückgedrängt. Im Jahre 1898 kamen wir Deutsche mit unseren Schiffen in China erst an vierter Stelle; von der Mitte der achtziger Jahre des 19. Jahrhunderts bis zum Jahre 1898 ist der deutsche Antheil an der Schifffahrt ganz Chinas von fast 10 pCt. auf knapp 3½ pCt. zurück= gegangen.

Diese ungünstige Entwickelung spiegelt sich bisher auch in der Schifffahrtsstatistik Hongkongs wieder. Nach ihr liefen im Jahre 1898 Schiffe europäischer Bauart mit Ausnahme der Flußdampfschiffe in den Hafen von Hongkong ein:

	Schiffe		Fahrten		Registertonnen	
	Anzahl	pCt.	Anzahl	pCt.	Anzahl	pCt.
im Ganzen . . .	556	100	3427	100	4 871 213	100
davon britische . . .	239	43	1805	52	2 597 342	53
= deutsche. . . .	97	17	746	22	898 012	18
= japanische . . .	60	11	240	7	502 618	10
= nordamerikanische	43	8	69	2	84 026	2
= norwegische . .	28	5	207	6	190 611	4
= chinesische . . .	21	4	211	6	262 613	5
= französische . .	21	4	158	5	176 841	3

Danach steht die deutsche Flagge mit einem Antheil von 17 bis 22 pCt. an dem gesammten Hongkonger Verkehr in Seeschiffen europäischer Bauart weit zurück hinter der eng= lischen, auf die ungefähr eine Hälfte dieses Verkehrs entfällt; immerhin steht sie auch nach diesen Ziffern noch an zweiter Stelle; ja sie läßt alle anderen weit hinter sich, indem sie nach Anzahl der Fahrten sowie nach Tonnengehalt allen anderen nicht englischen Nationen mit Ausnahme der Japaner zusammen gleichkommt. Bis vor Kurzem war dieser Vorsprung der deutschen Schiffe vor allen anderen nicht englischen Schiffen sogar noch größer; im Jahre 1896 machten nämlich die Fahrten deutscher Schiffe in Hongkong 33 pCt. mehr aus, als die aller anderen nicht englischen Schiffe zusammen. Die Ver= ringerung dieses Vorsprungs in den letzten zwei Jahren ist zurückzuführen erstens auf den spanisch=amerikanischen Krieg, der in dem den Philippinen nahegelegenen englischen Hafen so viele nordamerikanische Schiffe einlaufen ließ, daß sie sich von 3 Schiffen in 14 Fahrten mit 37 445 Registertonnen im Jahre 1896 auf 43 Schiffe in 69 Fahrten mit 84 026 Register=

tonnen im Jahre 1898 hoben, und zweitens auf den etwas un=
gesunden, im Wesentlichen durch hohe Staatssubventionen
erzielten Aufschwung der japanischen Schifffahrt, die in Hong=
kong von 25 ankommenden Dampfern in 80 Fahrten mit
146 315 Registertonnen im Jahre 1896 auf 60 Dampfer in
240 Fahrten mit 502 618 Registertonnen angewachsen ist.
Bei den Schiffen dieser beiden Nationen ist jedoch eher ein
Rückgang als ein Fortschritt zu erwarten. Bei der deutschen
Flagge hat sich dagegen in jüngster Zeit ein Umschwung be=
deutsamster Art angebahnt, der sie bald zum mindesten den
früheren Vorsprung wieder erreichen lassen wird.

Erstens wurde unsere Verbindung mit Ostasien so außer=
ordentlich verbessert, daß sie heute in vielen Beziehungen der
eines jeden anderen Landes mindestens ebenbürtig ist; außer
der seit dem 1. Oktober 1899 durchgeführten Verdoppelung
der Fahrten unserer Reichspostdampfer wurde bekanntlich von
den beiden großen deutschen Dampfergesellschaften, die un=
bestritten die beiden größten der Welt sind, an Stelle der alten
Kingsin=Linie eine Frachtdampferlinie nach Ostasien eingerichtet,
die im letzten Jahre von den beiden deutschen Hafenstädten aus
232 000 Frachttonnen, mehr als sechsmal soviel wie die gleich=
zeitige Ladung der Reichspostdampfer nach Ostasien betrug,
verfrachtete. Zweitens sind auch in der ostasiatischen Küsten=
schifffahrt bedeutende Fortschritte gemacht worden. Zu=
nächst hat diejenige Rhedereifirma, die bisher noch am erfolg=
reichsten an der fernen Ostküste Asiens sich behauptete, die
Firma Jebsen & Co., die hauptsächlich von Hongkong aus
eine regelmäßige Linie nach südlicheren Häfen, vor Allem
Haiphong, unterhielt, eine regelmäßige Dampferfahrt zwischen
Schanghai, Kiautschou, Tschifu und Tientsin im Anschluß an
unsere Reichspostdampfer mit Unterstützung der deutschen Reichs=
postverwaltung eingerichtet. Bedeutsamer ist, daß auch auf
dem Yangtse=Strom die deutsche Flagge, die fast gänzlich von
ihm verschwunden war, regelmäßig wieder sich blicken lassen
wird. Bekanntlich stehen zwei deutsche Firmen im Begriff,
mit je drei Dampfern die Konkurrenz mit den großen englisch=
chinesischen Gesellschaften aufzunehmen, die bisher, wie auf
manchen anderen Routen an der chinesischen Küste, auch auf
diesem Riesenstrom die fremde Schifffahrt geradezu monopoli=
sirten. Außerdem hat die Firma Rickmers, die auch an diesem
Yangtse=Unternehmen in erster Reihe betheiligt ist, weitere

Schiffe für die chinesische Küstenschifffahrt im Bau. Endlich
drang um Weihnachten die frohe Botschaft in die Oeffentlich-
keit, daß der Norddeutsche Lloyd die Dampfer zweier englischer
Gesellschaften, der Holt-Linie sowie der Scottish Oriental
Steamship Co. angekauft hat, um mit dieser aus 24 Schiffen
bestehenden Flotte, die er noch zu verbessern und zu vermehren
gedenkt, die Küstenschifffahrt in den südlichen Häfen Ostasiens
insbesondere von Hongkong aus aufzunehmen. Was diesem
letzten Ankauf für eine außerordentliche Bedeutung beigemessen
wird, geht vielleicht am besten aus einem Artikel hervor, der
unter der Ueberschrift: „Unser Handel im fernen Osten" die
Runde in der englischen Presse machte. In ihm hieß es u. A.
mit Bezug auf diesen Ankauf des Norddeutschen Lloyd: „Der
gesammte oder doch fast der gesammte außerordentlich werthvolle Lokalhandel zwischen Singapore und Hongkong ist damit
in deutsche Hände gelangt. Die Verbindungen Englands mit
Hongkong werden sich in der Folge im Wesentlichen nur noch
auf die Hauptlinien von Europa beschränken, die indessen für
den Küstenhandel in jener Fahrt angesichts der höheren Raten
für Güter und Passagiere im Vergleich zu den Lokaldampfern
keine Bedeutung besitzen. Der Reis aus Siam findet im
Süden von China einen ständigen Markt. Diese Transporte
werden künftig nur noch mit deutschen Schiffen befördert
werden. Der Hafen von Bangkok, in dem der englische Handel
bisher die Suprematie besaß, wird sich nunmehr zu einem
wichtigen Stützpunkt des deutschen Handels und der deutschen
Schifffahrt umgestalten, dieser Theil des Geschäfts somit in
die Hände einer Nation übergehen, die in der Baumwoll- und
der Manufakturwaaren-Branche im Allgemeinen als einer
unserer schärfsten Konkurrenten in China auftritt. Hand in
Hand damit ist auch der Rückgang des englischen Einflusses in
Siam und in dem südlichen China unvermeidlich. Als Deutschland von Kiautschou Besitz ergriff, erwarteten wir eine zu-
nehmende Konkurrenz im Norden von China; was wir aber
nicht erwarteten, ist, daß sich deutsches Kapital finden würde,
um durch den Ankauf englischer Gesellschaften unseren gesammten Handel in Siam und einen Theil des hiermit in
Zusammenhang stehenden Handels in Hongkong brach zu legen.
Wir haben diese Thatsache jetzt vor Augen, ohne daß wir sie
verhindern könnten."

Durch diese verschiedenen deutschen Unternehmungen, die fast alle von Bremen ausgehen, wird auf dem Gebiete des Schiffswesens eine alte Scharte in glänzender Weise ausgewetzt und nicht nur der frühere Stand wieder erreicht, sondern übertroffen. Damit ist das große Ergebniß erzielt worden, daß an der ganzen Küste Ostasiens von Singapore hinauf bis Tientsin die deutsche Flagge in regelmäßigen Linien vertreten sein wird.

Infolge dieser Veränderungen wird auch in Zukunft der Vorsprung Englands vor unserer Flagge nicht unbeträchtlich verringert werden und die Bedeutung der deutschen Interessen in Hongkong und in ganz Ostasien in der Schifffahrtsstatistik richtiger sich wiederspiegeln, als das bis jetzt der Fall war. Schon in den letzten Jahren seit dem chinesisch-japanischen Kriege hat sich das Verhältniß der deutschen zur englischen Flagge in Hongkong zu unseren Gunsten etwas verschoben. Der englische Antheil ist dort nämlich von 298 Schiffen in 1806 Fahrten mit 2 665 438 Registertonnen im Jahre 1896 auf 239 Schiffe in 1805 Fahrten mit 2 597 342 Registertonnen im Jahre 1898 gesunken, während gleichzeitig der deutsche Antheil von 77 Schiffen in 708 Fahrten mit 846 713 Registertonnen auf 97 Schiffe in 746 Fahrten mit 898 012 Registertonnen angewachsen ist. Das bedeutet, daß der deutsche Antheil der Schiffszahl nach statt 26 pCt., wie vor drei Jahren, 40 pCt. des englischen Antheils im Jahre 1898 betrug. Die Engländer allerdings lieben es, diese Ziffern insofern zu ihren Gunsten zu wenden, daß sie ihnen die entsprechenden Zahlen der fast ausschließlich unter englischer Flagge fahrenden Flußdampfer zuzählen, die täglich den Nahverkehr zwischen Hongkong, Kanton und Makao vermitteln; dadurch steigt der englische Antheil im Jahre 1898 auf 3734 Fahrten mit 4 362 837 Registertonnen oder 66 pCt. des Hongkonger Gesammtverkehrs in Schiffen europäischer Bauart und sinkt der deutsche Antheil gleichzeitig auf nur 20 pCt. des englischen. Es braucht nicht ausgeführt zu werden, daß das bloße Scheinziffern sind.

Der Handelsverkehr.

Was den Waarenverkehr mit Ausschluß der Edelmetalle und Kontanten zwischen Deutschland und Hongkong anlangt, so können nur die Anschreibungen der großen deutschen

Dampfergesellschaften einigen Anhalt gewähren. Die Reichspost=
dampferlinie hat seit ihrer Errichtung im Verkehr mit Hongkong
befördert:

	Auf der Ausreise:				Auf der Heimreise:			
	Gewicht kg	Index= Zahl	Werth Mk.	Index= Zahl	Gewicht kg	Index= Zahl	Werth Mk.	Index= Zahl
1888—1890:	2 174 000	100	2 549 000	100	1 822 000	100	3 060 000	100
1891—1895:	4 222 000	194	3 077 000	121	2 197 000	121	3 498 000	114
1896:	6 898 000	317	5 168 000	203	2 563 000	141	4 428 000	145
1897:	7 123 000	238	4 855 000	190	3 107 000	171	7 006 000	229
1898:	5 963 000	274	5 611 000	220	2 285 000	125	6 881 000	225

Aber diese schnell angewachsenen Mengen, die die Reichs=
postdampferlinie in ihren monatlichen Fahrten befördert hat,
sind nur ein kleiner Theil dessen, was auf deutschen Schiffen nach
Ostasien verfrachtet wird. In den Jahren 1893 bis 1897 be=
förderte die Kingsin=Linie alljährlich drei= bis viermal so viele
Güter nach Ostasien wie die Reichspostdampferlinie; die seit=
dem an ihre Stelle getretene Frachtdampferlinie des Nord=
deutschen Lloyd und der Hamburg—Amerika=Linie befördert gar
den vier= bis fünffachen Betrag. Dazu kommen noch andere
Waarenmengen; so verfrachtete vor Allem die Firma E. Th. Lind
auf Schiffen der Bremer Rickmers=Linie und auf gecharterten
englischen Dampfern im Jahre 1897 auch anderthalbmal so
viel wie die Reichspostdampferlinie nach ganz Ostasien. Aus
Allem läßt sich aber nicht ein ziffernmäßig abgerundetes Bild
über unseren Waarenverkehr mit Hongkong gewinnen.

Der deutsche Kaufmann.

Der zuverlässigste statistische Maßstab bleibt immer die
angeführte Firmenstatistik, nach der die deutsche zur englischen
Kaufmannschaft sich in der englischen Kolonie verhält wie
3 zu 4. Allerdings entspricht dem natürlich nicht der Antheil
der deutschen Industrie an der Waareneinfuhr Hongkongs.
Das Geschäft eines Kaufmanns ist international; das gilt ganz
besonders von dem Geschäft des deutschen Kaufmanns, das
sonst bisher nicht diese Bedeutung hätte gewinnen können.
Aber gerade der Umstand, daß das Geschäft des deutschen
Kaufmanns noch nicht mit einheimischen Waaren gesättigt ist,
wie es seit Langem beim Geschäft des englischen Kaufmanns
mit englischen Waaren der Fall ist, eröffnet uns Deutschen in
erster Linie so erfreuliche Aussichten für die Zukunft. In

England bethätigten der Kaufmann und der Industrielle fast zur selben Zeit ihr Interesse für den Auslandsmarkt. Bei uns in Deutschland war es lange Zeit der hanseatische Kaufmann allein, der sich hinauswagte in die weite Welt und in ferner Fremde eine Stellung sich schuf; erst neuerdings beginnt auch der deutsche Industrielle, der zunächst den einheimischen Markt sich erobern mußte, den Blick über die engen Grenzen der Heimath zu erheben. Genügt die Leistungsfähigkeit, das Verständniß, das Interesse — noch immer mehr, als es bisher schon der Fall ist — den Anforderungen des fremden eigenartigen Marktes, dann wird der deutschen Industrie auch der frühreifere und weltmännischere Bruder, der deutsche Kaufmann im fernen Osten, der trotz des internationalen Charakters seines Geschäftes ein lebhaftes Nationalbewußtsein sich bewahrt hat, seine wirksame Hülfe nicht versagen. Das ist eine Vorzugsstellung für unsere nothwendig immer mehr auf den Weltmarkt drängende Industrie, die keine andere Nation auch nur annähernd ähnlich genießt. Bisher ist sie noch lange nicht voll ausgenutzt worden. Doch Anfänge dazu sind schon vorhanden. Darauf deuten die angeführten Zahlen; das bestätigt auch u. A. der österreichische Konsul, indem er in seinem Bericht über den Handel Hongkongs im Jahre 1898 sagt: „Noch kommt der Haupttheil derselben — der importirten Waaren — aus England, doch weist Alles darauf hin, daß es schon einen großen Theil des hiesigen Imports an Deutschland und in geringerem Maße auch an das sehr rührige Belgien abgeben mußte".

Was aber noch zu erringen ist, davon gewinnt man eine schwache Vorstellung, wenn man sich klar macht, daß nach einer neuen „offiziellen" Schätzung die Handelsthätigkeit Hongkongs einen Werth von 50 Millionen Pfund Sterling oder von einer Milliarde Mark jährlich übersteigen soll und daß erst die ersten zaghaften Versuche gemacht sind, das große Hinterland, dem die englische Kolonie dient, in energischer Weise zu erschließen.

———

Deutsche Interessen in Mittelamerika.

Man schreibt uns über diese:

Mittelamerika bedeckt eine Bodenfläche von ungefähr $1/2$ Million Quadratkilometer, wovon auf Guatemala $5/16$, Salvador $1/16$, Honduras $4/16$, Nicaragua $4/16$ und Costarica $2/16$ kommen. Die Bevölkerung hat in den einzelnen Staaten eine sehr ungleiche Dichtigkeit. An der Spitze steht das kleine Salvador, wo 26,6 Leute auf jedem Quadratkilometer leben, dann folgen Guatemala mit 9,1, Costarica mit 4,4, Nicaragua mit 3,8 und Honduras mit 3,2. Von den insgesammt 3 Millionen Einwohnern sind nach der alten, aber immer noch richtigen Schätzung Squiers 54,5 pCt. Indianer, 0,5 pCt. Neger, 40 pCt. Mischlinge und nur 5 pCt. Weiße.

Unter diesen 150 000 Weißen verschwinden die 2000 Deutschen schon der Menge nach nicht so ganz. Wegen ihrer geschäftlichen Rührigkeit und gesellschaftlichen Bedeutung scheinen sie aber noch zahlreicher zu sein, und in den Hauptstraßen mancher Städte hört man auffallend viel deutsch sprechen.

Stellung der Deutschen.

Die Deutschen sind Besitzer, Leiter oder Angestellte großer kaufmännischer oder landwirthschaftlicher Unternehmungen, Zuckerfabriken, Kaffeeraffinerien, elektrischer Zentralen, Eisenbahnen, Dampfer, Eisfabriken, Vertreter deutscher Häuser, Schiffahrts= und Versicherungsgesellschaften, ferner Lehrer und Lehrerinnen, Aerzte, Zahnärzte, Musikdirektoren, Gastwirthe, Viehzüchter, Bierbrauer, Schnapsbrenner, Kleinhändler und Handwerker. Manche stehen auch im Dienste einer der fremden Regierungen und werden im Allgemeinen mit Unrecht als verlorene Söhne und die Quelle vieler Verlegenheiten betrachtet. Sie wenden der deutschen Industrie manchen großen Auftrag zu und machen sich ihren Landsleuten oft nützlich. Namentlich unsere Schiffskapitäne schulden deutschen Hafenkommandanten vielen Dank. Kleinbauern fehlen, außer im Gärtnereibetriebe nahe den Städten, ganz. Zwar könnte ein Europäer Feldarbeit in vielen hoch=

3*

gelegenen Theilen Mittelamerikas recht wohl dauernd ohne Gesundheitsschädigung leisten, aber eine Konkurrenz mit dem bedürfnißlosen Indianer ist nicht möglich. Daran sind alle Kolonisationsversuche mit europäischen Landarbeitern gescheitert, so auch der 1852 durch v. Bülow unternommene in Costarica, der nach vier Jahren mit dem Tode seines Begründers endete. Außer der Küste und einigen tiefliegenden Gegenden hat Zentralamerika ein Europäern im Allgemeinen durchaus zusagendes Klima.

Fast keiner der in Mittelamerika lebenden Deutschen kann als Auswanderer bezeichnet werden. Die wenigen, die das Vaterland vor ihrem 16. Jahre verlassen und ihr Militärverhältniß nicht geregelt haben, bereuen das lebhaft, und Niemand von ihnen erwirbt etwa die fremde Staatsangehörigkeit. Jedem schwebt das Ziel vor Augen, in die Heimath zurückzukehren, und wer es nicht erreicht, der spannt wenigstens alle seine Kräfte an, um die Kinder „zu Hause" erziehen zu lassen. Nur wenige Nachkommen Deutscher aus Ehen mit Zentralamerikanerinnen sind ihrem Volksthum verloren gegangen, meist weil die Väter früh starben.

Stärkung des Deutschthums und Bedeutung des Kreuzerschutzes.

So sehr auch ein enges Zusammenleben von Landsleuten allerlei kleinen Hader begünstigt, so bilden doch die Vaterlandsliebe und der Nationalstolz ein genügendes Gegenwicht. Allenthalben in Mittelamerika blühen deutsche Vereine zu geselligen Zwecken sowohl wie zur Unterstützung der zahlreichen Hilfsbedürftigen unter Ansässigen und Durchwandernden. Der Alldeutsche Verband hat an einigen Orten Anklang gefunden, an anderen der Verband Deutscher Flottenvereine im Ausland. Jede Anforderung an die Opferwilligkeit findet stets Entgegenkommen, namentlich wo es gilt, das Heimathland würdig zu vertreten. Zu den hohen Festtagen, die gern gefeiert werden, zählt auch die Ankunft eines deutschen Kriegsschiffs. Zu selten wird den Patrioten diese Freude, die manchen lau Gewordenen wieder an sein Volk mahnt und die vor Allem auch berechtigt ist durch den tiefen Eindruck, den die wohldiszipliniertn, schmucken Seeleute des Deutschen Reichs auf die Tropenbewohner machen. Der mittelamerikanische Machthaber und Beamte hat meist nur sehr verschwommene Begriffe von der Macht des Deutschen Reichs und ist geneigt, nur das zu glauben, was er gesehen hat. Seine Kenntniß der europäischen Politik beschränkt sich auf die nordamerikanischen Kabelnachrichten, die für Deutschland nicht immer günstig lauten. Die Imponderabilien eines glanzvollen bekannten Bildes sind für ihn und die um ihn wirksamer als diplomatische oder statistische Belehrungen. Der Vertreter S. M. des Kaisers, der auf einem Kriegsschiff über das Meer gefahren kommt oder ein solches herbeitelegraphiren kann, wird des Eindrucks auf einen tropischen Politiker sicher sein. Als S. M. S. „Geier" im vorigen Jahre an der zentralamerikanischen Küste erschien, beförderte seine Ankunft die Lösung schwebender Fragen in sehr befriedigender Weise.

Vorher war lange Jahre hindurch in Mittelamerika die deutsche Marine ein mythischer Begriff gewesen, und auch energische Vorstellungen eines Gesandten waren daher regierungsseitig dort dilatorisch behandelt worden. Die lauten Klagen hierüber sind endlich zu einer befriedigenden Lösung gelangt. Allein ein Kreuzer an der Westküste Amerikas ist nur wenig. Konflikte zwischen Reichsangehörigen und tropischen Behörden werden sich nicht vermeiden lassen. Daß der Deutsche dabei im Rechte sei, diese Auffassung entspricht fast immer der Wahrheit, und energischer Schutz ist deshalb geboten im Interesse der Sicherheit Tausender von Landsleuten und Millionen deutschen Geldes. Der Zwischenfall mit Haiti hat gelehrt, wie an einer durch das rasche Vorgehen unserer Marine geschaffenen vollendeten Thatsache nicht mehr gerüttelt wird. In der Bedrängniß wendet man sich sonst nur zu gern an die nordische Schwesterrepublik, trotzdem diese bei jeder Klage eines Nordamerikaners mit ihnen wenig Federlesen macht.

Eine exotische Regierung, der man auf die Finger klopft, ist oft wirklich nicht so wüthend, wie sie sich stellt und wie in der von ihr bezahlten Presse verkündet wird. Der grimme Zorn eines ganzen Volkes steht nicht hinter ihr, sondern der Aerger einer kleinen Zahl von Berufspolitikern. Die Mehrheit kümmert sich nicht um öffentliche Dinge, und der Rest der anständigen und gebildeten Leute ersehnt mehr und mehr ein Ende der Ausbeutung durch Unruhestifter.

Deutsches Kapital und deutscher Verkehr.

Die finanziellen Interessen Deutschlands in Mittelamerika sind beträchtlich. Es stecken dort etwa 250 Millionen Mark deutsche Kapitalien und Kredite, wie noch näher ausgeführt werden soll.

Den Handel beleuchten folgende Zahlen:

	1894	1895	1896	1897	1898
Einfuhr aus Zentralamerika nach Deutschland:					
Millionen Mark	35,8	39,4	39,7	35,8	26,3
% der gesammten Einfuhr . .	0,8	0,9	0,9	0,7	0,5

	1894	1895	1896	1897	1898
Ausfuhr aus Deutschland nach Zentralamerika:					
Millionen Mark	6,5	10,1	10,7	7,6	4,6
% der gesammten Ausfuhr . .	0,2	0,3	0,3	0,2	0,1

Der deutliche Niedergang seit 1897 hängt mit einer Krisis zusammen, die ihren Höhepunkt wohl schon überschritten hat.

Von etwa 70 größeren und 30 kleineren deutschen Handelshäusern und Zweigniederlassungen, in denen gegen 35 Millionen Mark Kapitalien arbeiten, besorgt die Hälfte den überwiegenden Theil des Aus= und Einfuhrgeschäfts zwischen Deutschland und Mittelamerika.

Im Schiffsverkehr nach der atlantischen Küste Mittelamerikas, wohin namentlich Costaricas Handel gravitirt, nimmt die Hamburg—Amerika=Linie eine bedeutende Stellung ein. Die nach Colon laufenden Dampfer derselben Gesellschaft löschen und laden dort einen großen Theil der Waaren und Produkte der pacifischen Küste. Die weniger eiligen Frachten erhält die durch die Magellanstraße fahrende Kosmos=Linie.

Die sorgsame Behandlung der Güter und das gänzliche Fehlen von Diebstählen an Bord wird bei diesen Dampfern sehr gepriesen. Auch die Passagiere ziehen sie den nord= amerikanischen bei Weitem vor. Wiederholt haben sie auch in Revolutionszeiten durch Beförderung von Regierungstruppen gute Geschäfte gemacht. Um die Kaffeefracht werden sie von der Konkurrenzlinie in manchen Häfen unter Betheiligung des Hafenkommandanten gebracht. Ein sehr einfaches Mittel hierzu ist, daß er den deutschen Dampfer zu spät empfängt. Proteste gegen diese Leute genügen nicht. Es muß öfters nach solchen

Vorfällen die sofortige Absetzung eines solchen Schädlings verlangt und durchgesetzt werden, und dazu ist wiederum die Anwesenheit eines Kriegsschiffes sehr erwünscht.

Guatemala.

Das Hauptprodukt Guatemalas ist seit etwa 30 Jahren der
Kaffee. Der große Gewinn bei seinem Anbau während der
Preissteigerung 1887 bis 1896 hat das deutsche Kapital so stark
angezogen, daß 100 Millionen Mark (einschließlich der großen
Kreditsummen) in landwirthschaftlichen Unternehmungen in
Guatemala stecken. Ein Theil dieser Summe ist heute ernsthaft
bedroht, da der Preissturz des Kaffees infolge zu großer Produktion
in den meisten Kaffeeländern einen Rückschlag auf alle Werthe,
weit über das gebotene Maß hinaus, hervorgebracht hat. Die
Deutschen in Guatemala haben zwar meist ihr Grundeigen-
thum behaupten können, vermögen aber oft nicht, das zu theuer
bezahlte Land durch Zukauf von billigen Gütern auch bei
heutigen Kaffeepreisen rentabel zu machen. Das deutsche Groß-
kapital, das in früheren Jahren bei dem hohen Verdienst gern
eine gewisse Unsicherheit mit in den Kauf nahm, würde jetzt
zur Sicherung der in Guatemala angelegten Summen bereit-
willigst Geld hergeben, wenn den Deutschen dort durch das Reich
ein Schutz gewährt würde, wie ihn nur eine thatkräftige überseeische Politik auf Grund größerer Flottenmacht bringen kann.
Dann würden auch die deutschen Gläubiger ihre Hypotheken
auf die Ländereien von Einheimischen mit Erfolg einklagen
können, was heute bei der herrschenden Gerichtspraxis aussichts-
los ist.

Ferner würden auch die deutschen Pflanzungen im
Stande sein, ihre Produktionskosten zu vermindern. Einmal
gehörte dazu die Erzeugung von Lebensmitteln für die
Arbeiter auf eigenem, billig zugekauftem Grund und Boden,
dann die Regelung der Arbeiterverhältnisse. Die ist nur
möglich im Sinne einer historisch begründeten, dem Indianer
vertrauten und auch gesetzlich (durch Geldschuld) festgelegten
Hörigkeit des Feldarbeiters auf seiner ihm in Erbpacht
gegebenen Scholle, deren Zins er in Arbeit zu bezahlen hat.
Auch hierzu gehört weit mehr Kapital, vor Allem aber Unabhängigkeit von den Provinzmachthabern. Ihnen ist heute
die Versorgung der Pflanzungen mit Arbeitskräften eine

Hauptquelle zur Bereicherung. Ueberhaupt muß jede Leistung, auch die ganz innerhalb ihrer gesetzlichen Pflichten liegende, von ihnen theuer erkauft werden. Die verschiedenartigen Tributzahlungen, auch an niedere Beamte, sind nicht mehr zu erschwingen.

Mexiko, die Schwesterrepublik, hat durch rücksichtsloses Vorgehen längst erreicht, daß von Guatemalas Behörden jeder Mexikaner wie ein rohes Ei behandelt wird, bis zu dem Grade, daß die Polizei jeden Lumpen, der einen hohen, mexikanischen Hut trägt, respektvoll laufen läßt.

Augenblicklich hat die Valutaverschlechterung die Arbeits=löhne verbilligt und dadurch manche deutsche Pflanzung über Wasser gehalten. Das wird so lange dauern, als der Indianer die verminderte Kaufkraft seines Lohnes nicht merkt, weil ihm sein Hauptbedürfniß, Mais, unter dem Kostenpreise geliefert wird. Diese Zeit ist beschränkt. Die dem Lande ungünstige Bilanz wird durch Einschränkung der Lebenshaltung und Minderverbrauch alles von außen Bezogenen gebessert, was dem deutschen Exporthandel nicht passen kann. Das zur Aus=gleichung dieser Bilanz aus dem Lande gegangene Silber, an dessen Stelle ungedecktes Papiergeld trat, wird erst zurückkehren, wenn der Kurs dieses für den internationalen Verkehr werth=losen Papiers sich bessert, d. h., wenn das Mißtrauen wegen heimlicher Ausgabe großer Mengen von Noten schwindet. Das kann aber nur durch eine fremde Finanzkontrolle geschehen, die die betheiligten Mächte ausüben.

Die deutschen Interessen verdienen die Aufmerksamkeit der Regierung. Fast die Hälfte der gesammten Kaffee= und Zuckerernte Guatemalas wird von deutschen Händen auf=genommen. An der Spitze der Produzenten stehen 7 Aktien=unternehmungen, darunter

die Porvenir=Plantagen=Gesellschaft mit 3,050 Millionen Mark Kapital
die Hanseatische   =   =   = 4,400   =   =   =
die Chocolá   =   =   = 3,818   =   =   =
die Osuna=Rochela= =   =   = 4,575   =   =   =
die Concepción   =   =   = 3,575   =   =   =

Unter den 83 deutschen Einzelbesitzern, die 157 Pflanzungen von 1/2 bis mehr als 500 qkm Umfang ihr eigen nennen, arbeiten manche mit noch größeren Kapitalien und andere kommen diesen Summen nahe.

Auf dem gesammten deutschen Plantagenbesitz, der sich über 2725 qkm ausdehnt, wurden von den 17,7 Millionen Kaffee= bäumen gegen 200 000 Zentner Kaffee und von den 14,3 qkm Rohrzucker=Feldern etwa 125 000 Zentner Zucker geerntet.

Im Handel Guatemalas nimmt Deutschland die erste Stelle ein, wie aus der sehr genauen Tabelle Dr. Niederleins hervorgeht:

	Einfuhr nach Guatemala		Ausfuhr aus Guatemala		Zu= sammen
	1895	1896	1895	1896	1895
	in Millionen Mark				
Deutschland . . .	6,57	8,04	37,27	35,52	43,56
Vereinigte Staaten	9,50	12,60	15,43	10,34	23,03
Großbritannien . .	6,01	8,65	9,43	8,15	16,80
Frankreich . . .	3,40	4,70	1,45	1,31	6,09

Die großen nach Deutschland gehenden Kaffeemengen haben nichts für unser Nationalvermögen Ungünstiges, weil der Er= trag im Lande bleibt und die Zinsen des draußen angelegten Geldes vorstellt.

Von größeren deutschen Unternehmungen sind noch er= wähnenswerth:

Die elektrische Licht= und Kraftanlage in der Hauptstadt.

Die Eisenbahn Ocós—Coatepeque im Werthe von mehr als 3 Millionen Mark. Zwei Drittel der Bahn sind schon mit einem Kostenaufwand von 2 Millionen Mark gebaut.

Die Eisenbahn=, Dampfer= und Transportgesellschaft in Livingstone, die 30 englische Meilen Bahn von Panzós nach Nanacochs und fünf Flußdampfer schon im Betriebe hat, für 2½ Millionen Mark. Das Endziel der Bahn ist Cobán, die Stadt, wo die Deutschen sich durch besondere Rührigkeit aus= zeichnen und sogar vor Jahren den Wegebau der ganzen Gegend kräftig in die Hand genommen haben.

Auch die Eisenbahn Champerico—Retalhuleu—San Felipe verdankt der Energie eines Deutschen ihr Entstehen und einem deutschen Ingenieur ihre Vollendung.

Salvador.

In Salvador ist der Grundbesitz seit Alters in den Händen eines intelligenten Mittelstandes, und diese für land= wirthschaftlichen Großbetrieb ungeeigneten Verhältnisse haben das deutsche Kapital weniger angelockt wie in Guatemala, so

daß in Salvador nur gegen 7 Millionen Mark ſtecken, in
Pflanzungen, Handelshäuſern, Eiſenbahn= und Bankaktien,
elektriſcher Zentrale und kleinen Betrieben, wie Bierbrauereien
und dergleichen.

Deutſche Lehrer und Lehrerinnen haben Hervorragendes
geleiſtet, auch als pflichttreue Beamte in bedeutenden Stellungen
haben ſich öfters Deutſche bewährt.

Seit 1897 beſtand ein — kürzlich gewaltſam gelöſter —
Bund Salvadors mit Honduras und Nicaragua, ſo daß die
Zahlen des deutſchen Handels in den letzten Jahren nur für
dieſen Bund erhältlich ſind.
Die Einfuhr nach Deutſchland betrug 1897 2,3, 1898 2,5 Mill. Mark.
Die Ausfuhr von   ⸗   ⸗ 1897 2,3, 1898 1,4 ⸗   ⸗

Der Export von Kaffee und Indigo iſt nur zum Theil,
der von Balſam ganz in deutſchen Händen.

Honduras.

Es ſchien Anfang 1898, als ſolle Honduras ſich wirth=
ſchaftlich ganz an die Vereinigten Staaten von Nordamerika
anſchließen. Eine Geſellſchaft, in der Namen wie Aſtor und
Depew vertreten waren, übernahm die Zollhäuſer gegen eine
Pachtſumme und die allmähliche Regelung der auswärtigen
Schuld von nominell 100, thatſächlich kaum 4 Millionen Mark.
Sie erhielt ein Bankmonopol und das bereits fertig geſtellte
Stück Eiſenbahn nebſt großen Landabtretungen, um dafür eine
interozeaniſche Bahn zu bauen. Zum Glück für die deutſchen
Intereſſen (von etwa 6 Millionen Mark) in dem zukunftreichen
Lande, deſſen Handel zwei deutſche Häuſer beherrſchen, iſt die
amerikaniſche Kompagnie zurückgetreten. An der Nordküſte
haben ſich ſeit Kurzem etwa 70 Deutſche angeſiedelt. Die
müheloſe Bananenkultur gewährt dort die Mittel zum Leben
und zum Anpflanzen von Kautſchukbäumen, von deren Erträgen
in ſieben bis zehn Jahren reicher Gewinn zu hoffen iſt.

Die Zahl der ſonſt in der Republik wohnenden Deutſchen
überſteigt nicht 15. Sie haben kürzlich ihren erſten Jahres=
beitrag von über 1000 Mark an den Flottenverein geſandt.

Nicaragua.

Auch hier iſt die Stellung der Deutſchen recht angeſehen.
Trotzdem Nordamerika große Aufmerkſamkeit auf dieſes Land

richtet, das sich auch seinerseits sehr wohlwollend gegen die Kanal=
projekte verhält, steht doch der deutsche Handel voran, wie
folgende Tabelle zeigt.

Es betrug die Einfuhr nach Nicaragua und die Ausfuhr
zusammen:

	Millionen Mark.				
	Einfuhr		Ausfuhr		Zusammen
	1895	1896	1895	1896	1896
Deutschland	1,7	2,32	7,4	5,7	8,03
Vereinigte Staaten . .	1,79	1,69	2,49	2,52	4,21
Großbritannien	3,7	3,56	1,71	1,82	5,38
Frankreich	0,9	1,19	0,7	0,96	2,15

Die beiden Häfen am Stillen und am Atlantischen Ozean
wurden 1897 von 27 bezw. 7 deutschen Dampfern angelaufen.

In den Theilen Nicaraguas, die nicht zu niedrig für
Kaffeebau sind, namentlich in der Provinz Matagalpa, giebt es
größere deutsche Pflanzungen, wenn auch meist noch jüngeren
Ursprungs. Die 1,8 Millionen Bäume brachten 1897/98 erst
einen Ertrag von 8400 Zentner Kaffee. Der Plantagengrund=
besitz hat einen Werth von 1²/₃ Millionen.

Die dorthin führende Zweigbahn, welche durch deutsche
Ausbauer zu Stande gekommen ist, scheint geeignet, diesen Werth
noch beträchtlich zu erhöhen.

Auch in der Viehzüchterei versuchen sich deutsche Grund=
besitzer. Zwei Wirthschaften verfügten über einen Rinder=
bestand von 1500 Köpfen.

Die gesammten deutschen Interessen in Nicaragua können
auf 14—15 Millionen Mark geschätzt werden.

Viel stärker als in den übrigen Staaten haben in Nicaragua
politische Verhältnisse an einer beträchtlichen Handelskrise die
Schuld getragen. Konfiskationen des Besitzes von Regierungs=
feinden haben auch deutsche Gläubiger geschädigt. So ist auch
unter dem ruhigen, der Politik fern stehenden Theile der Be=
völkerung die Sehnsucht nach einem fremden Protektorat be=
sonders lebhaft.

Costarica.

Die Einwohner von Costarica sind fast ausschließlich
Weiße und meistens Nachkommen von Spaniern. Ihr politischer
Einfluß ist gegenüber dem der Mischlinge hier bedeutend
größer als in den anderen Staaten. Die Mischlinge und

Neger leben fast nur an der Küste, die wenigen Indianer völlig abgeschieden von der zivilisirten Rasse.

Die Einwohner stehen in sittlicher und kultureller Hinsicht hoch über den Bewohnern ihrer Nachbarstaaten.

Unter den 290 000 Seelen befinden sich gegen 6000 bis 7000 Fremde, darunter etwa 2500 Europäer und Nord= amerikaner, und zwar 300 bis 400 Deutsche.

Ernsthafte und maßvolle Regierungen haben sich von den Streitigkeiten unter den Eintagspräsidenten der anderen Republiken meist zurückgehalten. Die Zuverlässigkeit der Ver= hältnisse und Bewohner Costaricas bewirkt, daß auch der Groß= handel eine verhältnißmäßig erhebliche Ausdehnung und Sta= bilität annehmen konnte. 1898 wurde in Costarica eingeführt:

aus den Vereingten Staaten für 5,6 Millionen Mark,
=   England   =   5,0   =   =
=   Deutschland   =   3,5   =   =
=   Frankreich   =   1,5   =   =

Die deutschen Handelshäuser in San José de Costarica, welche mit 7,5 Millionen Mark Kapitalien arbeiten, lassen es sich besonders angelegen sein, deutsche Waaren einzuführen. Die Ausfuhr erstreckt sich fast lediglich auf Kaffee und neuerdings Bananen. Außer den großen deutschen Häusern sind Tischle= reien, Sattlereien, Maschinenwerkstätten, 1 Buchhandlung und eine Bierbrauerei in deutschen Händen. Das gesammte deutsche Kapital, welches in Grundbesitz, Handels= und industriellen Unternehmungen angelegt ist, kann auf etwa 40 Millionen Mark geschätzt werden. Die deutsche Kolonie in San José zählt 200 bis 300 Mitglieder, welche unter sich fest zusammenhalten und durchschnittlich in den besten Vermögensverhältnissen leben. Das zu Anfang der Abhandlung Gesagte über die Deutschen Mittelamerikas trifft auf die Deutschen Costaricas besonders zu. Die Liebe zum Heimathlande ist hier stark aus= geprägt. Bisher wurden die Kinder fast durchweg in Deutsch= land erzogen. Der Gedanke, eine deutsche Schule in San José zu errichten, hat sich jedoch bereits Bahn gebrochen und wird voraussichtlich in 3 bis 4 Jahren, wenn der Nachwuchs der deutschen Kolonie im schulpflichtigen Alter steht, verwirklicht werden. Besonders günstig für Handel und Verkehr in Costa= rica ist der Umstand, daß der Hafen von Port Limon an der atlantischen Seite durch Eisenbahn mit der Hauptstadt San José verbunden ist. Der Hafen von Punta Arenas an der

pacifischen Seite ist für den Handelsverkehr nicht besonders
geeignet. Das Laden und Löschen muß mit Leichtern geschehen.
Der Dampferverkehr ist gering, da die Eisenbahn nur bis nach
Esparta geht und die Waaren von dort aus mit Ochsenkarren
befördert werden müssen. Es wird beabsichtigt, eine Eisenbahn
von San José nach Tirivis zu bauen, und sind amerikanische
Ingenieure bereits mit den Vorbereitungen zum Bahnbau beschäftigt. Die Wahl von Tirivis, einer offenen Bucht, etwa
10 sm westlich von Punta Arenas kann nicht als günstig bezeichnet werden, da sicherlich kostspielige Molenbauten erforderlich sind, um einen geschützten Hafen herzustellen. Immerhin
wird die Eisenbahn, deren Herstellung durch den energischen
Präsidenten Don Rafael Iglesias betrieben wird, dadurch, daß
die atlantische Seite des Landes mit der pazifischen direkt verbunden wird, den wirthschaftlichen Aufschwung wesentlich fördern.

Deutschland in der Südsee.

Geschichtliches.

Das Stille Weltmeer ist für den Geschichtsforscher, der in die weiten Fernen der menschlichen Entwickelungsgeschichte zurückblickt, ein Spiegel der großen Phasen dieser Entwickelung. Jahrtausende lang mag es eine unüberbrückbare Scheidewand zwischen der östlichen und westlichen Halbkugel gebildet haben, bis dann, von Hunger und Noth getrieben, versprengte hinterindische Stämme sich auf ihren schwanken Kanoes auf die Wogen des Ozeans hinauswagten, um die darin verstreuten Schollen mit menschlichen Wohnungen zu bedecken. Das trennende Element war zum bindenden geworden. Aber nachdem diese Entwickelung der Inseln des Stillen Weltmeeres einmal vollzogen war, muthmaßlich mehrere tausend Jahre vor dem Beginn unserer Zeitrechnung, trat es wiederum in die Phase des trennenden Elements zurück.

Die Menschen hatten vergessen, daß die Wasser des Ozeans ihre treuesten Helfer in den Zeiten der Noth gewesen waren und sie zu neuen Wohn- und Nährstätten sicher geleitet hatten. Die Brandung des Weltmeeres ward wieder zur unübersteigbaren Schranke, und dann dauerte es bis an die Schwelle der Gegenwart, bis abermals die Schranke muthig und kräftig durchbrochen wurde, um seither immer energischer ganz beseitigt zu werden. Am Eingange in diese neue Epoche der Bedeutung des Meeres als eines bindenden Elements stehen die Namen der kühnen spanischen und portugiesischen Seefahrer auf immerdar als leuchtende Beispiele verzeichnet. Auch das Stille Weltmeer wurde zuerst von einem Sohne der stolzen Iberia durchfahren. Es war Magellan, der im Jahre 1520 nach Umsegelung der Spitze von Südamerika den Kiel seines Schiffes in die unbekannten Wogen des Großen Ozeans hineinlenkte, wo er wenige Monate später sein Grab fand. Seinen glücklicheren Begleitern gelang, was der Führer so heiß ersehnt hatte, die erste Weltumsegelung, die die erste Kunde von den palmenumrauschten Inseln der Südsee zum heimischen Norden brachte.

Aber auf diese erste Weltumsegelung folgte eine lange Pause, die erst durch die Reisen von James Cook eine gründliche und dauernde Unterbrechung erfuhr. Seit Cooks Zeiten ward der Stille Ozean allmählich wieder zu dem bindenden Element, das er vor Tausenden von Jahren schon einmal gewesen sein mag. Eine große welthandelspolitische Bedeutung hat er freilich erst im letzten Menschenalter bekommen oder ist theilweise noch im Begriff, eine solche zu erringen. Einer der Ersten, der diese Bedeutung des Großen Weltmeeres vorausahnte, war Napoleon III., als er, auf dem Höhepunkt seiner Macht, die Trikolore auf die Schollen der Südsee verpflanzte, und der Erste, der die Bedeutung des Stillen Ozeans für den Welthandel unserer Tage mit klaren Worten vorausbezeichnete, war ebenfalls ein Franzose, der geniale Erbauer des Suez-Kanals, Ferdinand v. Lesseps. Als derselbe sich ernstlich mit dem Plane der Durchstechung der Landenge von Mittelamerika befaßte, erkannte er sehr bald, daß die Erbauung des Kanals von Panama die Richtung des Welthandelverkehrs in gänzlich andere Bahnen leiten müsse, und daß dem Stillen Ozean hierbei eine Rolle zufallen würde, an die um die Mitte des Jahrhunderts noch Niemand zu denken wagte.

Die heutigen Beherrscher der Südsee.

Im Jahre 1884 schrieb Lesseps an Paul Deschanel, daß eine der wichtigsten überseeischen Aufgaben Frankreichs darin liege, seine Besitzungen in der Südsee: Neu-Caledonien, die Gesellschafts-Inseln und vor Allem Tahiti mit ausreichenden Hafenanlagen zu versehen, Kohlen- und Verpflegungsstationen dort zu errichten und überhaupt bei Zeiten Vorsorge zu treffen, daß die französischen Besitzungen bei der Eröffnung des Panama-Kanals bereit seien, die Durchgangshäfen für einen gewaltigen Theil des Welthandels zu werden. Die prophetischen Worte des genialen Franzosen sind freilich von seinen Landsleuten nicht beherzigt worden, denn die französischen Südsee-Kolonieen stagniren unter der allen Fortschritt hindernden Kolonialbureaukratie mehr als irgend eine andere überseeische Besitzung Frankreichs und sind wirthschaftlich lediglich ein willkommenes Ausbeutungs-feld für die englischen Großkaufleute und Rheder in Sydney

und Auckland, die fast den ganzen Handel von Französisch-
Oceanien beherrschen. Dagegen haben die Amerikaner und
Engländer die Bedeutung der Südsee-Inseln für die Entwickelung
des Welthandelsverkehrs durch den Stillen Ozean bei Zeiten erkannt
und nicht gesäumt, dafür Sorge zu tragen, daß sie bei der Auftheilung der Südsee-Inseln unter die wettstreitenden Mächte ihr
ansehnliches Scherflein erhielten. Vor Allen hat es Amerika verstanden, sich durch den Stillen Ozean hindurch ein Netz von Durchgangshäfen und Kohlenstationen zu schaffen, dessen äußerst günstige
Anordnung dem weltverkehrspolitischen Urtheil der Amerikaner alle
Ehre macht. Honolulu und Guam sind die festen Stützpunkte auf
der künftigen Linie vom zentralamerikanischen Kanal nach Ostasien-
Ostindien, deren westliche Fortsetzung in Manila einen sicheren
Port findet, während auf der südöstlichen Pacificstraße — nach
Australien — die amerikanischen Schiffe in Tutuila einen aus-
gezeichneten Durchgangshafen haben. Englands Position in der
Südsee ist vom weltverkehrspolitischen Standpunkt aus bei
Weitem nicht so günstig, wie die der Amerikaner, da sich der
englische Besitz weder unmittelbar an die schon vorhandenen
oder im Entstehen begriffenen Hauptschifffahrtsstraßen angliedert,
noch ein einheitliches wirthschaftliches Ganzes bildet, sondern
durch Einkeilungen fremder Staaten auseinandergerissen wird.
Unter diesem doppelten Gesichtspunkte betrachtet, befindet sich
Deutschland in der Südsee in einer unvergleichlich besseren
Lage als Großbritannien trotz der Nähe seiner australischen
Kolonien und Neuseelands, das, vermöge seiner natürlichen Lage,
einen wesentlichen Theil des Südseehandels und -Verkehrs
aufsaugt.

Der deutsche Besitz.

In der That ist Deutschland gegenwärtig die Beherrscherin
der ganzen westlichen Südsee und des westlichen Stillen Meeres
überhaupt. Die Angliederung der Karolinen und Marianen
an unseren Besitz in Neu-Guinea und im Bismarck-Archipel
hat uns im westlichen Stillen Weltmeer eine Stellung geschaffen,
wie sie keine andere Nation in jenen Zonen einnimmt. Ganz
abgesehen davon, daß dieser gewaltige Inselbesitz an das nieder-
ländisch-indische Kolonialreich angrenzt und somit zweifellos in
enge handelspolitische Beziehungen zum Sunda-Archipel treten
wird, umschließt der deutsche Südsee-Besitz die ganze Verkehrs-

zone zwischen dem ostasiatischen und australischen Wirth=
schaftszentrum.

Verbindung zwischen Ostasien und Australien.

Die geographische Lage Australiens auf der einen Seite,
Japans und Chinas andererseits und die Eigenthümlichkeiten
dieser beiden Produktions= und Konsumtionsgebiete weisen mit
Naturnothwendigkeit auf einen regen Waarenaustausch zwischen
dem fünften Erdtheil und dem östlichen Asien hin. Die
Anfänge dieses Verkehrs sind bereits vorhanden. Es bestehen
nicht nur schon mehrere Privatdampferlinien, die einen regel=
mäßigen Betrieb zwischen den jungen Städten des australischen
Kontinents und den ostasiatischen Handelsplätzen unterhalten,
sondern die japanische Regierung hat bereits eine staatlich
subventionirte Dampferlinie zwischen Tokio und Sydney ein=
gerichtet. Es ist klar, daß damit nur der erste Grund zu
einem neuen Weltverkehrswege gelegt ist, dessen Ausbau erst in
kommenden Jahrzehnten durchgeführt werden kann. Diese neue
Welthandelsstraße führt aber fast in ihrer ganzen Ausdehnung
durch ein Gebiet, das nunmehr unter deutscher Oberhoheit
steht. Nördlich vom Aequator ist der Hafen von Ponape, auf
der geraden Linie zwischen Tokio und Sydney gelegen, der
natürliche Kohlen= und Verpflegungsplatz für alle Schiffe die
von Japan nach Australien kreuzen, und im Süden der Linie
bietet die Blanche=Bucht mit Herbertshöh oder Matupi einen,
nach der Entwickelung der letzten 20 Jahre, bei allen Seefahrern
der Südsee im besten Rufe stehenden Durchgangs= und Schutz=
hafen.

Für die Fahrt von Australiens Südostküste nach Japan
oder Ostchina sind kaum zwei Plätze denkbar, die in jeder
Hinsicht alle Anforderungen erfüllen, die man an Durch=
gangshäfen bei einer mehrwöchigen Seereise stellen muß, wie
die Blanche=Bucht im Bismarck=Archipel und Ponape auf
der Insel Yap in den Karolinen. Sie zerlegen die lange
Fahrt in günstigster Weise in mehrere kurze Dampfstrecken,
die es den Schiffen gestatten, ihren Kohlenbestand auf ein
Minimum herabzusetzen, und erfüllen so eine grundlegende Vor=
bedingung für den Großdampfschiffsverkehr. Außerdem bieten
sowohl Herbertshöhe oder Matupi als auch Ponape aus=
gezeichnete Schutzhäfen, in denen sich ohne Schwierigkeit alle

Vorkehrungen treffen laffen, um felbst einen gewaltigen Durch=
gangsverkehr aufzunehmen. Es genügt, an Port=Said, Aden,
Colombo und Singapore zu erinnern, um den belebenden Einfluß
zu kennzeichnen, den eine Weltverkehrsstraße auf ihre Durch=
gangshäfen und Kohlenstationen ausübt, und man braucht
wahrlich nicht Sanguiniker zu fein, um der Hoffnung Ausdruck
zu geben, daß Ponape und Matupi als die Durchgangshäfen
des japanisch=australischen Verkehrs einer glänzenden Zukunft
entgegengehen.

Der Bismarck=Archipel gewinnt aber auch noch in Anlehnung
an einen anderen Strang des internationalen Weltverkehrs
feine befondere Bedeutung. Im Anschluß an die mannigfaltigen
Dampferlinien in der Sunda=See, die ihrerfeits in Singapore
ihren Rückhalt an der großen europäifch=afiatifchen Linie finden,
wird die fchon beftehende Zweiglinie des Norddeutfchen Lloyd
nach Stephansort und Herbertshöh nothwendig im Laufe der
Jahre entweder in füdlicher Richtung nach der auftralifchen
Küfte oder in öftlicher Richtung nach Neu=Caledonien und Neu=
Seeland weiter fortgefetzt werden, oder, was noch wünfchenswerther
wäre, in Samoa ihren öftlichen Endpunkt fuchen. Auf diefer
Strecke bietet fowohl die Nordoftküfte von Kaifer Wilhelmsland
eine Reihe trefflicher Häfen, Berlinhafen, Friedrich=Wilhelms=
hafen, Finfchhafen, als auch der Bismarck=Archipel; in feiner
Zentrale in der Blanche=Bucht und auf den Schiffer=Infeln werden
die deutfchen Schiffe ficheren Ruh und Raft in deutfchem Port
finden.

Samoa und der Nicaraguakanal.

Ueberhaupt wird die Bedeutung Samoas von weiten
Kreifen nicht genug unter dem Gefichtspunkt der internationalen
Verkehrspolitik gewürdigt, und doch ift der Hauptwerth der
Schiffer=Infeln lediglich in ihrer Lage an den Hauptfträngen
des Weltverkehrs durch den Stillen Ozean hindurch enthalten.
Für Deutfchland insbefondere ift der Befitz Samoas um fo
werthvoller, als er eine ausgezeichnete verkehrspolitifche Er=
gänzung unferes großen gefchloffenen weftlichen Südfee=Befitzes
bildet. Es ift nicht zu bezweifeln, daß die Entwickelung von Welt=
handel und Weltverkehr zwifchen den indifchen Infeln und der
Weftküfte Südamerikas einen lebhaften Warenaustaufch herbei=
führen wird, und diefe neue Welthandelsftraße ift in ihrem weft=

lichen Drittel auf die Häfen des Karolinen= oder Bismarck=
Archipels angewiesen, und in ihrem mittleren Theil ist Samoa
ihr natürlicher Stützpunkt.

Die größte Bedeutung werden die deutschen Südsee=Inseln
aber erst dann erlangen, wenn wir die Entwickelung des
Verkehrs im Stillen Ozean unter der Voraussicht betrachten,
daß die Landenge von Mittelamerika keine Schranke mehr
zwischen der östlichen und westlichen Halbkugel bildet. Die
Erbauung des Kanals von Panama oder Nicaragua ist doch
nur eine Frage der Zeit und wird ohne Zweifel den ge=
sammten Welthandelsverkehr wesentlich zu Gunsten des Stillen
Weltmeers verschieben. Mit der Eröffnung dieses Kanals
gewinnen aber die Schiffer=Inseln vermöge ihrer zentralen Lage
in jenen Gewässern eine Bedeutung, die man jetzt kaum zu
übersehen vermag. Der Verkehr zwischen Südostaustralien und
der Westküste von Nordamerika, der schon jetzt ein sehr reger
ist und durchweg über den Hafen von Apia geht, wird seine
Hauptader über den Kanal von Nicaragua nach Westeuropa
verlegen und sich bei dem regen Austauschbedürfniß zwischen
Australien und der alten Welt schnell in einem Maße steigern,
daß Apia bald zu einem Colombo oder Singapore des Stillen
Ozeans emporblühen wird. Auch ist es keineswegs ausgeschlossen,
daß wenigstens ein Theil des indisch=europäischen Verkehrs seinen
Weg durch den Kanal von Mittelamerika nehmen wird, so daß
dann nicht nur Apia, sondern auch die Häfen von Mikronesien die
natürlichen Haltepunkte für diese Weltverkehrsstraße abgeben.

Bedeutung der Stellung Deutschlands in der Südsee.

So führt eine Betrachtung über die Bedeutung unseres
Südsee=Besitzes unter dem Gesichtspunkt des internationalen Welt=
handels und Weltverkehrs auf den mannigfaltigsten Wegen zu dem
Ergebniß, daß wir uns in der Südsee eine Stellung erworben
haben, wie sie kaum eine andere europäische Macht dort draußen
besitzt. Das Meer ist das billigste und von technischen Hülfs=
mitteln unabhängigste Verkehrsmittel, das die Erde uns bietet,
aber nur für den, der seinen Schiffen in eigenen
Kohlen= und Verpflegungsstationen, die in an=
gemessener Entfernung voneinander liegen, einen
sicheren Rückhalt geben kann, und in der That
ist die Gruppirung unseres Südsee=Besitzes eine so glück=

4*

liche, daß wir für jede Phase der Entwickelung des Weltverkehrs
im Stillen Ozean ein Netz von Häfen, Durchgangs- und
Stapelplätzen geschaffen haben, wie wir es uns besser gar nicht
wünschen können. Damit soll nicht gesagt sein, daß wir nicht
hier und da noch einer kleinen Ergänzung oder Abrundung
unserer Südsee-Besitzungen bedürfen, aber in jedem Falle ist für
die kommende Entwickelung der Dinge eine gute Grundlage geschaffen.

Wenn so die Vertheilung unseres Südsee-Besitzes unsere
Stellung im Stillen Ozean nach Maßgabe des internationalen
Weltverkehrs und Welthandels zu einer durchaus günstigen
macht, so hat dieselbe auch unter dem Gesichtspunkt des
lokalen Verkehrs eine keineswegs zu unterschätzende Bedeutung.
Was den westlichen Theil unserer Südsee-Besitzungen angeht, so
finden dieselben sowohl nach den Molukken wie nach den Sunda-
Inseln hin, als auch nach Australien, Neuseeland und Französisch-
Ozeanien überall willkommene Anknüpfungspunkte und ergänzen sich selber untereinander handels- und verkehrspolitisch
auf das Beste. Vor Allem aber hat **Samoa** den größten Einfluß auf die Gestaltung des lokalen Verkehrs im Stillen
Weltmeer. Im Zentrum des polynesischen Inselgürtels gelegen,
ist dasselbe von Natur dazu geschaffen, der Stapelplatz für die
Produkte aus den anderen Südsee-Inseln zu werden, um dieselben weiterhin an den internationalen Verkehr abzugeben, für
den Apia der zentrale Durchgangshafen im Stillen Weltmeer
ist; andererseits ist Samoa auch der Zwischenhafen für alle
europäischen, amerikanischen und australischen Waaren, die auf
die übrigen polynesischen Inseln abgesetzt werden sollen. Wenn
die Schiffer-Inseln trotz ihrer natürlichen Anlage, einen solchen
Zwischenstapelplatz zu bilden, diese Bedeutung bis jetzt nur
theilweise erreicht haben, so ist der Grund hierfür lediglich in
den unsicheren Verhältnissen zu suchen, die einer gesunden
Entwickelung von Handel und Verkehr im Wege standen.
Es kann aber kein Zweifel bestehen, daß sich Samoa binnen
Kurzem zu der Zentrale des gesammten interlokalen polynesischen
Handels entwickeln wird, sobald unter dem sicheren Schutz des
Deutschen Reiches Kaufleute und Unternehmer dort ihren festen
Rückhalt finden.

Wenn man unseren Südsee-Besitz nach Maßgabe der im Vorstehenden skizzirten handels- und verkehrspolitischen Gesichtspunkte bewerthet, so muß man in der That zu dem Schlusse

kommen, daß wir dort in einer Weise für die Sicherstellung unseres Antheils am internationalen Welthandel vorgesorgt haben wie kaum sonst irgendwo auf der Erde. Daß uns dies bisher troß eines im Vergleich zu den anderen im Stillen Weltmeer vertretenen Kolonialmächten verhältnißmäßig kleinen Maßes von Machtentfaltung gelungen ist, legt einerseits glänzendes Zeugniß für die Energie und Umsicht unserer Kauf= leute ab, andererseits gemahnt es bringend daran, in Zukunft für einen besseren Schuß des durch Ausnutzung glücklicher Um= stände Erworbenen zu sorgen. Einen solchen Schuß ge= währt nur eine achtunggebietende Seemacht, dar= gestellt durch eine starke Linienschiffsflotte in der Heimath. Welch große Gefahren das Fehlen einer solchen für unsere Interessen in der Südsee mit sich bringt, das haben die Jahre 1889 und 1899 bewiesen, und wenn es trotzdem immer wieder gelang, unsere Stellung in der Südsee zu wahren und sogar zu mehren, so ist der Grund hierfür doch stets nur darin zu suchen, daß wir in der Stunde der Gefahr durch günstige Konstellationen auf anderen Schauplätzen der internationalen Politik vor argen Verlusten bewahrt wurden. Auf derartige Glücksfälle dauernd zu bauen, wäre eine große Thorheit, und Jeder, der auch nur einiger= maßen die vorbezeichnete Stellung Deutschlands in der Südsee nach Maßgabe des internationalen Handels und Verkehrs zu würdigen versteht, wird sich auch durch dieses Beispiel bringend gemahnen lassen, daß unsere Seemacht einer schleunigen Ver= stärkung bedarf.

Wirthschaftlicher Werth.

Für einen großen Theil unseres Südsee=Besitzes kommt aber außer seiner Bedeutung für die Betheiligung Deutschlands am Durchgangsverkehr durch den Stillen Ozean noch sein realer wirthschaftlicher Werth als üppige, reichen Gewinn ver= sprechende tropische Kolonie hinzu. Man mag mit einigem Rechte den unmittelbaren wirthschaftlichen Werth der mikro= nesischen Inseln nicht sehr hoch einschätzen — sie haben gleichwohl und troß der spanischen Mißwirthschaft in den letzten Jahren durchschnittlich einen Außenhandelumsatz von 300 000 Mark zu verzeichnen — und man mag auch dabei bleiben, daß die Schiffer=Inseln mit ihren Kokosnuß= und Baumwoll=

pflanzungen niemals mit dem Reichthum Indiens wetteifern
können, immerhin steht doch mit Sicherheit zu erwarten, daß diese
Inselgruppen zum mindesten die Kosten ihrer Verwaltung in
absehbarer Zeit selber zu tragen im Stande sind, und daß
wir also dann eine Reihe von ausgezeichneten Kohlenstationen,
Durchgangs= und Schutzhäfen ohne die Aufbringung besonderer
Mittel in der Südsee unterhalten können. Im Uebrigen hat
der Außenhandel Samoas im letzten Jahre trotz der unsicheren
politischen Verhältnisse in der Einfuhr die Werthziffer von
1 Million Mark und in der Ausfuhr von 1,4 Millionen Mark
erreicht, und von diesem Handel waren reichlich drei Viertheile
in den Händen deutscher Handelshäuser, die mit einem Kapital
von 3 Millionen Mark arbeiteten. Ueberhaupt darf auch der
Antheil Deutschlands an dem Handel derjenigen Südsee=Inseln,
die politisch anderen Staaten zugehören, nicht unberücksichtigt
bleiben. Sowohl auf den nunmehr britischer Oberhoheit unter-
stehenden Tonga=Inseln wie auf den Marquesas und auf Tahiti
sind deutsche Kaufleute mit bedeutendem Kapital interessirt, und
auf Hawaii vollends beträgt der deutsche Antheil an der Einfuhr
2,4 Hundertheile oder rund 1 Million Mark. Insgesammt
schätzt man das auf Hawaii angelegte deutsche Kapital auf
40 Millionen Mark, zu denen noch Kredite von 5 Millionen
treten. Gegen 23 Millionen sind allein in Zuckerrohrpflanzungen
untergebracht. Die Zahl der Deutschen auf den Sandwich=
Inseln beträgt über 1500 Seelen.

Den größten real=wirthschaftlichen Werth besitzen aber
unsere großen geschlossenen Schutzgebiete in der westlichen Südsee. Der Außenhandel Kaiser Wilhelms=Lands und des Bis=
marck=Archipels bezifferte sich in den letzten beiden Jahren durch=
schnittlich auf rund 2 Millionen Mark und ist bei dem
glänzenden Gedeihen der die Blanche=Bai umgebenden Siedelungen eines schnellen und stetigen Anwachsens sicher. Die heute
schon in Deutsch=Neuguinea und dem Bismarck=Archipel bestehen=
den Plantagen, die in Kaiser Wilhelms=Land kaum über das Maß
von Versuchspflanzungen hinausgehen, stellen gleichwohl einen
Kapitalwerth von mindestens 15 Millionen Mark dar. Neuguinea
erfreut sich einer so reichen Vegetation und eines solch frucht=
baren Bodens, daß man es nur mit den üppigsten Land=
strecken Indiens, mit Ceylon oder mit Cuba vergleichen
kann. In Kaiser Wilhelms=Land finden sich viele Tausende von
Hektaren des kostbarsten Tabaklandes, dessen Erstlingserträge den

weltberühmten Deli-Tabak glänzend geschlagen haben. In der
That giebt es keine werthvolle, gewinnbringende Tropennutz-
pflanze, die nicht in Neuguinea auf weiten Strecken ein aus-
gezeichnetes Fortkommen fände, und im Bismarck-Archipel gedeiht
die beste Baumwolle, die je auf den Markt von Liverpool gebracht wurde. Von dem ungeheuren Kokosnußpalmen-Reichthum
jener weitverzweigten Inselwelt, von den Schätzen, die das
Meer birgt, von den natürlichen Erzeugnissen des Landes ganz
zu schweigen, scheint Neuguinea in der That diejenige Kolonie,
die zu allererst berufen ist, uns der Nothwendigkeit zu entheben,
die unserer nationalen Volkswirthschaft unentbehrlichen tropischen
Rohstoffe und Lebensmittel in fremden Kolonien aufzukaufen.
Das aber muß doch schließlich der wesentlichste Zweck unserer
Kolonien sein, auf daß sie sich organisch an die heimische Volkswirthschaft angliedern können, und wenn unsere Südsee-Besitzungen
diesen Zweck in so hoffnungsreicher Weise zu erfüllen im Stande
sind, dann sind sie es wahrlich auch werth, daß zu ihrem Schutz
und ihrer Erhaltung unsere Seemacht verstärkt wird.

Die Finanzen des Deutschen Reiches und die Flottenverstärkung.

Der Finanzplan der Flottengesetznovelle.

Als in der Reichstagssitzung vom 11. Dezember 1899 der Reichskanzler Fürst zu Hohenlohe im Namen der verbündeten Regierungen die Erklärung abgab, daß sich eine Novelle zum Flottengesetze in Vorbereitung befinde, die eine Verdoppelung der Schlachtflotte und der großen Auslandsschiffe bei gleichzeitiger Streichung des ganzen Küstengeschwaders in Aussicht nehme, fügte er hinzu, daß die Zahl der jährlich in den Etat einzustellenden Schiffsbauten der etatsmäßigen Feststellung überlassen bleiben solle: „Die verbündeten Regierungen gehen dabei von der Annahme aus, daß den bei der Finanzirung des Etats im Allgemeinen festgehaltenen Grundsätzen entsprechend die zur Erreichung des erhöhten Sollbestandes bestimmten Schiffe aus Anleihemitteln bezahlt werden."

Der Staatssekretär des Reichsschatzamtes, Frhr. v. Thielmann, gab dann später in derselben Sitzung noch einige weitere Andeutungen über die muthmaßliche Gestaltung der finanziellen Seite der Flottenfrage — Andeutungen, die in allen wesentlichen Punkten durch die am 26. Januar 1900 vom Bundesrathe genehmigte und jetzt dem Reichstage zur verfassungsmäßigen Beschlußfassung vorliegende Novelle zum Flottengesetze bestätigt worden sind. Wir setzen daher in die folgende Darstellung der infolge dieses Gesetzes erforderlichen Aufwendungen für die Kriegsmarine die mit den Angaben des Reichsschatzsekretärs nahezu identischen Ziffern der Begründung, wobei indessen wohl zu beachten ist, daß diese Geldbedarfsberechnung nur einen Ueberblick über die Gesammtkosten bieten soll und kann. Die in die Jahresetats einzustellenden Ausgaben sowie ihre Vertheilung auf Anleihe und ordentliche Einnahmen soll der jährlichen Festsetzung durch die gesetzgebenden Faktoren überlassen bleiben. Unter dieser Voraussetzung macht die Begründung zum Gesetzentwurfe folgende Rechnung auf:

1. Jährliche Schiffbau= und Armirungsquote 100 Millionen Mark, Gesammtbedarf für 16 Jahre 1600 Millionen Mark, davon zu decken aus jährlichen Anleihen 603 Millionen, aus laufenden Einnahmen 997 Millionen Mark.

Die Heranziehung von Anleihemitteln zur Beschaffung der Vermehrungsbauten entspricht den bisherigen Grundsätzen. Die Anleihebeträge der einzelnen Jahre sind derart bemessen, daß sie allmählich gleichmäßig abnehmen und im Jahre 1920 nach Fertigstellung der letzten Schiffe Null sind, so daß die normale Erneuerungsquote alsdann auf laufende Einnahmen entfällt.

2. Durchschnittliche Quote für „Sonstige einmalige Ausgaben" 15 Millionen Mark und zwar: in den ersten 10 Jahren 18 Millionen Mark, dann in den nächsten 10 Jahren allmählich abnehmend auf 9 Millionen Mark, insgesammt für 16 Jahre 261 Millionen Mark. Von dieser Summe sollen entsprechend den bisherigen Grundsätzen 166 Millionen Mark aus Anleihen, 95 Millionen Mark aus laufenden Einnahmen gedeckt werden. Auch hier ist die Vertheilung der Anleihe auf die einzelnen Jahre derart erfolgt, daß die Anleihebeträge allmählich abnehmen, dagegen die aus ordentlichen Einnahmen aufzuwendenden Summen entsprechend wachsen. Im Jahre 1920 beträgt der Anleihebetrag Null, die Höhe der zur Deckung aus ordentlichen Einnahmen in Ansatz gebrachten Summen 9 Millionen, das ist diejenige Quote, welche zur Erhaltung des Bestehenden als erforderlich angenommen ist.

3. Durchschnittliche jährliche Steigerung der fortdauernden Ausgaben 5,4 Millionen Mark und zwar

> in den ersten 10 Jahren . . 6 Millionen Mark,
> =   =   letzten 10 . . 4,8   =   =

4. Anwachsen des Pensionsfonds auf das Dreifache der jetzigen Höhe.

5. Die Schuldzinsen sind für die bisherigen und bis 1920 aufzunehmenden weiteren Marineanleihen berücksichtigt.

Somit ergeben sich als Gesammtkosten für 16 Jahre

1. Anleihen im Betrage von 769 Millionen Mark,

2. eine durchschnittliche jährliche Steigerung der aus ordentlichen Einnahmen zu deckenden Marineausgaben (einschließlich Pensionen und Schuldzinsen) von 11 Millionen Mark.

Die jährlichen Gesammtaufwendungen für die Marine (einschließlich Pensionen und Schuldzinsen) würden von 169 Millionen Mark im Jahre 1900 auf 323 Millionen Mark im Jahre 1916 steigen — durchschnittlich um 9,6 Millionen Mark jährlich. Daß die Durchschnittssteigerung des jährlichen Gesammtaufwandes (9,6 Millionen Mark) geringer ist als die Durchschnittssteigerung des auf die ordentlichen Einnahmen entfallenden Theiles der Marineausgaben (11,1 Millionen), beruht auf der jährlichen Verminderung der in der ersteren Summe enthaltenen, auf die Anleihe verwiesenen Beträge.

Die Deckungsfrage.

Aus den Ausführungen des Reichsschatzsekretärs über An=
leihen und laufende Ausgaben für Marinezwecke sei nach dem
stenographischen Bericht über die Sitzung vom 11. Dezember
vor. Js. Folgendes hervorgehoben: Die Neubauten seien bisher
auf Anleihe übernommen und die Erneuerungsquote — 5pCt.
vom Gesammtwerthe der Flotte nebst einem den Verhältnissen
entsprechenden Antheil an den Armirungskosten — aus den
laufenden Mitteln bestritten, nicht in der Weise, daß ein Er=
neuerungsfonds angesammelt, sondern daß ein entsprechender
Theil der Summen aus den ordentlichen Mitteln auf den
Flottenzuwachs verwandt wurde. Auch die größeren Werft=
anlagen, insbesondere Docks, seien in der Regel bis jetzt aus
Anleihen bestritten. Ebenso solle es nach der Novelle auch in
Zukunft gehalten werden. Was dann aber die Vermehrung der
laufenden Ausgaben um jährlich 9,6 Millionen betreffe, so
bestehe die berechtigtste Erwartung, daß sie sich aus den natürlichen
Mehrerträgen der laufenden Einnahmen werde decken lassen.
Der Etatsentwurf für 1900 bestätige diese Auffassung, da er nach
solider Veranschlagung bei den Zoll= und Steuereinnahmen
einen Zugang von rund 51 Millionen gegen das Vorjahr auf=
weise. Auch wenn man weit davon entfernt sei, derartige
glänzende Mehreinnahmen für jedes Jahr anzunehmen, so
würde doch schon ein verhältnißmäßig kleiner natürlicher Zu=
wachs reichlich genügen, den alljährlich erwachsenden Mehrbedarf
der ordentlichen Ausgaben für die Flotte in Höhe von 9$\frac{1}{2}$ bis
10 Millionen zu decken. In dieser Hinsicht sei kein Grund
zur Besorgniß. (Auch die Begründung der Novelle sagt:
„Die bisherige Entwickelung der Reichsfinanzen läßt erwarten,
daß sich eine jährliche Steigerung der Beanspruchung der
ordentlichen Einnahmen für Marinezwecke in der vorstehend
berechneten Höhe ohne neue Steuern decken lassen wird".)
In der an die Ausführungen der Regierungsvertreter sich
anschließenden Debatte wurden aus dem Hause mehrfach Be=
denken gegen die Absicht, die Neubauten für die Flottenvermehrung
aus Anleihen zu bezahlen, vorgebracht. So erklärte der Abg.
Lieber, er und seine Freunde hätten die Ueberzeugung, „daß
es am allerbesten wäre, so rasch sich aufbrauchende Bedürfnisse

wie Kriegsschiffe garnicht aus Anleihen zu nehmen, sondern aus den laufenden Einnahmen zu bestreiten." Anleihen nehme man für Dinge, von denen man vernünftigerweise glaube, daß sie den Nachkommen noch zu gute kommen würden, von unseren Kriegsschiffen aber lehre die Erfahrung, daß, wer irgend von guter Gesundheit, ihre Ersatzfälligkeit recht gut selbst erleben könne. In seiner Partei bestehe wenig Geneigtheit, die sämmt= lichen beinahe 800 Millionen mit Anleihen zu decken, sie hoffe immer noch, daß steigende Ausgaben des Reiches sich auf andere Weise begleichen ließen, so abgeneigt sie auch sei, neue Steuern für die bezeichneten Zwecke in Aussicht zu nehmen. Der Abg. Graf Limburg=Stirum trat dem Abg. Lieber darin bei, daß die Finanzlage keine sehr glänzende sei und die größte Vorsicht erheische: „Denn wenn wir uns auf das Flottengesetz einlassen, so sind das dauernde Ausgaben, dagegen sind die Einnahmen, auf die wir hoffen, unsichere Einnahmen." Abg. Bebel meinte sogar, es sei jetzt schon aus der Ueberschußwirth= schaft eine Defizitwirthschaft geworden, und er verwies auf das rasche Anwachsen der Reichsschuld seit zehn bis zwölf Jahren. Auch Abg. Sattler war der Ansicht, der Reichsschatzsekretär werde noch eine etwas andere Begründung für seine Auf= stellung und für den Plan der Regierung von seinem finanziellen Standpunkt aus vornehmen müssen. Mit besonderer Schärfe wandte sich der Abg. Richter gegen eine weitere Steigerung des Anleihebedarfes, da der Kredit des Reiches ohnehin in den letzten Jahren sehr angestrengt worden sei.

Nach diesen Aeußerungen parlamentarischer Führer zu schließen, die in der Parteipresse dann eine ausgedehnte Fortsetzung gefunden haben, wird die Deckung der Kosten für die Flotten= verstärkung im Reichstage einen sehr umstrittenen Punkt bilden. Es dürfte daher angezeigt sein, mit einigen Worten zunächst die prinzipielle Seite dieser Frage zu erörtern, die sich einmal dahin zuspitzt: Ist es volkswirthschaftlich rationell, Neubauten für die Flotte sowie gewisse Anlagen (Liegeplätze, Quaistrecken, Docks) aus Anleihemitteln herzustellen? Sodann aber scheint es uns nöthig, auf das ökonomische Wesen der Staatsanleihe überhaupt einzugehen. Ferner soll die finanzielle Entwickelung des Marineetats, wie sie sich muthmaßlich nach den neuen Flottenplänen stellen wird, und die wahrscheinliche Tendenz der Reichseinnahmen in den nächsten Jahren verglichen werden.

Finanzwissenschaftliche Grundsätze.

Wenn gesagt wird, Anleihen nehme man nur für Zwecke auf, die auch den Nachkommen noch Nutzen bringen, der Neubau von Kriegsschiffen gehöre aber kaum in diese Kategorie, so ist das eine sehr bestreitbare Behauptung. Jedenfalls widerspricht sie völlig der bisher stets und allgemein beibehaltenen Uebung im Etat. Bis jetzt standen verbündete Regierungen und Reichstag einmüthig auf dem Prinzip, daß die Bauten für die Vermehrung der Flotte aus Anleihemitteln, die Ersatzbauten aus laufenden Mitteln zu decken seien. Darin war ausgesprochen, daß die Verstärkung der Flotte ein Zweck sei, der nicht nur der Gegenwart, sondern auch der Zukunft zu gute kommen werde, während die Erhaltung des Sollbestandes eine unabweisliche Pflicht des Tages sei. Wir halten diese Anschauung auch heute noch für die einzig richtige und sehen uns vergeblich nach einem Grunde um, der hier eine Aenderung rechtfertigen soll. Wenn es noch vor zwei Jahren, beim Flottengesetz, im Reichstage als richtig galt, nach jenem Prinzip zu verfahren, so kann es doch jetzt nicht bloß deswegen für verkehrt erachtet und deshalb verworfen werden, weil die Schiffsbauquote künftig 80—90 Millionen betragen soll, anstatt wie während des Sexennats jährlich rund 60 Millionen. In Anbetracht der Thatsache, daß früher Neu= und Ersatzbauten vielfach durcheinander liefen, war praktisch bisher jener Grundsatz auf die Formel gebracht, daß 5 pCt. (20 Jahre als durchschnittliche Lebensdauer eines Schiffes gerechnet) des Werthes der Flotte aus laufenden Mitteln für Bauten insgemein, der Rest der Bauquote durch Anleihen bestritten wurde. Nicht anders aber soll es in Zukunft gehalten werden. Ebenso wurden für die technischen Etablissements der Marine (Werften, Depots, Docks) diejenigen Ausgaben, die Ersatz oder Ausbau bestehender Einrichtungen betrafen, aus laufenden Mitteln, diejenigen Forderungen aber, die neuen Institutionen für die Vermehrung der Flotte galten, aus Anleihen gedeckt. Dies Prinzip wird in der Begründung zur Flottennovelle mit solcher Schärfe durchgeführt, daß nach Erreichung des gesetzlichen Sollbestandes die Aufwendungen für Neubauten, die dann also nicht der Vermehrung, sondern lediglich der Erhaltung der Flotte dienen, nicht aus Anleihen, sondern aus laufenden

Mitteln gedeckt werden sollen. Vom Jahre 1920 an würden danach für Marinezwecke — besondere Fälle ausgenommen — überhaupt keine neuen Schulden mehr gemacht, die alten aber getilgt werden.

Soweit wir sehen können, kommen ähnliche Prinzipien, wie bisher im Marineetat, auch in allen anderen staatlichen und kommunalen Verwaltungszweigen für die Bemessung von laufenden Mitteln und Anleihen in Anwendung. Beim Heeresetat werden nicht nur Kasernen und Festungen, die lang dauernde, zweifelsohne auch den Nachkommenden dienende Einrichtungen sind, aus Anleihen bestritten, sondern auch Kanonen und Gewehre aus einmaligen Krediten beschafft, wobei es doch nach den bisherigen Erfahrungen sehr fraglich ist, ob die neuen Waffen 10 oder 15 Jahre überdauern werden. Und um in eine ganz andere Sphäre zu steigen, so sehen wir in jeder geordneten Gemeindeverwaltung, daß ganz unbedenklich Neupflasterungen von Straßen durch Anleihen bestritten werden, während sich doch Niemand im Zweifel darüber ist, daß hier kein Werk für die Ewigkeit geschaffen wird. — In der Marine ist nach dem Flottengesetz die natürliche Lebensdauer für Linienschiffe auf 25 Jahre, für große Kreuzer auf 20 Jahre festgesetzt. Diese Zahlen reichen doch ziemlich an die Dauer einer Generation, die auf 30 Jahre im Durchschnitt angenommen wird, heran, während unsere größten deutschen Dampfgesellschaften für ihre Schiffe nur eine durchschnittliche Lebensdauer von acht bis neun Jahren annehmen und sie trotzdem ganz vorwiegend aus Anleihen bauen. Dem ganzen Prinzip, die Neubeschaffungen aus Anleihen, ihren Ersatz aus laufenden Mitteln zu bezahlen, liegt eben der durchaus vernünftige Gedanke zu Grunde, daß die Verstärkung der Leistungsfähigkeit einer Institution, diene sie nun unmittelbar der Erhöhung der Produktion oder zu ihrem Schutze, dem ganzen Volke als solchem, und zwar den kommenden Geschlechtern erst recht, Nutzen durch Steigerung der wirthschaftlichen Kraft und der nationalen Sicherheit gewährt.

Wenn daher der Reichstag jetzt auf einmal Bedenken gegen die Bestreitung der Neubauten durch Anleihen hat, so verstößt er gegen eine seit langen Jahren erprobte, allgemein giltige und volkswirthschaftlich richtige Uebung. Der wahre Grund liegt unseres Erachtens auch gar nicht darin, daß man sich zur Ueberzeugung von der Unrichtigkeit des Prinzips be-

kehrt hat, sondern in einer dunklen Besorgniß vor dem An=
schwellen der Reichsschuld. Daß diese im letzten Jahrzehnt
rasch zugenommen hat, ist nicht zu verkennen, obwohl anderer=
seits auch nicht zu vergessen ist, daß bereits seit fünf Jahren
mit der Schuldentilgung ein bedeutsamer Anfang gemacht worden
ist. Entscheidend für die ganze Betrachtung ist aber doch
nicht die absolute Ziffer von $2\frac{1}{3}$ Milliarden Reichsschuld,
sondern die Frage: Wie stellt sich diese Schuld zu den Ein=
nahmen des Reiches, aus denen ihre Verzinsung erfolgt? Das
Reich gewährt seinen Gläubigern eine generelle und organische
Sicherheit, die sich auf die Gesammtheit der Thatsachen stützt,
welche für die Leistungsfähigkeit des Verpflichteten in Betracht
kommen. Will aber die Vorsicht trotzdem nach speziellen
Deckungsmitteln für die Verzinsung der Reichsschuld suchen,
so verweisen wir auf die Ergebnisse der Reichsbetriebsver=
waltungen, vor Allem der Post, dann der Reichseisenbahnen,
der Reichsdruckerei, ferner verschiedener anderer Verwaltungen,
endlich der Reichsbank. Die Verzinsung der Reichsschuld
erforderte im Durchschnitt des Jahrfünfts 1895—1899 jährlich
$73\frac{1}{2}$ Millionen Mark. Die Ueberschüsse aus der Reichs=
post= und Telegraphenverwaltung haben einen Jahresdurchschnitt
von 40 Millionen, aus der Reichsdruckerei $1\frac{3}{4}$ Millionen,
aus den Reichseisenbahnen $26\frac{1}{4}$ Millionen, aus verschiedenen
anderen Verwaltungen $14\frac{1}{2}$ Millionen, aus der Reichsbank
$7\frac{1}{2}$ Millionen. Das ergiebt in Summa eine Reineinnahme
aus den Reichsbetrieben von rund 90 Millionen. Schon diese
Quellen allein fließen also recht ergiebig, so daß ihre Ueberschüsse
die Schuldzinsen im Durchschnitt des letzten Jahrfünfts um
$16\frac{1}{2}$ Millionen jährlich überstiegen. Nimmt man nach dem
neuen Flottenplan eine Jahressteigerung der Schuldzinsen ledig=
lich aus Marineanleihen von $1\frac{1}{2}$ bis 2 Millionen Mark an
(jährliche Aufnahme von 48 Millionen zu $3\frac{1}{2}$ pCt. Zinsen),
so würde sie noch auf lange Jahre hinaus aus jenen Betriebs=
überschüssen zu decken sein, auch wenn diese gar nicht höher
würden. Es kann aber nicht im Mindesten nach den bisherigen
Erfahrungen bezweifelt werden, daß namentlich die Ergebnisse
der Reichspost= und der Reichseisenbahnverwaltung mit der
Zunahme der Bevölkerung und des Verkehrs beträchtlich steigen
werden, wenn nicht schwere politische Katastrophen auf unser
Wirthschaftsleben verhängnißvoll zurückwirken. Solchen Kata=
strophen vorzubeugen, das ist aber gerade eine der Haupt=

aufgaben der Landesvertheidigung, der die Flottenverstärkung dient.

Die deutschen Staatsschulden und ihre Deckung.

Die Verzinsung der Reichsschuld erfordert gegenwärtig etwa 1 Mk. 40 Pf. pro Kopf der Bevölkerung. Dem gegen= über steht, wie wir gesehen haben, der Ueberschuß aus den Reichsbetrieben mit rund 1 Mk. 65 Pf. pro Kopf. Richtig ist, daß die Reichsschuld vorwiegend auf Anleihen für Zwecke des Heeres und der Flotte beruht, die man gemeinhin, aber völlig falsch „unproduktiv" zu nennen pflegt. Nun ist ja die Reichsschuld mit ihren 2$\frac{1}{3}$ Milliarden nur ein relativ kleiner Theil der öffentlichen Schuld, die auf dem deutschen Volke lastet; es kommen die Staatsschulden der einzelnen Länder, die Provinzial= und Stadtanleihen dazu. Wie hoch insgesammt diese öffentliche Schuld ist, vermögen wir nicht genau anzu= geben — wir schätzen sie auf 16 bis 17 Milliarden. Das klingt ungeheuer. Betrachten wir die Dinge aber näher, so gewinnen sie sofort ein anderes Gesicht. Diese Schulden nämlich rühren nicht von Anleihen für Heer und Flotte her, sondern von Aufnahmen für öffentliche Betriebe, die zumeist sehr bedeutende Einnahmen ergeben. Wir können hierbei die Provinzial= und Stadtanleihen außer Betracht lassen, da sie einestheils von minderen Belang sind, anderntheils ihre Deckung stets in den eigenen Verwaltungen der betr. Verbände finden. Die Schulden der deutschen Einzelstaaten aber sind ganz vorwiegend für den Bau von Eisenbahnen aufgenommen, und die Staats= eisenbahnen decken durch ihre Einnahmen nicht nur die Schuld= zinsen, sondern führen auch noch in der Regel ganz bedeutende Ueberschüsse in die allgemeine Staatskasse ab. Weitaus am höchsten sind, absolut und relativ, diese Ueberschüsse in Preußen, aber auch Sachsen, Bayern, Baden erzielen günstige Ergeb= nisse. Dazu kommen noch weiter die Ueberschüsse aus den sonstigen Staatsbetrieben, Domänen, Forsten, Bergwerken, Manufakturen 2c. In Preußen sind sie so bedeutend, daß nach dem jüngsten Bericht des Finanzministers an den König insgesammt 11$\frac{3}{4}$ Mk. auf den Kopf der Bevölkerung jährlich aus diesen Ueberschüssen treffen. Die anderen deutschen Einzel= staaten haben nicht alle ganz die gleichen glänzenden Verhältnisse, aber auch sie gewinnen doch namhafte Beträge aus ihrem ge=

sammten Staatsbesitz, so daß ein Durchschnittsbetrag von 7 bis 8 Mk. pro Kopf der Reichsbevölkerung schwerlich zu hoch gegriffen sein wird.

Was bedeutet das? Adolph Wagner, die erste wissen= schaftliche Autorität im Finanzwesen, hat seit Jahren darauf hingewiesen, daß Deutschland in Bezug auf die Kosten für Heer und Flotte in einer unvergleichlich günstigeren Lage ist als alle anderen Großstaaten. Diese haben bei Weitem nicht jenen rentablen Staatsbesitz wie wir, es fehlt ihnen vor Allem die ergiebigste Quelle, die Staatseisenbahnen. Ihre Staatsschulden rühren fast ausschließlich von Heer und Flotte her, sind Folgen früherer Kriege und neuer Rüstungen. Die ungeheueren Zinsen müssen sie vorweg aus den Staatseinnahmen und zwar aus Steuern und Zöllen decken. Das Budget der Landesvertheidi= gung muß ebenfalls aus den öffentlichen Lasten bestritten werden. Der Rest kommt auf die Civilverwaltung. In Deutschland, im Reich und in den Einzelstaaten, liegen die Verhältnisse ganz anders. Die Zinsen der Reichsschuld für Heer und Flotte werden durch die Ueberschüsse der Reichsbetriebe mehr als gedeckt. Die Zinsen der Staatsschulden aber erfordern nur einen Theil der Einnahmen aus eigenem Staatsbesitz, der andere, sehr beträchtliche Theil wird für die allgemeinen Staats= ausgaben verwendet, so daß nur der Restbetrag aus öffent= lichen Lasten aufzubringen ist. Reich und Einzelstaaten zu= sammen betrachtet, kann man etwa sagen: Die Verzinsung der Schulden kostet den Bürger direkt keinen Pfennig, die Ergebnisse der Reichs= und Staatsbetriebe decken über die Verzinsung der Schulden hinaus mindestens noch die Hälfte der Ausgaben für Heer und Flotte, erst die andere Hälfte der Ausgaben für die Landes= vertheidigung und die Kosten für die Civilverwaltung (Justiz, Unterricht, Kultus, innere Verwaltung u. s. w.) sind durch Zölle, Steuern, Gebühren zu bestreiten.

Wie außerordentlich günstig Deutschland (Reich und Einzel= statten) im Vergleich mit dem Ausland hinsichtlich der Deckung der Ausgaben dasteht, erläutert folgende, der amtlichen Denk= schrift „Die Ausgaben für Flotte und Landheer", Nr. 107 der Drucksachen des Reichstages 1897/98, entnommene Tabelle:

Von den etatsmäßigen Ausgaben — abgesehen von denen für die Staatsbetriebe — wurden gedeckt:	durch Nettoeinnahmen aus Staatsbetrieben und der Betheiligung an Privatbetrieben, aus dem Staate gehörigen Kapitalien (Fonds) und aus Ueberschüssen früherer Finanzjahre	durch kleinere Verwaltungseinnahmen (ohne Gebühren)	durch Anleihen	Summe 1 bis 3	durch öffentliche Abgaben (Steuern und Gebühren in den verschiedenen Formen)
	pCt.	pCt.	pCt.	pCt.	pCt.
	1.	2.	3.	4.	5.
in Deutschland-Preußen 1897/98	34,37	4,55	3,86	42,78	57,22
in Oesterreich 1897	1,65	2,52	—	4,17	95,83
= Frankreich 1897	2,50	3,80	—	6,30	93,70
= Italien 1896/97	2,96	5,63	3,31	11,90	88,10
= Großbritannien 1896/97	5,51	1,71	—	7,22	92,78
= Rußland 1896/97	9,60	1,30	10,38	21,28	78,72
= Vereinigte Staaten 1896/97	etwa 2,48	etwa 2,75	—	5,23	94,77

Wenn diese Aufstellung sich auch auf Verhältnisse bezieht, die schon einige Jahre zurückliegen, so werden doch die inzwischen eingetretenen Veränderungen die Lage eher noch zu Gunsten Deutschlands verschoben haben.*) Das Facit dieses Vergleiches

*) In einem am 31. Januar d. Js. zu Berlin gehaltenen Vortrag über „Flottenvermehrung und Finanzen" gab Professor A. Wagner folgende Ziffern: Es komme z. B. nach den Verhältnissen der letzten Jahre in Preußen (einschließlich Antheil an den Reichsausgaben) auf den Kopf der Bevölkerung eine Nettoausgabe von 44 Mark, davon 14,3 auf Heer und Flotte, 9,6 auf Schuld, 20,1 auf Zivilverwaltung (bezw. 32,5 — 21,8 — 45,7 pCt.), in Frankreich im Ganzen 61,7 Mark, wovon 21,2 auf Heer und Flotte, 22,0 auf Schuld, 18,5 auf Zivilverwaltung (bezw. 34,3 — 35,7 — 30,0 pCt.). Aber wenn man die Ausgaben für Kriegsmacht und Schuld zuvörderst aus den Erträgen des Staatseigenthums und der Betriebsverwaltungen decke, so verbliebe von der Schuld garnichts und von den Kosten der Kriegsmacht nur noch 7,4 Mark auf den Kopf mittelst Steuern zu bestreiten, in Frankreich dagegen bei einer analogen Berechnung nicht weniger als 42,5 Mark. Von der gesammten Reichs- und Staatsausgabe hätte der Preuße somit auf den Kopf nur 27,5, der Franzose 61 Mark durch Steuern aufzubringen. Selbst wenn im Laufe der Jahre der Kostenaufwand für die Flotte um 3 bis 4 Mark steige, bleibe unsere Lage immer noch eine außerordentlich günstige im Vergleich mit Frankreich und selbst mit Großbritannien und anderen Ländern.

Nauticus, Flotten-Novelle.	5

aber ist: Kein Staat deckt auch nur halb so viel von seinen
Ausgaben ohne Belastung durch öffentliche Abgaben wie Deutsch=
land, die Mehrzahl der Staaten sogar noch lange nicht ein
Viertel so viel.   Diese Schonung der Steuerkraft des Volkes
in Deutschland wird, wie gesagt, durch die Höhe der Rein=
einnahmen aus dem Staatsbesitz und Staatsbetrieb ermöglicht,
und diese Letzteren wiederum geben die Gewähr, daß unser Staats=
und Reichskredit noch entfernt nicht so hoch angespannt ist als
in anderen Ländern.   In Deutschland ruht die Sicherheit der
öffentlichen Anleihen in altem gefestigten Besitz und in ertrag=
reichen Verwaltungen, in anderen Ländern muß der einzelne
Bürger mit seinen Abgaben für Verzinsung und Tilgung auf=
kommen. Eine weitere mäßige Anspannung der Reichsschulden,
wie dies für die neuen Flottenpläne beabsichtigt ist, hat daher
bei der wahrscheinlichen gleichzeitigen Steigerung der Rente
aus den Betriebsverwaltungen des Reiches nicht die mindeste
bedrohliche Einwirkung auf die öffentlichen Abgaben, die in
jedem anderen Lande sofort und direkt infolge einer Steigerung
der Staatsschuld wachsen müssen. Wenn in Preußen allein in
16 Jahren der Einlagebestand der Sparkassen um rund
$3^1/_4$ Milliarden, von 1891 bis 1898 sogar um 1878 Millionen
gestiegen ist, so legt dies Zeugniß dafür ab, welche enormen
Mittel zu soliden Anlagen verfügbar waren und noch sind, deren
Verzinsung im Durchschnitt noch unter dem Zinsfuß der
Reichsanleihen steht.

Das Wesen der Anleihen.

In der ganzen Beurtheilung der öffentlichen Schuld spielen in
Deutschland überhaupt noch viel zu sehr rein privatwirth=
schaftliche Ansichten mit; die Aufgabe der Staatsschuld wird
aber treffend im „Handwörterbuch der Staatswissenschaften" in
folgenden Worten bestimmt: „Auf der volkswirthschaftlichen
Entwickelungsstufe der Geld= und Kreditwirthschaft dienen die
Anleihen zur Durchführung großer wirthschaftlicher und
politischer Unternehmungen und bringen müßige Kapitalien aus
der Hand des unproduktiven Besitzes in die Verfügungsgewalt
der produktiv thätigen Wirthschaften." Produktiv thätig sind
Reich oder Staat aber auch, wenn es sich um Verstärkung der
Landesvertheidigung handelt. Denn unter den Produktions=
faktoren kommt der Aufrechterhaltung des Friedens,

der Sicherung von Haus und Herd, dem Schutz von Handel und Wandel sicherlich eine erste Rolle zu, ebenso wie ja auch Justiz, Erziehung und Bildung, öffentliche Ordnung, kurz das gesammte Leben des nationalen Staates, der ohne Heer und Flotte heutzutage keinen Bestand haben würde, zu den aller= wichtigsten Produktionsfaktoren gehören, da damit erst der Arbeit und dem Kapital die Möglichkeit einer in Ruhe und Sicherheit wirthschaftlich schaffenden Thätigkeit gegeben wird. Diese Lasten werden reproduzirt in den wirthschaftlichen Er= gebnissen, in der erhöhten und gesicherten Erwerbsthätigkeit der Bevölkerung. Man sollte endlich aufhören, die Aufwendungen für Heer und Flotte im Jargon einer die tiefere Einsicht in die Volkswirthschaft entbehrenden Auffassung „unproduktiv“ zu schelten — gerade Deutschland hat angesichts seines enormen Aufschwunges während der drei Friedensdezennien, die es seiner starken Rüstung verdankt, am allerwenigsten Grund dazu!

* * *

Die Deckung aus laufenden Einnahmen.

Die Vermehrung des Sollbestandes der Kriegsmarine wird außer den Mehrforderungen für Schiffsbauten und An= lagen, die durch Anleihen gedeckt werden sollen, naturgemäß auch eine Steigerung der laufenden, regelmäßig wiederkehrenden Ausgaben mit sich bringen. Diese alljährlich zuwachsende Erhöhung wird nach der Begründung der Flottenvorlage auf 9 bis 10 Millionen Mark veranschlagt. Zugleich will man die Deckung dieser dauernden Mehrausgaben durch die in der natürlichen Zunahme der Zahl der Bevölkerung und ihrer Be= dürfnisse begründeten Mehreinnahmen ohne Anwendung neuer Steuern finden. Demgegenüber ist im Reichstag mehrfach ein= gewendet worden, es sei ein höchst gefährliches Beginnen, dauernde Ausgaben auf schwankende Einnahmen zu gründen. Die allgemeine Richtigkeit dieses Satzes ist gewiß zuzugeben, es fragt sich aber doch sehr, ob er gerade für diesen Fall zutrifft.

Der Einfluß des Wachsthums unserer Bevölkerung und ihrer Bedürfnisse auf die Reichseinnahmen zeigt sich am ersten und bedeutsamsten in den Etatsposten, welche die Gegenstände des allgemeinen Verbrauchs betreffen: das sind die Zölle und die Steuern auf Bier, Branntwein, Salz, Zucker und Tabak, in gewissem Sinne darf man auch noch die Einnahmen aus der Reichspost= und Telegraphenverwaltung hinzurechnen, zu denen ebenfalls die Gesammtheit des Volkes beiträgt. Alle übrigen Einnahmearten stammen entweder aus bestimmten Berufs= schichten (Stempelabgaben) und räumlich begrenzten Zonen (Reichseisenbahnen) oder sie belasten in verschiedenem Maße die Einzelstaaten (Matrikularbeiträge). Da wir nun die Reichs= postüberschüsse schon oben bei der Erörterung über die Anleihen berücksichtigt haben, halten wir uns hier nur an die Einnahmen aus Zöllen und Verbrauchssteuern. Läßt sich an ihnen durch eine längere Zeit beweisen, daß trotz mancher Schwankungen im Einzelnen der pro Kopf=Betrag sich gleich bleibt oder steigt, so wird man diesem Posten des Reichshaushalts=Etats mit Fug und Recht den Charakter dauernder Einnahmen zusprechen dürfen, auf die man wohl auch dauernde Ausgaben be= gründen darf.

Bei der Betrachtung eines längeren Zeitraumes wird ein Vergleich dadurch einigermaßen erschwert, daß im Laufe der Jahre durch verschiedene Aenderungen der Zoll= und Steuer= gesetzgebung die Erträge aus der zollpflichtigen Einfuhr und den inländischen Verbrauchssteuern alterirt worden sind. Die Handelsverträge von 1892 und 1893 haben eine Reduktion vieler Zollsätze, die Novellen zur Branntwein= und zur Zucker= steuer eine Erhöhung der Steuersätze gebracht. Ein gewisser Ausgleich ist hierdurch immerhin erbracht, so daß die Richtig= keit unserer Schlüsse wenigstens nicht ganz bestritten werden kann. Wenn wir die letzten zehn Jahre nehmen, so geben die Einnahmen aus Zöllen und Verbrauchssteuern, sowie die Be= völkerung und der pro Kopf=Betrag folgendes Entwickelungsbild:

Jahr	Einnahmen in Millionen Mk.	Bevölkerung in Millionen	Pro Kopf=Betrag pro Jahr	in 3jähr. Durchschn.
1890	625,223	49,441	12 Mk. 64 Pf.	
1891	641,244	49,963	12 = 83 =	} 12 Mk. 59 Pf.
1892	620,004	50,469	12 = 29 =	
1893	607,080	50,960	11 = 91 =	
1894	642,007	51,544	12 = 45 =	} 12 Mk. 34 Pf.
1895	661,638	52,207	12 = 67 =	
1896	731,517	52,941	13 = 82 =	
1897	733,416	53,720	13 = 65 =	} 13 Mk. 87 Pf.
1898	770,000 *)	54,489	14 = 13 =	
1899	780,000 *)	55,258	14 = 17 =	

*) Vorläufige Ergebnisse nach Angaben des Schatzsekretärs in der Reichstagssitzung vom 11. Dezember 1899, die endgültigen werden sich vermuthlich noch erheblich höher stellen.

Betrachtet man diese Zifferreihen, so tritt klar zu Tage, daß die Bevölkerungszunahme ohne Schwankungen in steigender Proportion während der letzten zehn Jahre erfolgt ist. Von 1890 bis 1893 beträgt der Zuwachs alljährlich rund eine halbe Million, dann steigt er rasch von fast 600 000 auf 700 000 und 800 000. Man wird nicht übertriebenen Erwartungen sich hingeben, wenn man annimmt, daß auch in der Folge die Vermehrung der Bevölkerung des Deutschen Reiches in ähnlicher Tendenz erfolgt, schätzungsweise würden wir dann z. B. 1905 eine Einwohnerzahl von 60 Millionen, 1911 etwa 65 und 1916 an 70 Millionen haben. Das Wachsthum der Bevölkerung, der eine Faktor in unserer Rechnung, darf also als dauernd angenommen werden, abermals vorausgesetzt, daß die Entwickelung nicht durch gewaltsame Katastrophen unterbrochen wird.

Was nun den anderen Faktor betrifft, die Reichseinnahmen aus Zöllen und Verbrauchssteuern, so weisen sie allerdings nicht die gleiche stetige Linie auf. Von 1891 bis 1893 gehen sie zurück, steigen dann aber, erst langsam, später sehr beträchtlich bis zum Höhepunkt in den Jahren 1898 und 1899. Führen wir die Betrachtung im Einzelnen durch, so finden wir, daß von den verschiedenen Quellen, aus denen diese Einnahmen fließen, am meisten die Zollerträge wechseln. Die Einnahmen vom Bier steigen im Laufe der letzten zehn Jahre von 1 Mk. 60 Pf. auf 1 Mk. 80 Pf., die vom Branntwein fallen von 3 Mk. 10 Pf. auf 2 Mk. 75 Pf., die vom Tabak steigen von 1 Mk. 8 Pf. auf 1 Mk. 20 Pf., die vom Salz bleiben auf 90 bis 93 Pf. stehen, und die vom Zucker erhöhen sich von 1 Mk. 60 Pf. auf etwa 2 Mk., Alles pro Kopf berechnet. Viel stärker als hier macht sich eine wirthschaftliche Depression, deren Folgen wir von 1891 bis 1894 verspürten, oder eine gute Inlandsernte, wie 1898 und 1899, bei den Zöllen und insbesondere bei den Kornzöllen bemerkbar. Alles in Allem betrachtet, ergeben doch aber auch die pro-Kopf-Beträge hier nicht so beträchtliche Schwankungen, daß die Berechnung einer Durchschnittsquote unzulässig wäre. Das zehnjährige Mittel beträgt 13 Mk. 6 Pf.; der Tiefstand im Jahre 1893 mit 11 Mk. 91 Pf., und das Maximum im Jahre 1899 mit 14 Mk. 17 Pf. weichen beide um wenig über 1 Mk. davon ab.

Das giebt uns das Recht, jenen 10jährigen Durchschnittsertrag von rund 13 Mark ebenfalls als dauernden Faktor in unsere

Rechnung einzustellen, wobei wir die beharrlich steigende Tendenz nicht einmal weiter berücksichtigen. Bei einer Bevölkerungs= zunahme von 700 000 bis 800 000, die nach einem Jahrzehnt vermuthlich 900 000 bis 1 Million jährlich beträgt, ergiebt sich demnach eine natürliche Steigerung der Reichseinnahmen aus Zöllen und Verbrauchssteuern alljährlich um den Betrag von 9 bis 10 Millionen Mark im Anfang und von 11 bis 13 Millionen Mark im späteren Verlaufe der Zeit, die für die Flottenverstärkung in Aussicht genommen ist. Das aber sind Beträge, die völlig für die in Aussicht genommene Steigerung der laufenden Ausgaben zureichen.

Ergebniß.

All dergleichen Rechnungen basiren nur auf Wahrschein= lichkeiten; den strikten ziffernmäßigen Nachweis kann man für die Zukunft nicht erbringen. Aber man wird uns hoffentlich das Zugeständniß nicht versagen, daß die von uns aufgeführten Konstruktionen einmal auf solidem Fundamente stehen und sodann auch ziemlich vorsichtig in ihrem Bau gehalten sind. Aus ihnen erhellt jedenfalls zweierlei:

1. Will man die Vermehrung der Flotte aus An= leihen bestreiten, so gewähren die Einnahmen aus den Betriebsverwaltungen des Reiches mehr als genügend die Mittel zur Deckung der erhöhten Zinsbeträge.
2. Die natürliche Zunahme der Reichseinnahmen aus Zöllen in Verbrauchssteuern reicht zur Deckung der Vermehrung der ordentlichen Ausgaben des Marineetats aus, und es ist deshalb nicht nöthig, neue Steuern und Lasten in Aussicht zu nehmen.

Gefährdung der Reichsfinanzen durch Schwäche zur See.

Derartige Erwartungen werden sich freilich nur dann erfüllen können, wenn unsere gesammte Entwickelung von ver= hängnißvollen Rückschlägen, Unterbrechungen und Katastrophen verschont bleibt. Damit meinen wir nicht wirthschaftliche Depressionen, nicht einmal ökonomische Krisen. Die Jahre 1892 bis 1895 standen im trüben Zeichen geschäftlicher Stagnation; dies spricht sich, wie schon erwähnt, auch in dem Niedergang der Reichseinnahmen aus Zöllen und Verbrauchssteuern aus. Aber die Minderung ist doch nicht so erheblich — 60 Pf. bis 1 Mk. 10 Pf. pro Kopf unter dem Durchschnitt —, daß sie für die Entwickelung hätte gefährlich werden können; ein einziges fettes Jahr, wie wir sie seitdem ununterbrochen gehabt haben, hat die Schäden der mageren reichlich wieder wett gemacht. Nein, eine Katastrophe würde nur ein unglücklicher Krieg, eine Blockade, ein nachtheiliger Friedensschluß bedeuten. Gerade hiergegen soll uns ja aber neben dem Landheer die verstärkte Kriegsmarine schützen; sie soll den Feind abhalten, uns zu überfallen, und, wenn er es doch thut, ihn niederzwingen helfen. Im Frieden aber wie im Kriege soll sie weiter unsere wirth= schaftlichen Interessen schirmen und fördern. Liegt somit in der günstigen finanziellen Entwickelung des Reiches die Möglichkeit, ohne neue Steuern die nothwendige Flottenvermehrung zu schaffen, so gewährt anderer= seits die starke deutsche Flotte den Finanzen des Reiches Schutz und Unterstützung. Auch hier, wie so oft im Leben, greifen die politischen Faktoren ineinander, und wenn auch Reichthum der Macht Vorschub leistet, so sagen wir doch mit Friedr. List: Macht ist besser als Reichthum, denn sie erst schafft und erhält ihn!

* * *

Die Belastung der Massen.

Nun liegt ein Einwand nahe! Alle unsere bisherigen Deduktionen gehen dahin, daß die Flottenverstärkung theils aus Anleihen, theils aus laufenden Mitteln gedeckt werden soll, die, wie die Einnahmen aus der Reichspostverwaltung, den Zöllen und den Verbrauchssteuern vorwiegend auf die Befriedigung von Massenbedürfnissen sich stützen. Also könnte man folgern — und es geschieht dies ja auch thatsächlich! — die für die Flottenverstärkung nöthigen Mittel müssen die breiten Massen aus ihren Taschen zahlen. Das ist bis zu einem gewissen Grade richtig, aber auch nur bis zu einem gewissen Grade. Schematisch gesprochen, vertheilen sich die Finanzquellen von Reich, Staat und Gemeinde derart, daß das Reich sich die indirekten Abgaben, der Staat die direkten Steuern und die Gemeinde die Realsteuern vorbehalten haben. Von den beiden letzten Arten der öffentlichen Lasten sind aber die großen

Massen — 70 bis 80 pCt. der Bevölkerung — völlig frei: sie zahlen weder Einkommen- und Vermögensteuer, noch Grund-, Haus- und Gewerbesteuer. Diese Abgaben ruhen auf den tragkräftigeren Schultern, die vorwiegend auch noch für einen beträchtlichen Theil der Reichseinnahmen, die Matrikularbeiträge, aufzukommen haben. So bleiben die den Minderbemittelten und Schwächeren auferlegten Lasten auf die Reichszölle und -steuern beschränkt, und da die Kosten für Heer und Flotte vom Reiche getragen werden, ist es ganz natürlich, daß die Massen hierzu ein in seiner Gesammtheit natürlich stattliches Kontingent beitragen. Im Einzelnen betrachtet, sieht die Sache freilich anders aus. Was insbesondere die Marine betrifft, so kommt für das Etatsjahr 1900 auf den Kopf der Bevölkerung ein Betrag von rund 2 Mk. 80 Pf. Wird die Flotte verdoppelt, so würden im Etatsjahre 1901 auf den Kopf der Bevölkerung rund 3 Mk., 1910 etwa 4 Mk. und 1916 etwa 4 Mk. 50 Pf. kommen. Das bedeutet also eine jährliche Steigerung von etwa 11 Pfennig pro Kopf der Bevölkerung, unter der Voraussetzung steigenden Wachsthums und gleichbleibender Zoll- und Verbrauchssteuerbeträge. Und da muß man doch allen Ernstes fragen, ob diese Vermehrung der Lasten, die dem Verzicht auf ein einziges Glas Bier im Laufe eines ganzen Jahres gleichkommt, wirklich einen unerträglichen Druck auf die Massen bedeutet? Zumal wenn dieser Leistung als Aequivalent entgegensteht, daß die Kriegsmarine den Schutz des Reiches vor feindlichen Angriffen, die Erhaltung des Friedens, die Förderung unseres Handels und Gewerbfleißes, die Wahrung unserer nationalen Ehre zur Aufgabe hat.*)

Einer weiteren Steigerung aber der auf Massenbedürfnissen ruhenden Abgaben zum Zwecke der Flottenvermehrung hat schon das Gesetz vom 10. April 1898 einen Riegel vorgeschoben. In § 8 heißt es da nämlich: „Soweit die Summe der fortdauernden und einmaligen Ausgaben der Marineer-

---

*) Zum Vergleich, der sehr lehrreich ist, setzen wir die von Professor v. Heckel-Münster im letzten Heft der „Jahrbücher für Nationalökonomie und Statistik" berechnete pro-Kopf-Belastung durch Zölle und indirekte Steuern in anderen Großstaaten hierher: Oesterreich 21 Mk. 57 Pf., Ungarn 13 Mk. 84 Pf., Frankreich 34 Mk. 37 Pf., Großbritannien 29 Mk. 56 Pf., Italien 15 Mk. 43 Pf., Rußland 12 Mk. 69 Pf. Daraus ergiebt sich, daß, abgesehen von Rußland, überall sonst die Belastung größer als in Deutschland ist, in Großbritannien und Frankreich um mehr als das Doppelte.

waltung in einem Etatsjahre den Betrag von 117 525 494 Mark übersteigt und die dem Reiche zufließenden eigenen Einnahmen zur Deckung des Mehrbedarfs nicht ausreichen, darf der Mehrbetrag nicht durch Erhöhung oder Vermehrung der indirekten, den Massenverbrauch belastenden Reichs= steuern gedeckt werden." Einerlei wie sich im Einzelnen sonst die Deckungsfrage in dem neuen Flottengesetze gestalten wird, daran wird, wie dies auch die Motive schon betonen, all= seitig unbedingt festgehalten werden, daß von jenem Prinzipe nicht abgewichen werden wird. Dafür bürgt neben anderen Gründen auch die Vorgeschichte der Be= stimmung, aus der erhellt, wie eifrig man vor zwei Jahren bestrebt war, die Massen vor einer weiteren Belastung zu schützen.

Die Vertreter des Reichsschatzamtes gaben in der Kom= missionsberathung des Flottengesetzentwurfes (24. Februar bis 17. März 1898) wiederholt Erklärungen dahin ab, daß die Finanzen des Reiches im Stande seien, die Kostenvermeh= rung ohne Erschließung neuer Einnahmequellen zu decken. Thatsächlich ist diese Voraussage auch eingetroffen, wie denn überhaupt seit dem Jahre 1894 keine neue Steuer eingeführt worden ist: die Mittel für die Heeresreform und das Flottengesetz sind, außer den alljährlichen kleineren An= leihen, durchaus aus den wachsenden laufenden Einnahmen be= stritten worden. Nichtsdestoweniger hat die Kommission und später auch das Plenum verschiedene Wege für die Aufbringung neuer Mittel ins Auge gefaßt; indessen erkannte man sie sämmtlich für ungangbar. Da gegenwärtig die öffentliche Er= örterung der Finanzfrage wiederum in die gleichen Bahnen zurücklenkt, wollen wir hier doch an die damaligen Verhand= lungen wenigstens kurz erinnern. Die verschiedenen Vorschläge waren folgende:

1. Abg. Lieber beantragte einen Gesetzentwurf, der die Beschaffung der Mittel dadurch anstrebte, daß er vom Reiche aus progressiv steigende Zuschläge zu den direkten Steuern in den Einzelstaaten bezw. zu den Matrikularbeiträgen einführen sollte, die ausschließlich die Einkommen von 10 000 Mark treffen würden.

2. Abg. Müller (Fulda) wünschte eine besondere Besteuerung der Interessen (Handel, Schifffahrt, Deutsche im Auslande) oder eine Be= lastung der über 300 000 Mark hinausgehenden Vermögen der deutschen Reichsangehörigen.

3. Abg. Hammacher befürwortete eine Resolution des Inhalts, daß die in den Bundesstaaten eventuell durch Erhöhung der Matrikular=

beiträge erforderlichen neuen Steuern nur den starken Schultern auf=
erlegt werden dürften.

4. Abg. Richter schlug eine allgemeine Reichsbesteuerung der
Vermögen über 100 000 Mark vor.

5. Abg. Bebel und Gen. traten für eine progressive Reichsein=
kommensteuer für alle Einkommen über 6000 Mark ein.

Ganz kurz wurde die Anregung einer besonderen Inter=
essentenbesteuerung für die Flotte abgethan. Und zwar nicht
nur, weil die Bestimmung, wer in diesem Sinne „Interessent"
sei, unmöglich war, sondern auch aus dem prinzipiellen Grunde,
daß die Kriegsmarine Sache des ganzen Volkes sei und Allen
zu Gute komme. Die Sozialdemokraten Abg. Bebel
und Singer gestanden sogar zu, daß auch die Arbeiter
ein gewisses Interesse an einer ausreichenden Landes=
vertheidigung und also auch an der Marine hätten.
Wenn jetzt wieder der Ruf nach einer Sonderbesteue=
rung der Kaufleute, Rheder und Industriellen zu
Flottenzwecken ertönt, so ist festzustellen, daß diese
Forderung vor zwei Jahren ganz platt zu Boden
fiel, als man im Reichstage an ihre legislatorische
Ausgestaltung ging.

Anders war es mit den Grundgedanken der übrigen An=
träge. Hier waren alle Parteien einig in dem Verlangen,
daß, falls die Marine neue Steuern erforderlich machen würde,
diese nur den kräftigen Schultern auferlegt werden müßten.
Aber keine der eingebrachten Anregungen erwies sich damals
als ausführbar. Entweder waren es verfassungsrechtliche oder
finanztechnische Hindernisse, die sich ihnen entgegenstellten. Die
Anträge Richter und Bebel wurden mit geringfügigen Mino=
ritäten verworfen, die übrigen stillschweigend fallen gelassen.
Man einigte sich endlich auf die oben mitgetheilte Fassung des
§ 8 des Gesetzes, die einem gemeinsamen Antrage Bennigsen=
Lieber entsprach. Ihr stimmte auch die Regierung zu mit
der Auslegung, daß als den Massenverbrauch belastend die in=
direkten Reichssteuern auf Bier, Branntwein, Salz, Tabak,
Zucker anzusehen seien, dagegen könnten bezüglich der Zölle schon
aus handelspolitischen Gründen bindende Erklärungen nicht ab=
gegeben werden. Schließlich war der Staatssekretär des Innern
in der Lage, auf Grund übereinstimmender Deklarationen der
einzelnen Bundesregierungen Folgendes zu erklären:

„Sollte die Ausführung des Gesetzes über die Flotte
die Erhöhung bestehender oder die Einführung neuer Landes=

steuern in den Einzelstaaten nothwendig machen, um den erhöhten Anforderungen des Reiches zu genügen, so werden die Einzelregierungen ihrerseits darauf Bedacht nehmen, bei einer derartigen finanziellen Maßregel die stärkeren Steuerkräfte heranzuziehen."

In welcher Weise sich gegenwärtig die gesetzgebenden Faktoren des Reichs über die Aufbringung der Mittel für die Vermehrung der Kriegsmarine einigen werden, läßt sich nicht voraussehen.

Die vorstehenden Erörterungen dürften zur Genüge dargethan haben, daß keine Veranlassung besteht, die bisherige bewährte Uebung zu verlassen, die die Neubauten aus Anleihen bezahlt und die Mehrforderungen des Ordinariums aus laufenden Mitteln. Daß dies auch bisher stets und allgemein übliche Verfahren einer korrekten Finanzverwaltung entspricht, haben wir nachgewiesen, ebenso wird man zugeben müssen, daß neue Steuern dazu voraussichtlich nicht nothwendig sind.

Deutſchlands geographiſche Lage zur See.

Landwanderung und Waſſerwanderung.

Wenn es auch keinem Zweifel unterliegt, daß das wechſel=
volle Erſtarken der Völker im Lauf der Geſchichte in erſter
Linie auf ihrer inneren Entwickelung beruht, auf der Sammlung
und Verwerthung der Fähigkeiten und Triebe, welche in den
Wohnkreiſen der Nationen ſelbſt zur Ausbildung kommen, ſo
lernen wir doch ebenfalls aus der Geſchichte, daß ein ſo be=
gonnener Entwickelungsprozeß zum Stillſtande und zum Rück=
gange führt, wenn die Völker mit ihren Unternehmungen nicht
zur gegebenen Zeit auch über die urſprünglichen Grenzen
hinausgehen. Eine Ueberſchreitung der Landgrenzen iſt dabei
näher liegend und leichter als eine ſolche der Küſten. Dafür
bringt die erſtere aber Berührung und Befruchtung nur durch
die unmittelbaren Nachbargebiete, während letztere den Verkehr
mit all den verſchiedenartigen Völkern eröffnet, welche die Meere
berühren. Eine Ueberſchreitung der Meeresgrenzen iſt erſt in
einem höheren Stadium der Entwickelung möglich, verheißt ſo=
dann aber auch einen um ſo vielſeitigeren und reicheren Erfolg.
Von einem Hafen aus haben Genua und Venedig ihre Herrſchaft
entwickelt, die Rhein=Mündungen waren der Stützpunkt der
Holländermacht, von Panama verbreitete ſich die ſpaniſche
Herrſchaft an den pazifiſchen Küſten, und San Franzisko iſt
heute ein Ausgangspunkt für die Weltmachtsbeſtrebungen der
Vereinigten Staaten geworden.

Volkscharakter und Seeweſen.

Wie ſehr indeſſen die innere Entwickelung die Vorbedingung
des Erfolges bleibt, erſehen wir am beſten aus der wechſelvollen
Bedeutung, welche die Küſten in den verſchiedenen Zeiten und
bei den verſchiedenen Bewohnern beſitzen. Dieſelben Küſten,
welche früher nutzlos waren, erlangten in anderen Zeiten einen
weltumſpannenden Werth. So vermochten die atlantiſchen Ufer
der Vereinigten Staaten erſt dann die gewaltigen Handels=
emporien der Jetztzeit zur Entwickelung zu bringen, als ſie von
mannigfach begabten Bewohnern beſiedelt wurden, die in dem

Hinterlande blühende Kulturbezirke zu schaffen verstanden; San Franzisko ist erst zu dem Welthafen erwachsen, wozu die lange ungenutzte Gunst seiner Lage es unstreitig bestimmt hat, als die Goldfunde am Sacramento sein Hinterland mit den verschiedenartigsten kultivatorischen Kräften erfüllten; die Salpeter= lager an der pazifischen Küste von Südamerika bezwangen die natürliche Ungunst der chilenischen Häfen, die Entwickelung der Kaffeeplantagen läßt die Schwierigkeiten der Bucht von Mara= caybo vergessen, und was der zahllosen Beispiele mehr sind. Nicht die Küsten bedingen den Aufschwung der Be= wohner, sondern die Entwickelung der dahinter oder benachbart gelegenen Siedelungen ist es, welche die Nutzung der Meere anbahnt und den Werth der Küsten bestimmt.

Bleibt somit auch die Gunst oder Ungunst der maritimen Lage eines Staates ein durchaus relativer Begriff, so darf man doch nicht verkennen, daß die geographische Lage zur See die Entwickelung nach außen hin in hohem Grade erleichtert oder erschwert. Wir dürfen daher von Gunst oder Ungunst der maritimen Lage sprechen, sowie die innere Entwickelung des Staates dahin gelangt ist, daß er einer Ueberschreitung der Meeresgrenzen zu dem weiteren Fortschritt bedarf.

Die maritime Lage.

Die Gunst der maritimen Lage beruht in erster Linie darauf, daß der Staat geeignete Zugänge zum Meere besitzt, und zwar sowohl solche, welche einen unbehinderten Verkehr mit dem nächstgelegenen Meere und von dort aus über alle Meere ermöglichen, als auch solche, welche das Land selbst in weiterem Umfang erschließen. Dies hängt weniger von der Länge und Entwickelung der Küsten ab, da ein für alle Zwecke geeigneter Zugang unter Umständen auch durch einen einzelnen Hafen erreicht werden kann, als vielmehr von der Lage und Beschaffenheit der Zugänge. Welche Richtungen der Verkehr dann von diesen aus einschlägt, liegt an den inneren Bedürfnissen des Staates und an den wirthschaftlichen Ver= hältnissen der anderen Länder. Bei der Beurtheilung der maritimen Lage des Staates selbst kommt es nur darauf an, daß er überhaupt freien Zugang zu den Meeren in obigem Sinne und damit die Möglichkeit zur Nutzung aller Meeres=

verbindungen hat. Erst in zweiter Linie kommt die Ausdehnung und Gestaltung seiner Küsten in Betracht, und zwar weniger für die Verbindung mit den Meeren zu dem nach außen hin nothwendigen Verkehr, als vielmehr dadurch, daß eine große Küstenentwicklung einen um so größeren Theil der Bewohner auf das Meer hinweist und zu seiner Nutzung erzieht.

Deutschland muß seefahren.

Daß die innere Entwickelung des Deutschen Reiches eine Ueberschreitung der Küsten, eine steigende Entwickelung der Seefahrt zu ihrem Fortschritt braucht, kann keinem Zweifel unterliegen. Die innere Festigung und Erstarkung des Reiches, das Wachsthum der Bevölkerung und die gewaltige Entwickelung ihrer Erwerbszweige machen eine große blühende Seefahrt zur Forderung für den weiteren Fortschritt. Wichtig ist hierbei die Frage, ob Deutschlands geographische Lage zur See eine günstige ist oder nicht, und wir betrachten zur Antwort die Zugänglichkeit des Reiches nach dem Charakter der Küsten an sich sowie nach deren Beziehungen zum Land und zu den Meeren in ihrer Gesammtheit. Den Werth der einzelnen fremden Meere für das Reich wollen wir hier dagegen nicht zur weiteren Erörterung stellen, da die Möglichkeit ihrer Nutzung gegeben ist, wenn der Zugang zum Weltmeer im Allgemeinen besteht, und der Umfang derselben mehr von wirthschaftlichen als geographischen Verhältnissen abhängt.

Die deutsche Küste.

An Deutschlands Küsten lassen sich drei natürliche Formen verschiedener Art unterscheiden, deren eine hier wie auch überall sonst die vortrefflichsten Hafenbildungen aufweist, während die zweite je nach dem Grade ihrer Entwickelung mehr oder minder gute Zugänge besitzt, die immer noch einen beschränkten, theilweise auch den weitesten Gebrauch zulassen, und die dritte für den Verkehr nutzlos ist.

Die letztgenannte Form, die zuganglose Steilküste, wie man sie nennen kann, ist nur auf kleinen Strecken vorhanden. In der Nordsee findet sie sich nur auf der Hauptinsel von Helgoland, jenem etwa 50 m aus dem Meere aufragenden Sandsteinfelsen, welcher aus den sonst weiter südlich, bei Lüneburg, auftretenden, zur Triasformation gehörigen Schichten besteht. In der Ostsee kommt diese Küstenform zunächst auf Rügen vor, der größten und vielgestaltigsten Insel des Deutschen Reiches, deren verschlungene Umrisse ein getreues Abbild ihres Reliefs sind. Die schroffen Kreidefelsen wechseln dort indessen mit flachen jüngeren Bildungen ab, so daß die Zugangslosigkeit der Küste immerhin nicht wenige Unterbrechungen erfährt. Sonst findet sich die Steilküste in der Ostsee noch an der Bernsteinküste des Samlandes, wo die auf älterer tertiärer Scholle aufgebauten Bildungen der Eiszeit wie ein Keil zwischen den jüngeren Dünenbildungen der Frischen und der Kurischen Nehrung in das Meer vortreten und jene grotesken, steilen Strandbildungen zeitigen, die ihrer landschaftlichen Schön= heit wegen viel besucht werden, und endlich in kurzen Strecken bei Rixhöft, wo wie im Samland Steinriffe in das Meer hinaus= gehen und den Zugang zu der Küste behindern. Für diese Strecken der Steilküste ist eine Nutzung durch die Schifffahrt nicht möglich; nur zum Gewinn von Bausteinen werden die= selben besucht. Sie sind indessen nicht lang und geben an ihren Enden für den Verkehr Raum; selbst auf Helgoland hat sich im Schutz der Düne ein Anlegeplatz herstellen lassen.

Die zweite und am weitesten verbreitete Form der deutschen Küsten, welche je nach dem Grad ihrer Entwickelung mehr oder minder gute, fast immer aber noch brauchbare Zugänge zum Meere gewährt, ist die Küste der Lagunen, Wieke, Bodden und Haffe, der Marschen, Halligen und Watten, der Nehrungen, Dünen und Inseln, wie sie die größten Theile der Nord= und Ostseeränder begleiten. Zu dieser Form gehören alle Strecken der deutschen Küsten mit Ausnahme der soeben genannten, wo die Steilküste sich findet, und mit Ausnahme der Ostküste von Schleswig=Holstein bis zur Trave=Mündung nach Süden herab, wo die Föhrdenküste auftritt. Mit dieser Küstenform haben wir es überhaupt bei weitaus den meisten Häfen der Erde zu thun. Um ihren Werth würdigen zu können, wollen wir ihre Bildungsweise betrachten.

Die Entstehung dieser Schwemmlandküste beruht im Wesentlichen auf dem Kampf zwischen den Flüssen und dem Meer. Jene führen mit ihrem Wasser große Mengen von Sand und Schlamm ins Meer hinaus und auch dieses selbst reißt an manchen Küstenstrecken festes Material los, das

es durch die Kraft ſeiner Wellen zerkleinert, mit den durch die
Flüſſe beigebrachten Sinkſtoffen vermengt und im Waſſer
ſchwebend hält. Strömungen treiben dieſes mit Sedimenten erfüllte Waſſer an den Küſten entlang, die Wellen thun das Gleiche,
weil ſie meiſtens ſchräge auf die Küſten treffen und infolgedeſſen
auch wieder ſchräge zurückprallen. Dabei ſchälen ſie kurze
Strecken an den Küſten hin. So bedingen Strömungen
und Wellen gemeinſam den Prozeß, den man als Küſten=
verſetzung bezeichnet, und der in einer Wanderung von allerhand
Sanden und Schlammen längs den Küſten beſteht. Da die
Richtung der Wellen von der Richtung der Winde abhängt
und die Richtung der Strömungen auch, ſo werden die Wege der
Küſtenverſetzung im Weſentlichen durch die Winde beſtimmt und
ſind naturgemäß um ſo ausgeprägter, je mehr ſich eine
herrſchende Windrichtung geltend macht. So kommt in der
Oſtſee an den deutſchen Küſten eine Verſetzung zu Stande,
welche entgegen der Richtung des Uhrzeigers das Becken um=
kreiſt und von Weſten nach Oſten an den Ufern entlang geht.

Von dem Verhältniß zwiſchen der Kraft dieſer Küſten=
ſtrömungen und der Menge der ihnen von den Flüſſen und der
Meeresbrandung ſelbſt überlieferten Beimengungen hängt es nun
ab, wie ſich die Küſte geſtaltet. Falls ſie ſich gewachſen ſind,
bleibt die Küſte unverändert, indem dann die dem Meere zu=
geführten Sinkſtoffe durch die an der Küſte entlang ſchälenden
Waſſermaſſen wieder fortgeſchafft werden. Ueberwiegt die Kraft der
letzteren, ſo wird ſie nicht ganz zur Forträumung der Sedimente
verbraucht, und der Ueberſchuß in der Regel zu weiteren An=
griffen gegen die Küſte und zu einer Zerſtörung derſelben ver=
wendet; es tritt dann ein Landverluſt ein, der ein Zurück=
weichen der Küſtenlinie zur Folge hat. Werden dagegen die
dem Meere zugeführten Sinkſtoffe ſo reichlich, daß ſie nicht
mehr alle durch die an den Küſten kreiſenden Strömungen be=
ſeitigt werden können, ſo werden ſie ſtellenweiſe zur Ablagerung
gebracht, und es entſteht eine Landzuwachsküſte, durch An=
ſchwemmungen charakteriſirt, welche theils den Flüſſen und theils
den Strecken der Meeresküſte entſtammen, an denen das Land
zurückweicht.

Es liegt in der Natur der Sache, daß dieſe Anſchwem=
mungen ſich dort anſetzen müſſen, wo die Kraft der Küſten=
ſtrömungen aus irgend einem Grunde eine Minderung oder
Hemmung erfährt. Wo Untiefen ſich finden, werden die Wellen

gebrochen und dadurch auch in ihrer Transportkraft gelähmt. Wo das Land in Vorsprüngen in das Meer hinaustritt, liegen im Windschutz dahinter ruhige Stellen, wo die Bewegung des Wassers verschwindet. An solchen Punkten setzen sich die An= schwemmungen an und wachsen von dort in der Richtung der Küstenversetzung zu Landzungen oder Nehrungen aus. Wo Flüsse münden, prallt deren meerwärts bringendes Wasser gegen die landwärts gerichteten Wellen und Fluthströmungen, so daß die Kräfte sich aufheben, und die beiderseits bisher in der Schwebe gehaltenen Beimengungen zum Sinken gelangen. So entstehen die Barren und Bänke der Strommündungen, die dann als Untiefen in derselben Weise wirken, wie soeben geschildert, und durch Ansatz neuer Sinkstoffe die Mündungen ganz oder theilweise sperren. Die Lagunen Pommerns östlich der Oder sind durch eine vollständige, die Haffe Preußens durch eine theilweise Absperrung der dortigen Flüsse entstanden, indem die Mündungsbarren derselben oder Reste älterer Bodenbildungen in der Richtung der Küstenversetzung von West nach Ost bezw. Südwest nach Nordosten wuchsen und den Austritt des Flußwassers immer weiter in dieser Richtung verlegten, wie z. B. auch die durchgängige Ablenkung der unteren Theile der Flüsse Pommerns zeigt. Lagunenküste und Haffküste sind derselbe Typus; jene geht aus dieser durch Ver= sandung der Einfahrt hervor.

Die Nutzung dieser überall verbreiteten Küstenform hängt von dem Grad ihrer Entwickelung ab. Wenn die Absperrung vollendet ist, wie in Pommern, wo nur verhältnißmäßig kurze Strecken von insgesammt etwa 50 km Länge nicht als Lagunen= küste entwickelt sind und wo Bildungen, wie das Wittenberger Moor mit dem Zarnowitzer See an der preußisch=pommerschen Grenze und der große Lebasee als typische Beispiele dienen können, ist die Zugänglichkeit und Benutzbarkeit für den Ver= kehr gleich Null. Wenn noch Eingänge existiren, wie beim Kurischen und Frischen Haff, dem Putziger Wiek, dem Stettiner Haff, dem Greifswalder Bodden, dem Prohner Wiek, dem Grabow und Saaler Bodden südlich von Zingst und Darß und auch dem Kleinen Salzhaff nördlich von Wismar, ist die Nutzung für den Verkehr häufig mit Schwierigkeiten ver= bunden, aber immerhin möglich. Alle diese Bildungen bleiben indessen nur bei steter Aufmerksamkeit und unter nicht un= erheblichem Kostenaufwand nutzbar, weil sie dauernd der Gefahr

einer Versandung ihrer Einfahrt durch ein Fortwachsen der
Nehrungen und eine Versandung ihrer Wasserflächen selbst
durch die von den Nehrungen hineingewehten Sandmassen
ausgesetzt sind.   Die großartige Anlage des Königsberger
Haffkanals ist das beste Beispiel für den Umfang der erforderlichen Bauten, wie sie sich ähnlich bei all den vielen Häfen der
Schwemmlandküste, und nicht allein bei denen des Deutschen
Reiches wiederholen.   Wenn aber die nothwendige Mühe darauf gewandt wird, gewähren sie nicht allein einen guten Zugang vom Meere zu den schon weiter in das Land hinein
vorgeschobenen, an der Innenseite der Haffe gelegenen großen
Handelsplätzen, sondern bieten auch die Möglichkeit für
einen geschützten und daher leichteren Verkehr zwischen
den Flußmündungen selbst, als er über das Meer hin statt-
finden könnte, wie das Kurische und Frische Haff zeigen.
Hierdurch werden die Haffe ein besonderes wichtiges Glied
der deutschen Küstenbildungen, das auch in der Aus-
werthung seiner Fischereieinrichtungen die Möglichkeit bietet,
manche Schwierigkeiten und Kosten, die aus der Erhaltung
seiner Nutzbarkeit für den großen Seeverkehr entstehen, zu
kompensiren.
    Weit nutzbarer ist diese Form der Schwemmlandküsten
schon in der Nordsee, weil die Nehrungen mit ihren Dünen-
ketten hier weder einen vollständigen Abschluß bewirken wie
bei der Lagunenküste, noch einen so weitgehenden und der steten
Gefahr der Versandung ausgesetzten wie bei den Haffen, sondern
durch die größere Höhe der Gezeiten und der davon aus-
gehenden Gezeitenströme, die bisweilen durch Sturmfluthen
ungewöhnlich gesteigert werden, sowie durch die stärkere Kraft
der dort mündenden Flüsse vielfach durchbrochen und zu Insel-
reihen aufgelöst sind.   Diese gewähren der Innenküste einerseits einen nicht unwichtigen Schutz, so daß dieselbe den
Unbilden des offenen Meeres nicht in vollem Maße ausgesetzt
ist, andererseits haben sie so vielfache Durchfahrten und
Einlässe, daß die Zugänglichkeit der Küste einen hohen Grad
erreicht.   Freilich bieten viele der kleineren Durchfahrten wegen
ihrer geringen und häufig wechselnden Wassertiefe nur eine
beschränkte Schiffbarkeit.   Wo jedoch die großen Strommündungen sich in breiten Limanen gegen das Meer hin öffnen,
sind tiefe, für die größten Seeschiffe bequem passirbare Fahrwasser vorhanden.

Die hinter den äußeren Dünenküsten gelegenen Gebiete haben an der Nordsee zwar eine andere, aber nicht weniger nützliche Verwendung als an den Ostseeküsten. Gewähren hier die Lagunen und Haffe ein günstiges Feld für Binnenschifffahrt und Fischerei, so fällt das in der Nordsee fort, weil die seichten Wattenmeere bei Ebbe trocken fallen. Dafür sind an der Nordseeküste im Laufe der Zeiten in dem Neuland, welches im Schutz der Inselketten zur Bildung gelangt, Gebiete gewonnen, welche durch Bodenkultur gute Erträge gewähren.

Dieses Schlammland, Watten genannt, und stellenweise auch mit Sänden überdeckt, ist eine Bildung des ruhigen Meeres in dem Wechsel zwischen Ebbe und Fluth. Zur Ebbezeit, wo jene Gebiete hinter den Inseln trocken liegen oder von den Bächen des Landes überrieselt werden, ziehen sich dort viele Organismen hin, welche absterben, wenn die Fluth danach dieselben Gebiete mit Seewasser überschwemmt. Ihre Schalen bilden den Boden, ihre faulenden Körper düngen ihn. So bildet sich ein einförmiges, ungesundes aber fruchtbares Land, das sich ganz allmählich aus dem Meere erhebt. Keine Steine, keine Quellen, keine Bäume sind dort zu finden. Das Wasser ist schlecht und hat von den verwesenden Körpern der Organismen her einen üblen Geruch. Die Bewohner haben unter Fiebern zu leiden, sind aber dicht angesiedelt und leben in erheblichem Wohlstand. Wo dieses Land noch in Inseln aufgelöst ist und die Kleinheit der einzelnen Theile keinen besonderen Schutz verlohnt, spricht man von den Halligen, wo die Bewohner auf künstlichen Erhebungen, den Wurten, wohnen. Meistens aber ist dieses Neuland zusammenhängend und dann als die weite fruchtbare Marsch durch Deiche geschützt, welche heute fast die ganze innere Nordseeküste Deutschlands mit Ausnahme kleiner Gebiete südlich von Wilhelmshaven und bei Cuxhaven begleiten. Die ersten Deichordnungen stammen bereits aus dem 14. Jahrhundert. Im Laufe der Zeiten ist dann dem Meere ein Gebiet abgerungen worden, welches durch seine Fruchtbarkeit zu den am dichtesten besiedelten Ackerbaudistrikten des Deutschen Reiches gehört. Seine Bevölkerungszahlen sind fast doppelt so groß als in der trockenen, sandigen Geest, welche als höherer Rand des älteren Flachlandes dieses jüngste Neuland begrenzt; sie sind nicht ganz so groß, wie am Kieler Hafen, dem am dichtesten besiedelten Gebiet der Oſtſeeküſten, jedoch im Durchſchnitt gleichmäßiger vertheilt als an dieſen letzteren.

Die dritte und nutzbarſte Form der deutſchen Küſten iſt an der Oſtküſte Schleswig=Holſteins entwickelt und wird nach dieſem Auftreten auch in anderen Erdräumen als der cimbriſche Typus oder als die Föhrdenküſte bezeichnet. Sie iſt durch tiefe, langgezogene Buchten charakteriſirt, in welchen das Meer weit in das Land hineingreift. Solche Buchten finden ſich ſchon in dem däniſchen Theil der jütiſchen Halbinſel, wo ſie als Fjorde bezeichnet werden. Der Liim Fjord, an welchem Aalborg liegt, iſt die nördlichſte, tiefſte und am weiteſten ver= zweigte Bildung dieſer Art. In dem deutſchen Theil der jütiſchen Oſtküſte gehören die Buchten von Hadersleben und Apenrade dazu, der Sund von Alſen, welcher dieſe Inſel vom Feſtlande trennt, ſodann die Flensburger Föhrde, die Schlei, die Eckernförder Bucht, der Kieler Hafen als unſere beſte und nützlichſte Föhrde, ſowie endlich die Lübecker Bucht.

Alle dieſe Föhrden ſind offene Buchten, wodurch ſie ſich weſentlich und vortheilhaft von den Haffen unterſcheiden, und haben doch andererſeits in dem Verlauf ihrer Ufer ſo mannig= fache Vorſprünge und Krümmungen, daß ſie in ihren inneren Theilen der Schifffahrt einen vollkommenen Schutz gewähren. Sie ſind die Fjorde des Flachlandes, wie ſie ja auch in dem däniſchen Jütland als Fjorde bezeichnet werden, und theilen mit den Fjorden vor Allem die Eigenſchaft, daß ſie die beſten Häfen der Welt ſind. Der Entſtehung nach ſind die Föhrden wie die Fjorde als untergetauchte Thäler aufzufaſſen, in denen das Meer bei einer Senkung des Landes in die vorher über dem Meeresſpiegel gebildeten Thalſyſteme tief in das Land hinein= greift und es für die Schifffahrt erſchließt. Durch ihre Breite ſind die Föhrden dem Landverkehr hinderlich, durch die geſchützte Lage ihrer inneren Theile aber für den Küſtenverkehr wie geſchaffen und durch ihre freie Verbindung mit dem Meere die natürlichſten Ausgangspunkte der überſeeiſchen Schifffahrt. Die größten Schiffe können auf ihnen mühelos weite Strecken in das Land eindringen, während die Föhrden andererſeits auch leicht zu vertheidigen ſind, weil die Vorſprünge ihrer Ufer wichtige fortifikatoriſche Stützpunkte bieten. Als Fjorde des Flachlandes haben die Föhrden dazu auch mit dem ſie umgeben= den Land eine leichte Verbindung, während die eigentlichen Fjorde der nordiſchen Felsküſten meiſt von ſteilen Wänden umrandet sind, die den Verkehr mit dem Lande außerordentlich beschränken. Landschaftlich gehören die Föhrden mit ihren dichten Buchen= waldungen, die sich von dem Meeresspiegel auf den sanften Abhängen der Umgebung emporziehen, sicher zu den reizvollsten Gebieten des Reiches und haben deshalb wie durch die Gunst ihrer Verkehrslage und durch die Mannigfaltigkeit der Erwerbs= zweige, die sie ermöglichen, eine Dichtigkeit der Bevölkerung, welche, z. B. am Kieler Hafen, die mittlere Volksdichte des Deutschen Reiches, weit übertrifft.

Die Häfen.

Das bisher Gesagte können wir dahin zusammenfassen, daß das Deutsche Reich über eine ganze Reihe von Häfen verfügt, deren Beschaffenheit an sich eine günstige ist. Nur die Steilküsten machen davon eine Ausnahme. Die Schwemm= landküsten verlangen hier wie bei ihrer großen Verbreitung auch überall sonst eine dauernde Pflege, entsprechen dann aber auch den meisten Anforderungen, die der Verkehr an sie stellt, und ganz besonders im Elb=Golf, wo ein mächtiger Strom das Meer einwärts verlängert und mit der Fluthwelle die größten Schiffe fast 100 km weit durch das Land bis nach Hamburg hinauf trägt, wo sich wichtige Verkehrslinien des Landes kreuzen und auch ein guter Uebergang über das breite Elbe=Thal besteht. Die Föhrdenküsten vermögen auch ohne besondere Pflege jeden Wunsch zu erfüllen. Betrachten wir nun die Beziehungen dieser Küsten zum Lande selbst und zum Meer, so finden wir auch in diesen Momenten der Zugänglichkeit des Reiches eine natürliche Gunst.

Meer und Land.

An die deutschen Meere grenzt das norddeutsche Flachland, welches in seinem westlichsten Theil bei der Ems eine Breite von etwa 180 km, im Osten dagegen bei der Oder eine Breite von gegen 350 km besitzt. Vier verschieden gestaltete Zonen lassen sich darin unterscheiden: Die Seenplatte, das Ur= stromsystem, die Grenzrücken und die Moore. Die Seenplatte umkränzt die Ostsee als ein unregel= mäßig hügeliges Land, schon jenseit der russischen Grenze im Osten beginnend, sich im Bogen in die jütische Halb= insel hineinziehend und über die dänische Grenze in Schles=

wig verlängert. Sie besteht überwiegend aus lehmigem Boden,
der aus den Schuttmassen der Eiszeit gebildet ist und sich
vortrefflich zum Ackerbau eignet. Die unregelmäßig zwischen
den Hügeln vertheilten Tiefen sind mit Wasser erfüllt und
bilden jene Seenkomplexe, deren Gesammtareal in diesem Theile
Deutschlands an 4000 qkm beträgt. Die Höhen der Platte
liegen in Ostpreußen, in Masuren, weiter von der Ostsee-Küste
entfernt und rücken erst in Schleswig-Holstein dicht an dieselbe
heran; dort werden Höhen bis über 300 m, hier noch gegen
180 m erreicht. Kleine Flüsse rinnen in gewundenen Läufen
von See zu See und dann nordwärts oder südwärts, bezw.
in Jütland ost- oder westwärts von der Platte hinab.
In größerem Umfang nutzbar für die Schifffahrt sind alle
diese Plattenflüsse nicht; einige werden zur Flößerei verwendet, mehrere dienen in Verbindung mit den soeben geschilderten Küstenbildungen den Hafenanlagen, meistens sind sie
jedoch nur von rein lokaler Bedeutung. Die Ostsee ist in
ihren deutschen Theilen ganz in diese Seenplatte eingesenkt, und
ihre Küsten sind nur aus den Bildungen derselben geschnitten, wodurch sich ihre Einförmigkeit erklärt. Ohne die großen
Ströme Memel, Weichsel und Oder würde die Ostsee nur mit
diesem Ackerland der Seenplatte, also ausschließlich mit der
einen Art deutschen Flachlandgebietes in Beziehungen stehen.

Den vom Meere abgekehrten Rand der Seenplatte begleitet im Süden und Westen die zweite Zone des norddeutschen
Flachlandes, das große Urstromthal, in welchem sich die alten
Läufe der Weichsel, Oder und Elbe zu verschiedenen Zeiten in
verschiedenen Kanälen bewegten und so ein vielfach veräſteltes
Netz von breiten Stromrinnen schufen. Die aufgelösten Land-
reste, welche diese Aeste trennen, bestehen aus fruchtbarem Lehm
und können noch Höhen von 150 m erreichen. Die Thalzüge
um sie herum sind sandig und mit Waldungen bedeckt. Vielfach
finden sich Brüche und Moore darin und stellenweise auch langgezogene Seen, zu Reihen geordnet. Gutes Ackerland haben diese
Thalzüge nur dort, wo die heutigen Flüsse sie überschwemmt
und mit fruchtbarem Schlick bedeckt haben. Dieses Urstromsystem berührt die Ostsee nicht, sondern streicht an der West-
seite der Seenplatte im Elb—Weser-Golf an der Nordsee aus.
Da es durch seine Beschaffenheit die natürliche große Verkehrs-
ader des Landes für Landstraßen, Bahnen und Kanäle ist,
konvergiren die Verkehrslinien des Flachlandes und

damit auch weit darüber hinaus gegen die Nordsee hin und enden am Elb—Weser-Golf. Darin liegt die wirthschaftsgeographische Bedeutung des Urstromthales. Die Ostsee ist von diesem System der bedeutendsten Verkehrslinien durch die Seenplatte abgetrennt und mit ihm auf natürlichen Wegen nur durch die Durchbruchsthäler der Memel, Weichsel und Oder verbunden. An einer auch für den Uebergang von Norden nach Süden besonders günstigen Stelle des Thales liegt Berlin, wo sich infolgedessen die Verkehrslinien des Kontinents schneiden. Der natürliche Weg zur See führt von Berlin dem Thale abwärts folgend über Hamburg zum Elb-Golf.

Die dritte Zone des norddeutschen Flachlandes, die sogenannten Grenzrücken, begleiten das Urstromsystem im Süden und Westen und begrenzen es, wodurch sie ihren Namen empfangen, gegen die deutschen Mittelgebirge bis auf zwei Stellen, wo Flachlandgolfe in den Thälern der Oder, der schwarzen Elster und der Saale diese Rücken durchschneiden und noch eine Strecke weit nach Süden weiter ziehen. Die Grenzrücken beginnen östlich der Oder auf den Ausläufern des kohlenreichen oberschlesisch-polnischen Hügellandes, setzen über das Katzengebirge bei Trebnitz und Glogau, den Rückenberg bei Sorau, das Niederlausitzer Hügelland zum Fläming im Elbbogen fort, bilden die Hellberge bei Gardelegen in der Altmark, die Wilseder Berge in der Lüneburger Haide und enden bei Curhaven an einer der beiden Uferstellen der Nordsee, wo sie als sandige Geest bis ans Meer herantreten und wo das Ufer deshalb keines Schutzes durch Deiche bedarf. Die ganze Zone dieser Grenzrücken ist auch noch von den Bildungen der Eiszeit bedeckt, doch von deren feineren Ausschlemmungen. Sie ist sandig und unfruchtbar, durch ihren Mangel an Mergelbildungen und an Wasser im Gegensatz zu der Seenplatte charakterisirt. Stellenweise treten hierin schon Anlagen von Mineralproduktion auf. Die Flüsse sind in ihrem Lauf durch die Grenzrücken wenig beeinflußt, da sie dieselben, von den Mittelgebirgen kommend, durchbrechen, um erst den im Urstromsystem früher und heute gegebenen Richtungen zu folgen. Mit der Ostsee hat das System der Grenzrücken nichts zu thun; gegen die Nordsee streicht es aus und giebt bei Curhaven dem Elb-Golf eine feste südwestliche Grenze bei seiner Oeffnung zum Meer.

Auch die vierte Form des norddeutschen Flachlandes, die Moore, ist, wie die beiden letztgenannten, nur der Nordsee eigen-

thümlich, welche mithin alle vier Zonen erschließt, während die
Ostsee ausschließlich in die erste Zone, die Seenplatte, ein=
gelagert ist.   Die Moore schieben sich in den Gebieten der
Weser und Ems zwischen die Mittelgebirge und die Grenzrücken
ein, während diese beiden Bildungen östlich der Elbe, von den
drei genannten Flachlandgolfen abgesehen, unmittelbar aneinander=
liegen.   In den Mooren tritt so im Westen des Reiches eine
neue Form des Bodens mit dem Meer in Berührung, welche
durch die Kulturen des Ems=Gebietes eine hohe Wichtigkeit
erlangt hat.

Verbindung von Meer und Binnenland.

Doch die Beziehungen des Meeres zum Lande bleiben nicht
auf die Formen des Flachlandes in der soeben geschilderten
Weise beschränkt.   Die heutige Entwickelung der großen Ströme
sorgt dafür, daß nicht allein die Ostsee vermittelst der Durch=
brüche von Memel, Weichsel und Oder durch die Seenplatte
auch mit den anderen Formen des Flachlandes, die gegen die
Nordsee ganz und natürlich geöffnet sind, in einige Verbindung
treten kann, sondern auch für eine Wasserverbindung beider
Meere durch die Ackerbaudistrikte des Flachlandes hindurch mit den
deutschen Mittelgebirgen, wo Bergbaubetriebe und Industrien
gedeihen.   Denn die Ströme entstehen in den Mittelgebirgen
und erreichen die Meere, nachdem sie sämmtliche Zonen des
Flachlandes ohne Rücksicht auf deren Formen durchquert haben.
Die verschiedenartigsten Kulturbezirke werden von ihrem Laufe
berührt und zu einander in Beziehung gesetzt.   Die Elbe
öffnet zur Nordsee außerdem auch das südlich der Mittelgebirge
gelegene böhmische Becken, und der Rhein erschließt außer den
dortigen Mittelgebirgen und der dem böhmischen Becken ent=
sprechenden reichen Ebene des Mittelrheins einen Theil des
Alpen=Gebiets.   Wiederum ist also auch hierbei die Nordsee in
ihren Beziehungen zum Lande vor der Ostsee bevorzugt.   Wenn
sie durch ihre Küsten selbst die vier Zonen des Flachlandes
und damit sowohl die verschiedenen Kulturformen erschloß, welche
in diesen heimisch sind, als auch die ganzen Verkehrslinien,
welche dem Tiefenzuge des Urstromthals von Osten her folgen,
so öffnet sie durch ihre Ströme die industriellen Gebiete der
Mittelgebirge und noch die reichen Becken südlich davon bis zu
dem Hochgebirge hinauf, während die Ostsee mit ihren Küsten

selbst ausschließlich die Ackerbauzone des Flachlandes, die Seenplatte, berührt und mit ihren Strömen nur bis zu den Mittelgebirgen hinaufgeht. Andere Küsten, wie beispiels= weise die russischen, mögen ein größeres Hinterland haben und dasselbe durch ihre Beziehungen dazu wie durch den eigenen Charakter auch in gleicher Weise auswerthen können; ein mannigfaltigeres und nutzbareres haben sie zweifellos nicht. Gerade die Ver= schiedenartigkeit der Kulturformen, welche die deutschen Ströme bei ihrem Lauf durch die einzelnen Zonen des Landes berühren und nach den Meeren erschließen, ist es, welche den Werth der maritimen Lage bedingt.

Nordsee und Ostsee.

Entschieden ist es ferner auch eine natürliche Gunst in der geographischen Lage des Reiches zur See, daß gerade das in seinen Beziehungen zum Lande weit bevorzugte Meer, die Nordsee, auch die glücklichere Lage zum Ozean besitzt und da= mit die bessere Zugänglichkeit zu den Meeren in ihrer Ge= sammtheit bietet. Die Nordsee, von den Engländern das deutsche Meer genannt, vermittelt den Weltverkehr des Reiches; durch die kleinere Ausdehnung deutschen und überhaupt kultivirten Hinterlandes, wie durch die geringere Entwickelung der vom Lande dorthin führenden Verkehrslinien und durch das Klima ist die Ostsee ungünstiger gestellt, wenn auch der Kaiser Wilhelm= Kanal ihre Beziehungen erweitert hat. An der Ostsee vermochte Lübeck seine dominirende Stellung zu entwickeln, solange es die Erschließung der Ostseeküsten galt, da es, nahe der südlichsten Föhrde gelegen, für die von Westen her vordringende Kultur der gegebene Ausgangspunkt war. Lübeck hat daher im 14. Jahr= hundert an 90 000 Einwohner gehabt, eine Zahl, die es heute nicht erreicht. Mit der Entdeckung Amerikas und der Ent= wickelung des transozeanischen Verkehrs ging seine Bedeutung naturgemäß an Hamburg über, weil die Ostsee in diesem Verkehr ihrer Lage wegen mit der Nordsee nicht zu konkurriren vermochte, weil die Länder des Ostens damals bereits auch selbst zu erstarken begannen und weil der Hafen Lübecks für die größeren Dimensionen der transatlantischen Schiffe zu klein war. Für die Schiffe des Ostseehandels hatten die Räume genügt.

Hamburg als natürlicher Haupthafen des Kontinents.

In Hamburg sind alle Vortheile vereinigt, die bei den anderen Häfen des Reiches nicht in dem Umfange vorkommen. Auf einer gegen die Nordsee weit geöffneten Mündung trägt der mächtige Strom mit der Fluth große Seeschiffe bis Hamburg hinauf; kein Hinderniß ist hier dem transozeanischen Verkehr bereitet. Für· die Flußschifffahrt öffnet die .Elbe dort das Land bis nach Böhmen hinein. Das Urstromthal, schon von der Weichsel her durch Kanäle und Bahnen erschlossen, richtet den Verkehr des Ostens zur Elbe-Mündung hin. Eine Einengung des breiten Elbe-Thals durch Geeststreifen, die sich erst wieder 40 km oberhalb Hamburgs bei Artlenburg und unterhalb gar nicht mehr in ähnlicher Weise nähern, ermöglicht dort einen leichteren Uebergang über die feuchten Elbmarschen und auf dem trockenen Sandboden der Geest für die erste Siedelung auch einen trefflichen Baugrund. Die Verzweigungen der Elbe, die dort mündende Bille und die seenartig erweiterte Alster ermöglichen in dem Stadtbereich einen nutzbaren Binnenverkehr. So sind bei Hamburg die Vortheile der natürlichen Lage in ihrer Zugänglichkeit an sich, wie in ihren Beziehungen zum Lande und zum Meere gehäuft. Die ersten Anfänge Hamburgs lagen nicht an der Elbe, sondern etwas weiter ab auf den trockenen Höhen der Geest, von wo aus sich auf weite Strecken hin der beste, wenn auch lange Zeit noch ein schwieriger Uebergang über die sumpfigen Marschen herstellen ließ. Dann aber rückte die Siedelung allmählich an die Elbe heran und schöpfte aus dem mächtigen Strom und der Fülle seiner Beziehungen zum Land und zum Meer die mit dem staatlichen Aufschwung des Reiches stetig wachsende Kraft, sich zum ersten Hafen des Kontinents zu entwickeln.

Die anderen Häfen.

Nicht soll auf die Häfen des Reiches hier im Einzelnen eingegangen werden, wenn sich auch für die Entwickelung von Bremen und Emden, von Königsberg, Danzig, Stettin und namentlich Kiel sowie von den vielen kleineren deutschen Häfen der Nord- und der Ostsee manche geographische Beziehungen anführen ließen, welche für den Aufschwung derselben von wesentlicher Bedeutung waren. In der Regel finden wir die ersten Siedelungen an den betreffenden Stellen fast ausschließlich durch geographische Momente bedingt; für die weitere Entwickelung kommen dann historische und ökonomische Beziehungen hinzu, also solche, die in der Entwickelung des Hinterlandes und in der Möglichkeit seiner Küstennutzung liegen. Wo diese Möglichkeit gegeben ist, ist es die Zugänglichkeit in dem oben definirten weitesten Sinne, welche den Aufschwung bedingt, wie die Beispiele von Lübeck und Hamburg zeigen. Der Aufschwung beider und dann auch der Rückgang Lübecks ist eben dadurch entstanden, daß die Zugänglichkeit zwischen dem Lande und dem Meere eine günstige bezw. ungünstige war und einen für die betreffende Zeit nutzbringenden Verkehr herbeiführen konnte bezw. erschwerte.

Deutschland liegt günstig zum Meer- und Seeverkehr.

Betrachten wir endlich die Küstenentwickelung und Länge des Deutschen Reiches, deren direkten Einfluß auf die Gunst der maritimen Lage wir eingangs dieser Ausführungen einschränken mußten, da z. B. die höchstentwickelten Küsten der Fjordländer nur einen sehr beschränkten Nutzen gewähren, weil ihnen die Beziehungen zum Lande fehlen, so kommen diese Momente beim Deutschen Reiche doch insofern wesentlich in Betracht, als sie eine weitgehende Berührung der Bevölkerung mit dem Meere bewirken. Die großen Haffe, Bodden, Wieke und Lagunen der Ostsee gewähren durch ihren Fischreichthum den Anwohnern Arbeit und Nahrung; wie die Föhrden entwickeln sie auch einen lebhaften Binnenverkehr und damit eine ständige Nutzung der See und die Erziehung dazu, was sich an den großen Strömen in das Land hinein fortsetzt und an den zahllosen Seen der Platte zu fernerer Geltung kommt. Vor Allem sind es aber die Marschen und Halligen der Nordseeküsten, welche in den Bewohnern durch steten Kampf mit dem Meere eine ungewöhnliche Vertrautheit in dessen Behandlung erzeugen, sowie auch die Moorkulturen des Ems- und Weser-Gebiets, welche noch weit im Innern des Landes auf das Meer hinweisen und an dessen Nutzung gewöhnen. Was den deutschen Küsten an Entwickelung abgehen mag, wenn man sie etwa mit den tief zersplitterten Küsten Norwegens oder Schottlands vergleicht, das ersetzen sie durch diese Bildungen von Neuland und von Binnengewässern, die dem Meere ihren Ursprung verdanken. Die Pflege derselben greift wichtiger und weittragender in das Leben der Bevölkerung ein, als es Fjorde und Sunde zu thun vermögen, da Haffe und Marschen ein Zwischenglied zwischen Meer und Land sind, welches unmittelbar die gleichzeitige Nutzung beider Elemente verlangt. Dadurch steht ein großer und kräftiger Theil der Bevölkerung mit dem Meere in engster Verbindung. Noch weit von den Küsten entfernt, wird der Sinn der Bewohner zum Meere gelenkt; sieben große Wasserstraßen führen zur Nord- und Ostsee und damit in die Bahnen, zu welchen die innere Entwickelung des Reiches drängt und welche die Gunst der maritimen Lage ermöglicht.

Steigende Vortheile der maritimen Lage Deutschlands.

Oefter pflegt auf die Gunst der maritimen Lage Englands gegenüber der des deutschen Reiches hingewiesen zu werden. Gewiß ist die Zugänglichkeit der britischen Inseln durch ihre Küstenformen an sich wie durch ihre Beziehungen zum Meere sehr vortheilhaft. Ein hochentwickeltes Land, an den verschiedenartigsten Kulturformen reich, findet dort in Häfen von großer natürlicher Gunst unbehinderten Zugang zu den Meeren der Welt für alle Aufgaben, die ihm gestellt sind. Seitdem aber unsere Küsten ein mächtiges politisch und wirthschaftlich geeintes Deutschland begrenzen, seit das Deutsche Reich wesentlich durch die Entwickelung der industriellen Erwerbszweige in gewaltigem wirthschaftlichen Aufschwunge sich befindet und mit der Entwickelung seiner Verkehrswege den werthvollen Häfen seiner Küste ein großes Hinterland erschlossen hat, seit die Technik die Schifffahrt wesentlich erleichtert hat, seitdem hat die in Bezug auf das Weltmeer gegenüber England bestehende Beschränkung der geographischen Lage Deutschlands wesentlich an Bedeutung verloren. Ein Stapelplatz fremdländischer Rohprodukte für den fremdländischen Bedarf war Deutschland nur in beschränktem Umfange. Für die Vertheilung derselben eigneten sich früher die britischen Inseln besser, zumal ihre entwickelte Industrie auch lange Zeit die Hauptverwerthung vollzog. Seit diese jedoch in immer steigendem Umfang in Deutschland und

seinen Nachbar- und Hinterländern selbst erfolgt,
seit die immer mehr erschlossenen inneren Hülfs-
quellen des Reiches ihr ein eigenes, weithin anerkanntes Gepräge verliehen haben, treten die
günstigen Aussichten Deutschlands auf Gewinnung
einer mächtigen Stellung im Welthandelsverkehr
immer mehr hervor. Innere Zustände sind hier,
wie überall sonst, die nothwendige Vorbedingung,
um die Gunst der maritimen Lage auszunutzen.

Grundlagen des gewerblichen Aufschwunges in Deutschland.

Bedeutung der Gewerbezählung von 1895.

Die Thatsache, daß im Laufe der beiden letzten Jahrzehnte das gewerbliche Leben Deutschlands einen gewaltigen Aufschwung erfahren hat, ist augenscheinlich. Aber wie groß dieser Aufschwung gewesen ist, in welchen Richtungen er vorwiegend stattgefunden hat, welche Kreise daran theilgenommen und Nutzen davon gehabt haben, diese und ähnliche Fragen können nur von der Statistik beantwortet werden. Die wichtigsten Quellen für die Erkenntniß der Veränderungen im gewerblichen Leben Deutschlands sind die beiden gewerblichen Betriebszählungen vom 5. Juni 1882 und vom 14. Juni 1895. Die Ergebnisse letzterer Zählung finden sich dargestellt und mit denen der 1882er Zählung verglichen in dem vom Kaiserlichen Statistischen Amte herausgegebenen Werke „Gewerbe und Handel im Deutschen Reich" (Berlin 1899). Nachstehend ist die Entwickelung seit 1882 in den Hauptzügen geschildert und im Anschluß daran die Frage untersucht, auf welchen Grundlagen, insbesondere nach der Seite des Absatz- und des Rohstoffmarktes, diese Entwickelung beruht.

Entwickelung der Betriebe.

Die Zahl der Gewerbebetriebe im Deutschen Reich hat sich von 3 609 801 im Jahre 1882 auf 3 658 088 im Jahre 1895, also um 1,3 pCt., vermehrt. Diese geringe Zunahme scheint mit dem angenommenen gewerblichen Aufschwung in Widerspruch zu stehen. Der Widerspruch löst sich aber auf, wenn man erfährt, daß die Zahl der in den Gewerbebetrieben beschäftigten Personen sich von 7 340 789 auf 10 269 269, also um 39,9 pCt., erhöht hat, während die Bevölkerungszunahme in demselben Zeitraume nur 14,5 pCt. betrug. Es hat sich eben die durchschnittliche Zahl der in einem Betrieb beschäftigten Personen von 2,4 auf 3,3 erhöht. Deutlicher wird diese Tendenz der Entwickelung, wenn man die Betriebe, in denen bis zu 5 Personen thätig sind, als Kleinbetriebe, die mit 6 bis

50 Personen als Mittelbetriebe und die mit über 50 Personen als Großbetriebe zusammenfaßt. Dann haben die Kleinbetriebe von 1882 zu 1895 um 1,8 pCt., die Mittelbetriebe um 69,7 pCt., die Großbetriebe aber um 90,0 pCt. zugenommen, und das Personal der Kleinbetriebe hat sich um 10,0 pCt., das der Mittelbetriebe um 76,3 und das der Großbetriebe um 88,7 pCt. vermehrt. Diese Zahlen, die noch deutlicher sprechen würden, wenn man von Gärtnerei, Thierzucht, Handel und Verkehr absieht und nur die eigentliche Industrie ins Auge faßt, beweisen eine Tendenz starker Vergrößerung der Betriebe und damit, worauf hier besonderes Gewicht gelegt werden soll, eines Wachsthums der Leistungsfähigkeit des Gewerbes, das noch viel stärker ist als die Zunahme der Personenzahl. Denn es ist klar, daß dieselbe Zahl von Personen, wenn sie in einer großen Zahl kleiner Betriebe arbeitet, ein geringeres Produkt erzeugt, als wenn sie in einem Großbetrieb vereinigt ist, in dem die arbeitsparenden Wirkungen der Arbeitstheilung und der Maschinentechnik in weit höherem Maße zur Geltung kommen. In der That haben sich die Betriebe, welche mit mechanischer Kraft (Dampf, Wasser 2c.) arbeiten, von 1882 zu 1895 um 24 pCt. und die Zahl der Dampfkessel hat sich von 1879 zu 1899 gar um 132 pCt. vermehrt.

Betriebe und Produktion.

Deutlich geht ferner die gewaltige Steigerung der Produktion aus der Steigerung des Verbrauchs von Kohle und Eisen, welche die amtliche Bearbeitung der Gewerbestatistik als „die Muskeln und Knochen des gewerblichen Organismus" bezeichnet, hervor. Es stieg der Verbrauch von Kohle im deutschen Zollgebiet von 1390 kg pro Kopf der Bevölkerung im Jahre 1882 auf 2028 kg im Jahre 1895 und 2353 kg im Jahre 1898, d. h. von 1882 zu 1895 um 45,9 pCt. und von 1882 zu 1898 um 69,3 pCt. Bedenkt man, daß die moderne Technik die Kohle weit rationeller ausnutzt, so ist klar, daß die aus der Kohle gewonnene Kraft sich noch stärker vermehrt hat.

Der Verbrauch von Roheisen im deutschen Zollgebiet stieg von 75,4 kg pro Kopf im Jahre 1882 auf 104,1 kg im Jahre 1895 und 136,5 kg im Jahre 1898, also von 1882 zu 1895 um 38,1 pCt. und von 1882 zu 1898 um 81,0 pCt.

Aber nicht nur indirekt läßt sich eine große Steigerung der gewerblichen Produktion nachweisen, sondern für einige Gewerbszweige wenigstens, über die wir eine Produktions= statistik haben, auch direkt. Es sind die folgenden:

	Personen		Produktions= menge		Zu=, Abnahme(—) der	
					Per= sonen	Produk= tions= menge
	1895	1882	1895	1882	in %	
			1000 t			
Bergwerke auf Erze, ausgen. Eisenerze .	48 258	49 142	1 778	1 708	—1,8	4,1
Eisenerzbergwerke . .	20 670	29 961	12 350	8 263	—31,0	49,5
Silber=, Blei=, Kupfer=, Arsenikhütten . . .	24 564	17 044	859	534	44,1	60,9
Salzbergwerke	7 370	3 876	2 209	1 524	90,1	44,9
Salinen	3 668	3 659	858	739	0,2	16,9
Steinkohlenbergwerke	258 380	173 883	79 169	52 119	48,6	51,1
Braunkohlenbergw. } Brikettfabriken }	32 640	24 781	24 788	13 260	31,7	86,9
Rübenzuckerfabrikation	95 162	67 288	1 767	600	41,4	194,6
			1000 hl			
Brauerei	97 682	68 234	55 250	39 036	43,2	41,5

Bei der Mehrzahl dieser Industrien sind die Produktions= mengen bedeutend stärker gewachsen als die Zahl der Personen. Und wo dies nicht der Fall ist, spielen vermuthlich statistische Fehler mit.

Nutzen für die breiten Massen.

Wem ist nun diese gesteigerte Produktion zu Gute gekommen? Es ist eine beliebte Behauptung, besonders auf sozialistischer Seite, daß einen Vortheil von dieser Ent= wickelung eigentlich nur die wenigen Unternehmer auf der einen Seite, das Ausland auf der anderen Seite haben, das Ausland insofern, als es mit billigen deutschen Waaren über= schwemmt werde, während die inländische Bevölkerungsmasse, insbesondere die Arbeiterschaft, von dem Ueberfluß der Pro= duktion keinen Vortheil habe, da sie nicht kaufkräftig genug sei. Daß diese Anschauung auf gänzlich irrigen Voraussetzungen beruht, haben auf Grund von Zahlenzusammenstellungen des statistischen Reichsamts kürzlich Werner Sombart*) und Ernst v. Halle**) nachgewiesen. Jene Zusammenstellungen

---

*) In der sozialen Praxis vom 16. März und 4. Mai 1899.
**) In den Preußischen Jahrbüchern, Januar 1899.

vergleichen die Vermehrung der gewerbthätigen Personen von 1882 zu 1895 mit der Steigerung der deutschen Waarenaus=fuhr im gleichen Zeitraum. Es ergiebt sich dabei, daß die Zahl der gewerbthätigen Personen um 39,9 pCt., die Ausfuhr aber der Menge nach um 38,4 pCt., dem Werthe nach gar nur um 4,4 pCt. gewachsen ist. Ins Ausland kann also die Mehr=produktion nur zum Theil geflossen sein. Dies wird besonders deutlich, wenn man die Personenzahlen und die Ausfuhrzahlen einzelner Industrien miteinander vergleicht. Bei einer ganzen Reihe von den Industrien, für die ein solcher Vergleich über=haupt möglich ist, hat in dem Zeitraum von 1882 zu 1895 die Ausfuhr eine schwächere Zunahme erfahren als die Zahl der gewerbthätigen Personen. Dies sei hier nur für einige größere Gruppen mitgetheilt:

		Vermehrung in pCt. der	
	Personen	Ausfuhr=mengen	Ausfuhr=werthe
Gärtnerei	+ 80,4	+ 58,1	+ 47,2
Bergbau und Hüttenwesen	+ 35,2	+ 52,8	+ 70,0
Industrie der Steine und Erden . .	+ 63,2	+ 87,9	+ 51,9
Metallverarbeitung	+ 67,9	+182,3	+ 90,0
Maschinenindustrie	+ 35,6	+ 3,6	+ 22,8
Chemische Industrie	+ 60,5	+ 38,2	+ 31,1
Industrie der Leuchtstoffe 2c. . . .	— 12,0	+ 13,9	— 26,4
Textilindustrie	+ 9,1	+ 20,6	— 6,3
Papierindustrie	+ 49,1	+103,6	+ 54,3
Lederindustrie	+ 26,5	+ 12,1	— 5,8
Holzindustrie	+ 35,8	— 54,7	— 32,3
Nahrungsmittelindustrie	+ 36,7	+ 57,7	— 10,4
Bekleidungs= und Reinigungszwecke .	+ 16,3	+ 96,8	+ 3,8
Polygraphische Gewerbe	+ 85,7	+ 62,1	+133,2

Bei manchen Industrien hat sogar bei Zunahme der ge=werbthätigen Personen die Ausfuhr abgenommen, z. B. bei folgenden: Braunkohlen = Bergwerke und Brikettfabriken, Fabrikation von Dampfmaschinen und Lokomotiven, Baum=wollspinnerei, Vigognespinnerei, Sattlerei, Holzzurichtung und Konservirung, Verfertigung von groben Holzwaaren, Tischlerei und Parkettfabrikation, Schirmfabrikation.

Es muß also — der Schluß ist zwingend — der Bedarf nach Erzeugnissen dieser Gewerbszweige im Inlande außer=ordentlich gewachsen sein und auch für die gesammte Industrie der innere Markt sich stärker vergrößert haben als der äußere. Die Zunahme des Verbrauchs im

Innern ist um so höher zu veranschlagen, als derselbe auch eine gesteigerte Einfuhr aufgenommen hat.

Als bezeichnendstes Beispiel für die Richtung, in welcher diese Zunahme des Verbrauchs stattgefunden hat, sei hier die Uhrmacherei hervorgehoben.

Während die Zahl der in der Uhrmacherei thätigen Personen um 26 208 oder 27,4 pCt., und die Zahl der Großbetriebe gar um 121,7 pCt. zugenommen hat, ist die Ausfuhr nur um 121 000 Mk. oder 1,3 pCt. gestiegen. Im gleichen Zeitraum hat dagegen die Einfuhr von Uhren um 8 765 000 Mark oder um 8,0 pCt. zugenommen. Und während noch 1882 die Uhreneinfuhr die Uhrenausfuhr nur um 1 934 000 Mk. überwog, zeigt sich 1895 eine Mehreinfuhr von 10 768 000 Mark, die Mehreinfuhr ist also um 456,7 pCt. gestiegen. Und dies bei einer gleichzeitigen Steigerung der deutschen Uhrenproduktion um vielleicht 50 pCt., während die Bevölkerungszunahme, wie schon erwähnt, nur 14,5 pCt. beträgt. Diese Entwickelung ist aber besonders charakteristisch: Vor vielleicht 50 Jahren waren Uhren für die minder bemittelten Klassen ein durchaus entbehrliches oder doch vielfach entbehrtes Luxusgut. Heute dagegen gehören sie in denselben Volksschichten zu den als unentbehrlich angesehenen Gegenständen, eine Anschauung, die sich z. B. auch die Anerkennung der Rechtsprechung errungen hat, insofern Uhren zu den unpfändbaren Haushaltsstücken gerechnet werden.

Aehnliches ließe sich bezüglich mancher anderer Industrien, z. B. der Sattlerei, Schirmfabrikation und anderer Zweige der Holzindustrie, nachweisen.

Die Steigerung des Verbrauchs ist eine auch sonst nachweisbare Thatsache. Es sei hier nur daran erinnert, daß der Verbrauch von Zucker von 7,7 kg pro Kopf der Bevölkerung im Jahre 1886/87 auf 12,4 kg im Jahre 1898/99, der von Bier von 84,9 Liter pro Kopf in 1881/82 auf 106,9 Liter in 1894/95, der von Kartoffeln von 339,9 kg pro Kopf im Jahresdurchschnitt 1879/84 auf 443,0 kg pro Kopf im Jahre 1894/95 gestiegen ist. (Siehe den Aufsatz „Volkseinkommen und Konsum".)

Das Gesagte läßt sich in zwei Sätzen zusammenfassen: In den letzten zwei Jahrzehnten hat die gewerbliche Produktion Deutschlands eine außerordentliche Steigerung erfahren. Diese Steigerung beruht aber weniger auf einer Steigerung der Ausfuhr als auf der wachsenden Bedeutung des inländischen Marktes, d. h. auf dem steigenden Wohlstande des deutschen Volkes.

Bedeutung des Außenhandels.

Damit soll natürlich nicht gesagt sein, daß die Ausfuhr für die deutsche Industrie ein unwichtiger oder gar ein zu vernachlässigender Faktor sei, vielmehr wird die Nothwendigkeit ihrer größtmöglichen Förderung noch hervorgehoben werden. Zu bekämpfen waren nur die Ansichten, als werde die Ausfuhr von der Industrie erhaftet und erjagt auf Kosten des inneren Marktes, oder als sei das — wenigstens bis in die letzten Jahre — langsamere Wachsthum der Ausfuhr gegenüber der Einfuhr der Anfang vom Ende der deutschen Industrie.

Hiermit aber ist ein bisher nicht berührter Punkt zu erörtern: Wie ist der Aufschwung der gewerblichen Thätigkeit mit der steigenden Waareneinfuhr vereinbar gewesen und in Zukunft vereinbar? Diese Fragestellung geht von der landläufigen Anschauung aus, als sei eine starke Einfuhr ohne Weiteres ein Schaden für die heimische Produktion. Diese der Einfuhr mißgünstige Anschauung ist aber ebenso irrig wie die oben gekennzeichneten Ansichten, welche die Bedeutung der Ausfuhr über das richtige Maß erheben.

Einfuhr und Industrie.

Die Einfuhr kann überhaupt nicht aus einem einheitlichen Gesichtspunkte beurtheilt werden, setzt sich vielmehr, wie in der „Denkschrift über die Steigerung der deutschen Seeinteressen 1896 bis 1898" gezeigt ist, aus Bestandtheilen ganz verschiedenen Charakters zusammen. Als Konkurrenz für die heimische Produktion ziemlich außer Betracht bleiben zunächst diejenigen Einfuhrwaaren, die in Deutschland überhaupt nicht erzeugt werden.*) Sie betrugen 1898 über 25 pCt. Es sind dies zum Theil Genußmittel, wie Kaffee, Thee, Gewürz, Südfrüchte 2c., zum größeren Theil aber Rohstoffe, welche großen heimischen Industrien als Unterlage dienen, vor Allem

---

*) Zu denen man unbedenklich auch fremde Bücher und Gemälde rechnen kann.

Baumwolle, Rohseide, Jute, ferner Kautschuk und Guttapercha, Palmkerne, Kopra, Kakaobohnen 2c.

Ein anderer Theil der Einfuhr besteht aus Rohstoffen für die Industrie, die das Inland nicht in genügendem Maße erzeugt, z. B. Erze, Roheisen, Tabakblätter, Schafwolle, Garne, ein anderer aus gewissen Hülfsstoffen und Werkzeugen für Industrie und Landwirthschaft. Hierher gehören Kohlen, industrielle und landwirthschaftliche Maschinen, Chilisalpeter, Guano, Indigo, Quebrachoholz 2c. Sind auch unter den genannten Gegenständen viele, die im Wettbewerb mit heimischen Erzeugnissen eingeführt werden, so bilden sie andererseits doch Elemente einer heimischen Produktion, die ohne sie gar nicht oder doch nur in geringerem Umfange bestehen könnte. Eine steigende Einfuhr dieser Gegenstände ist also von diesem Gesichtspunkte aus nur erwünscht.

Die Bedeutung des Zusammenhangs zwischen dieser Einfuhr und Produktion möge wieder an einigen Beispielen klargelegt werden. Die Baumwollenindustrie beschäftigte 1895: 254 546 Personen, die Juteindustrie 14 484, die Seidenindustrie 69 801, die Gummiwaarenindustrie 12 514, die Kakao- und Chokoladefabrikation 8747 Personen, zusammen 360 000 Personen, die beim Aufhören der Einfuhr ihrer Rohstoffe bis auf den letzten Mann unbeschäftigt sein würden. Mit welchen Folgen aber eine Vermehrung der Einfuhr in diesen Industrien begleitet ist, sei hier für die Kakao- und Chokoladenfabrikation zahlenmäßig belegt. Die Einfuhr von Kakaobohnen betrug im Durchschnitt der Jahre 1881/85 2806 Tonnen, im Durchschnitt der Jahre 1891/95 dagegen 8148 Tonnen, stieg also in diesem Zeitraum um 5342 Tonnen oder 190,4 pCt. Die Zahl der in der Kakao- und Chokoladenindustrie beschäftigten Personen stieg dagegen von 1882 zu 1895 von 2920 auf 8747, also um 5827 oder 199,6 pCt. Die Vermehrung der Beschäftigung vollzog sich also genau im Verhältniß zur Steigerung der Einfuhr.*) Ganz ähnlich in der Juteindustrie. Hier stieg die Einfuhrmenge von 29 873 Tonnen in 1881/85 auf 79 375 Tonnen in 1891/95, also um 166,8 pCt. Das Personal der Jutespinnerei vermehrte sich dagegen in der Zeit von 1882 zu 1895 um 5814 Gewerbthätige oder um 165,6 pCt., das der Juteweberei

---

*) 1898 betrug die Einfuhr bereits 15 860 Tonnen.

um 3789 Gewerbthätige, d. h. 184,8 pCt. In der Baumwollen-
industrie hat sich die Zahl der Personen nicht so stark vermehrt
als die Einfuhr roher Baumwolle, denn während Letztere sich
von 1881/85 bis 1891/95 um 65,7 pCt. erhöht hat, hat
sich das Personal der Baumwollenspinnerei um 13 667 oder
22,4 pCt., das der Baumwollenweberei um 21 530 oder 17,1 pCt.
und das der Baumwollenfärberei ꝛc. um 9273 oder 39,7 pCt.
vermehrt. Hier haben große organisatorische und technische
Verbesserungen eine bedeutende, arbeitsparende Wirkung aus-
geübt.

Aber auch in Industrien, die nur einen Theil ihrer Rohstoffe einführen, hat die Steigerung der Einfuhr eine Erhöhung
der gewerblichen Thätigkeit herbeigeführt. Dies ist z. B. recht
deutlich erkennbar bei der Tabakindustrie, für die wir eine
genaue Produktionsstatistik haben.

Im Durchschnitt der Jahre 1880/81 bis 1882/83 betrug
die Erzeugung von Rohtabak im Zollgebiet 40663, im
Durchschnitt der Jahre 1893/94 bis 1895/96 etwas weniger,
nämlich 31 719 Tonnen. Dafür stieg im gleichen Zeitraum
die Einfuhr von 22 980 Tonnen auf 52 364 Tonnen. Nach
Abzug der unbedeutenden Ausfuhr verblieben also zur Verarbeitung im ersten Jahresdurchschnitt 61 467, im zweiten
83 478 Tonnen, d. h. die Rohstoffmenge stieg von dem einen
Abschnitt zum anderen um 35,8 pCt. In der Zeit von 1882
zu 1895 vermehrte sich aber das Personal der Tabakindustrie
um 39 684 Gewerbthätige, d. h. um 35,0 pCt., eine Vermehrung, die also lediglich dem Steigen der Einfuhr zu
danken war. Aehnliche Beispiele ließen sich mehr geben.

So hängen von einem bedeutenden Theile der Einfuhr
die Lebensbedingungen eines großen Theiles der Bevölkerung ab,
und sofern auch der hier nicht besprochene Rest der Einfuhr,
der hauptsächlich aus agrarischen Produkten, die in Wettbewerb mit der heimischen Landwirthschaft und daneben noch aus
Fabrikaten, die in Wettbewerb mit der heimischen Industrie eingeführt werden, besteht, zu gewissen wirtschaftspolitischen Bedenken
Anlaß geben mag, so unentbehrlich und schutzbedürftig ist jene
besprochene Einfuhr von Rohstoffen und Hülfsstoffen.

Die Nothwendigkeit, die wichtigen Einfuhren zu bezahlen,
ist nun aber einer der Gründe, aus denen wir einer starken
Ausfuhr nicht entrathen können. Thatsächlich übersteigt die

Gesammteinfuhr bereits seit Jahren unsere Gesammtausfuhr ganz bedeutend. So betrug im Jahre 1898:

die Einfuhr 42 729 839 Tonnen oder 5439,7 Millionen Mark,
= Ausfuhr 30 094 318 = = 4010,6 = =.

Zur Bezahlung der Einfuhr dienen zunächst die Zinsen der im Auslande arbeitenden deutschen Kapitalien, der in deutschen Händen befindlichen fremden Anleihen und die aus dem Ausland stammenden Verdienste der Rhederei und des Versicherungsgeschäfts. Richtig ist aber, daß die letztgenannten Mittel immer nur einen Theil der Einfuhr bezahlen können, und daß daher für die Bezahlung unserer Einfuhr und zwar auch für die des absolut nothwendigen Theiles derselben, welcher unserer Industrie die Rohstoffe, unserer Ernährung die „Kolonialwaaren", unserem Volke damit Arbeit und Verdienst für den Bevölkerungsüberschuß und darüber hinaus Wohlstand, Kapitalkraft und verfeinerten Genuß gewährt, die Ausfuhr und zwar eine steigende Ausfuhr ganz unentbehrlich ist. Mit Recht sagt daher Paul Voigt*) im Hinblick auf die Bestrebungen, Deutschland zu einem vollkommen sich selbst versorgenden Staate zu machen: „Der Zusammenbruch unseres Exports und damit der Verlust unserer Einfuhr würde neben dem dreißigjährigen Kriege die furchtbarste Katastrophe der deutschen Geschichte sein, die das deutsche Volk für immer aus der Reihe der großen Nationen ausstreichen, vielleicht sogar sein politisches Sonderdasein vernichten und es der Knechtschaft Rußlands unterwerfen würde."

Zu den Mitteln, durch welche das Reich solchen Ausgang verhüten kann, gehört vor Allem die Wahrung der vornehmsten Staatsaufgabe, der Schutz seiner Angehörigen und ihrer Güter gegen äußere Gewalt. Da aber der deutsche Außenhandel, wie die Denkschriften des Reichs-Marine-Amts über die deutschen See-Interessen nachgewiesen haben, zum größten und wichtigsten Theile Seehandel ist, so kann sein Schutz auch nur auf der See liegen, und dazu brauchen wir eine starke deutsche Flotte. Nicht nur für die negative Aufgabe der Abwehr gegen eine Gewaltpolitik unserer wirthschaftlichen Rivalen, die um so drohender ist, je größer unser wirthschaftlicher Aufschwung ist, sondern auch für die wirksame Durchführung einer Politik, welche sich die friedliche Gewinnung neuer, gesicherter

---

*) „Deutschland und der Weltmarkt", Preußische Jahrbücher, 1898.

Absatzmärkte für die deutsche Industrie, die ihr gleichzeitig die nicht im Inlande erzeugten Rohstoffe liefern können, zum Ziele setzt, bedarf es des Machtmittels der Flotte. Nur dann wird Deutschlands gewerblicher Aufschwung, der mit einer immer engeren Verflechtung der Volkswirthschaft mit der Weltwirthschaft Hand in Hand geht, andauern können, wenn der deutsche Kaufmann, die deutsche Waare und der Rohstoffmarkt für die deutsche Industrie nicht nur daheim, sondern auf dem ganzen Erdball gesichert sind.

Hiftorifche Rückblicke.

> „Es hat thatsächlich noch kein großes
> Volk in der Weltgeschichte gegeben —
> auch das römische nicht — das einer
> starken Flotte entbehrte."
> Oberstleutnant Dr. M. Jähns.

I. Tyrus.

Der Prophet Hesekiel sagt in seiner Weissagung wider
Tyrus (Kap. 26, 17): „Ach! wie bist du so gar wüste geworden,
du berühmte Stadt, die du am Meere lagest und so mächtig
warest auf dem Meer sammt deinen Einwohnern, daß sich das
ganze Land vor dir fürchten mußte!" Im nächsten Kapitel
schildert er höchst anschaulich den regen Seeverkehr der reichen
Stadt: „Alle Schiffe im Meer und Schiffleute fand man bei
dir, die hatten ihren Handel in dir. — Aber die Meerschiffe
sind die vornehmsten auf deinen Märkten gewesen. Also bist
du sehr reich und prächtig geworden mitten im Meere. — Da
du deinen Handel auf dem Meer triebst, da machtest du viele
Länder reich; ja mit der Menge deiner Waare und deiner
Kaufmannschaft machtest du reich die Könige auf Erden."

Diese seemächtige Stadt, die Mutter Karthagos, ist von
gewaltigen Eroberern wiederholt angegriffen worden, hielt sich
aber unabhängig, so lange sie im Stande blieb, die See zu
beherrschen. In der ältesten Seeschlacht, die die Ge=
schichte erwähnt, um 730 vor Chr. wurde die stark an Zahl
überlegene assyrische Flotte von der seemännisch besser ausgebildeten
tyrischen Flotte geschlagen und damit Salmanassars Angriff
zurückgewiesen. Später, 586 bis 573 vor Chr., widerstand die
Seestadt 13 Jahre lang dem Andrang des babylonischen Königs
Nebukadnezar und verlor erst um 332 vor Chr. ihre Selb=
ständigkeit, als Alexander der Große mit seiner phönizisch=
persischen Flotte die Seeherrschaft über die Tyrer gewann.
Ihre jahrhundertlange Blüthe hatte die Stadt lediglich der
Schifffahrt und der Seemacht zu danken.

2. Salamis.

Mit welcher klugen Vorausſicht und zähen Ausdauer Themiſtokles ſeine widerſtrebenden Landsleute dazu brachte, wegen der Perſer=Gefahr ihre Flotte ſchnell und kräftig auszubauen und kriegsbereit zu machen, wie er ſelbſt das delphiſche Orakel ſeinen Zielen dienſtbar zu machen wußte, iſt zur Genüge bekannt. Die gewaltigen Erfolge, die Themiſtokles mit ſeiner Fürſorge für ſein Vaterland erkämpfte, ſchildert der öſterreichiſche Gelehrte Graf Eduard Wilczek mit den Worten: „Die Seeſchlacht von Salamis, durch welche Griechenland vor der drohenden Vernichtung gerettet und Europas Führerrolle in der Weltgeſchichte für alle Zukunft ſichergeſtellt wurde, iſt das erſte hiſtoriſche Beiſpiel der Entſcheidung der Erdengeſchicke durch eine Flottenaktion; zugleich ein glänzender Beweis, wie maßgebend das Seeweſen im Allgemeinen und das des Mittelmeers im Beſonderen in den Entwickelungsgang der geſammten Menſchheit eingreift. Was wäre aus Europa, was aus der ganzen irdiſchen Welt geworden, wenn aus dem Kampfe der Schiffe nicht der belebende helleniſche Geiſt, ſondern aſiatiſche Deſpotie, perſiſche Satrapenwirthſchaft, der Fanatismus und die Indolenz der Orientalen ſiegreich hervorgegangen wäre!"

Im Jahre 477 vor Chr., alſo nach der Schlacht bei Salamis, beſtimmte Themiſtokles ſeine Landsleute dazu, jährlich zu den vorhandenen Schiffen noch 20 Trieren zu bauen, um Athens Seeherrſchaft und Seehandel zu ſichern.

3. Aegospotamos.

Im peloponneſiſchen Kriege, dem Kampfe der doriſchen Staaten gegen die benachbarten herrſchſüchtigen Athener, ſpielt der Kampf um die Seeherrſchaft die entſcheidende Rolle. So lange die attiſchen Flottenführer Perikles, Phormion, ſpäter Demoſthenes zur See ſiegreich waren, ſo lange blieb Athen auf der Höhe ſeiner Macht. Athens Macht ſchwankt, als durch die Niederlage im Hafen von Syrakus ſeine Seeherrſchaft ins Wanken geräth. Doch zwei Jahre ſpäter, 411 vor Chr., gelingt es Alkibiades, mit einer neuen atheniſchen Flotte bei Abydos und Kyzikos auf kurze Zeit Athens Uebergewicht zur See wiederherzuſtellen. Aber inzwiſchen wuchs in Lyſander

ein Seefeldherr heran, dem die Athener nicht gewachsen waren,
er schlug ihre Flotte zum ersten Male 407 bei Notion. In
demselben Jahre wurde der Rest der athenischen Flotte vom
spartanischen Nauarchen Kallikratidas im Hafen von Mytilene
eingeschlossen. Mit aller Kraft rüsteten nun die Athener eine
neue Flotte (110 Trieren) aus, um die eingeschlossene Flotte
zu befreien, und schlugen die spartanische Flotte in der Nähe
von Lesbos vollständig. Aber im nächsten Jahre gelingt es
Lysander, mit der durch persische Geldmittel wieder aufgebauten
spartanischen Flotte die unvorbereitete athenische Flotte bei
Aegospotamos zu überrumpeln und gründlich zu schlagen. Dieser
Seesieg entschied über den Ausgang des peloponnesischen
Krieges. Athens Seeherrschaft war gänzlich gebrochen, der
Piräus wurde blockirt, und im Jahre 404 mußten die Athener
die Reste ihrer eingeschlossenen Flotte ausliefern, die Stadt
übergeben, die langen Mauern schleifen. Athen war stark,
so lange seine Flotte stark war; es war machtlos gegen
Sparta, die nachbarliche Landmacht, als es von der
See verdrängt wurde!

4. Karthago.

Die Geschichte der drei punischen Kriege zeigt wiederum
den Einfluß der Seemacht auf das Deutlichste: Karthago war
unüberwindlich, so lange diese alte Seemacht nicht in Afrika
selbst bedroht werden konnte. Dies gelang den Römern erst,
als sie sich eine starke, der karthagischen ebenbürtige Flotte geschaffen hatten; bei anfangs wechselndem Kriegsglück gelang es
den Römern schon im ersten punischen Kriege — nachdem von
den reichen Bürgern Roms aus Privatmitteln eine neue Flotte
gebaut war — die Seeherrschaft dauernd zu erkämpfen. Trotzdem der kühne Hannibal im zweiten Kriege bis vor die Thore
Roms mit seinem Heere vordrang, waren die Karthager nicht
im Stande, diese kriegerischen Erfolge auszunützen — weil die
römische Flotte die See beherrschte und dadurch in der Lage
war, im Rücken Hannibals in Spanien und an der afrikanischen
Küste Erfolge am Lande zu erringen, die Hannibal der Unterstützung beraubten; auch sein Bundesgenosse, Philipp von
Macedonien, war in seinen Bewegungen gelähmt, weil er keine
Kriegsflotte hatte. So wurde die Landmacht der Römer vor
schweren Gefahren lediglich durch die römische Seemacht be-

hütet. Die Zerstörung Karthagos aber war die Folge der Vernachlässigung der karthagischen Seemacht.

5. Die Demarkationslinie.

Im Jahre 1494 theilte Papst Alexander VI. durch einen großen Strich, von Pol zu Pol reichend und den atlantischen Ozean westlich von den Azoren schneidend, alle überseeischen Gebiete unter die Portugiesen und die Spanier. Alle schon entdeckten und noch zu entdeckenden Länder im Osten von dieser Linie fielen den Portugiesen zu, alle nach Westen gelegenen den Spaniern. Und es war auch Niemand da, der diesen beiden Weltreichen diesen Besitz hätte streitig machen können. Portugal wie Spanien waren die herrschenden Seemächte jener Zeit; ein volles Jahrhundert lang nutzten sie erfolgreich ihre glückliche Weltstellung aus und bereicherten sich mit dem Gold und den Gewürzen ihrer Kolonien, die auf dem westlichen wie auf dem östlichen Seewege bis zum ostindischen Archipel hin sich erstreckten. Das lange ungestörte Verweilen im Besitz führte aber allmählich zur Vernachlässigung der Stützen der Macht, der Kriegsflotten. Nachdem kühne englische und holländische Freibeuter die Schwäche der spanischen und portugiesischen Seemacht in zahlreichen kleinen Kämpfen erwiesen hatten, nachdem die Meergeusen kraft ihrer Seeherrschaft ihr Vaterland vom spanischen Joche befreit hatten, erkühnte sich auch das aufstrebende England, die unter Philipp II. vereinigte Weltmacht Spaniens und Portugals vor ihren Haupthäfen Lissabon und Cadix anzugreifen, um die Ausrüstung der großen Armada zu stören. Das unglückliche Schicksal dieser riesigen Flotte in den englischen Gewässern, das theils durch überirdische Gewalten, Stürme und Gefahren der Küste, theils auch durch geschickte Angriffe der verbündeten Engländer und Holländer verursacht war — besiegelte den Verfall des stolzen Weltreiches. Mit dem Beginn des 17. Jahrhunderts rissen die Engländer und Holländer um die Wette — und ohne Rücksicht auf irgend eine Demarkationslinie — ein Stück nach dem andern aus dem großen Kolonialreich an sich.

6. England gegen Holland.

Schon im Anfange des 17. Jahrhunderts wurden die Holländer in ihrem friedlichen ostindischen Kolonialhandel

empfindlich gestört, als englische Freibeuter in den Gewässern
der Gewürzinseln harmlose malayische Handelsfahrzeuge
plünderten, um werthvolle Ladungen mit Pulver und Schwert
zu erwerben. Als Sir Edw. Michelbourne mit dem „Tigre"
1605 in Bantam so auftrat, sagten die Holländer: „Es ist ein
großes Unglück für uns, die Ankunft dieser Seeräuber. Die
Indier und die Chinesen werden zwischen uns und den Engländern keinen Unterschied zu machen verstehen." Je mehr
Reichthum der Seehandel und Kolonialbesitz den Holländern
brachte, um so mehr wuchs der Handelsneid der Engländer.
Schon längst war es zu vereinzelten Zusammenstößen im
Frieden in Ostindien und auf den Walfangplätzen bei Spitz-
bergen zwischen bewaffneten Handelsschiffen englischer und
holländischer Handelskompagnien gekommen, als Cromwell durch
seine rücksichtslose Navigationsakte vom 9. Oktober 1651 dem
holländischen Seefrachtgeschäft den schwersten Schlag zufügte.
Mit Gewalt wollten die Engländer auf diesem Wege den
blühenden Seehandel Hollands schädigen. Da Holland um jene
Zeit der seemächtigste Staat war, führte der englische Gewalt-
akt zu langen, blutigen Kriegen. Schon im ersten Kriege, in
den Jahren 1652 und 1653, gelang es den Engländern, 1500
holländische Kauffahrer zu nehmen und überhaupt die holländische
Schifffahrt empfindlich zu schädigen; aber dieser Krieg hatte
die Generalstaaten noch nicht aus der Reihe der Großmächte
verdrängt. Der Seehandel erholte sich wieder von den
Schlägen, die Handelskompagnien wuchsen und vergrößerten
ihren Kolonialbesitz. Das steigerte die Erbitterung der Engländer; wieder trieb ihre Handelseifersucht zum Kriege, wieder
begannen die blutigen Zusammenstöße an fremden Küsten. Dasselbe englische Geschwader, das 1664 mehrere holländische
Niederlassungen an der afrikanischen Westküste zerstört hatte,
nahm in demselben Jahre mitten im Frieden die werthvolle
amerikanische Niederlassung Neu-Amsterdam (das jetzige New-
York) den Holländern weg. Auch waren schon Hunderte von
holländischen Kauffahrern von den Engländern erbeutet, ehe die
holländische Regierung sich im Februar 1665 nothgedrungen
zur Kriegserklärung gegen England entschloß. Mehrere Seeschlachten fielen zu Gunsten der Engländer, mehrere zu Gunsten
der Holländer in diesem Kriege. Als es schließlich de Ruyter
im Juni 1667 gelang, in die Themse vorzudringen und London zu bedrohen, erzwangen die Holländer einen günstigen

Friedensschluß, insbesondere, daß die Schifffahrtsakte für holländische Frachten aufgehoben wurden; aber Neu-Amsterdam blieb ihnen verloren.

Weil England allein mit den seetüchtigen Holländern nicht fertig werden konnte, nutzte es den Haß Ludwigs XIV. gegen die Generalstaaten aus, um diese zunächst ganz zu isoliren, sie dann aber im Bunde mit Frankreich zu überfallen. Auch diesem Kriege gingen wieder englische Angriffe auf eine holländische Kauffahrteiflotte voraus. Den unvergleichlichen Leistungen de Ruyters als Flottenführer ist es zu danken, daß das zu Lande von Frankreich, zur See von beiden Verbündeten schwer bedrängte Holland sich gegen die Uebermacht der Feinde zu halten vermochte. In England drängte dann das Volk den König zum Friedensschluß mit Holland; die Generalstaaten erkannten dabei (im Februar 1674) die unbedingte Herrschaft der englischen Flagge vom Kap Finisterre bis nach Norwegen an und zahlten eine Kriegsentschädigung. Ludwig XIV. aber setzte einen langen Freibeuterkrieg gegen den holländischen See-handel fort, während dessen die neutralen Engländer das See-frachtgeschäft ohne Nebenbuhler an sich reißen konnten. Der gleichzeitige Landkrieg kostete so viel Geld, daß die Holländer ihre Flotte vernachlässigen mußten. Daher konnte de Ruyter nichts ausrichten, als er mit zu schwacher Flotte den Spaniern ins Mittelmeer zu Hülfe geschickt wurde; nach seinem Tode wurde der Rest seiner Flotte von Duquesne aufgerieben. Mit diesem Kriege sank Holland von seiner Stellung als Großmacht herab, weil seine Seemacht gebrochen war; die unmittelbare Folge war der Verfall des vorher blühenden holländischen Handels und der Seeschifffahrt. Das friedliebende holländische Volk hatte diesen Niedergang nicht selbst verschuldet, sondern war durch die englischen Feindseligkeiten herausgefordert und schließlich niedergeworfen worden. Aber auch Frankreich hatte durch den langen Krieg, der mit dem Frieden von Nymwegen 1678 abschloß, in seiner Seemacht starke Einbuße erlitten, namentlich war die Handelsschifffahrt stark geschädigt worden, weil der französische Handel während des Krieges zur Haupt-sache ebenfalls in englische Hände gerathen war. Die unselige Landpolitik Ludwigs XIV. drängte gradezu England in die erste Stellung unter den Seemächten. Als schließlich unter Wilhelm III. Holland Englands Bundesgenosse wurde, verstanden die Eng-länder wieder mit kluger Ueberlegung die holländische Seemacht dadurch zu schwächen, daß sie für die verbündete Flotte nur ein Drittel der Gesammtzahl holländische Schiffe forderten, während Holland namentlich auf dem Lande den Krieg zu führen hatte.

7. England gegen Frankreich.

Der Siebenjährige Krieg gegen Frankreich (1756 bis 1763) förderte Englands Seemacht gewaltig. Sechs Monate vor der amtlichen Kriegserklärung kreuzte bereits eine englische Flotte in der Biscaya-See und nahmen 300 französische Handelsschiffe im Werthe von 24 Millionen Mark als Prisen fort. Später wurde die Blockade über alle französischen Häfen erklärt; alle nach diesen Häfen bestimmten Handelsschiffe, auch die neutralen, wurden als Prisen behandelt. Die Eroberung Canadas gelang den Engländern, weil sie die See beherrschten und die Franzosen hinderten, ihrer alten Kolonie Hülfe zu bringen. Auch die Macht der großen französisch-ostindischen Kompagnie wurde vernichtet. Spaniens Bündniß mit Frankreich vergrößerte nur die englische Beute an Kolonien und Handelsschiffen. Bei alledem blühten trotz vieler Verluste Handel und Schifffahrt in England während des Krieges mehr und mehr auf. Und trotz alledem war das englische Volk mit den Bedingungen des Pariser Friedens, der Englands Kolonialreich in Nordamerika ungeheuer vergrößerte, noch nicht zufrieden, weil man den Franzosen nicht den ganzen Kolonialbesitz in Westindien und Ostindien entrissen hatte. Pitt sagte*) über die Friedensbedingungen: „Frankreich ist uns hauptsächlich als See- und Handelsmacht gefährlich. Was wir in dieser Beziehung gewinnen, ist für uns vor Allem durch den Schaden werthvoll, den Frankreich davon hat. Sie lassen Frankreich die Möglichkeit, seine Marine neu ins Leben zu rufen." England war der einzige Staat, der aus dem Siebenjährigen Kriege Nutzen ziehen konnte, und zwar lediglich dank seiner Seemacht! Nelsons Sieg bei Abukir am 1. August 1798, der die französische Mittelmeerflotte fast gänzlich vernichtete, war ein Schlag von ungeheurer politischer Bedeutung für das ganze

---

*) Mahan. „Einfluß der Seemacht auf die Geschichte", Theil I, Seite 309.

europäische Festland. Das Mittelmeer wurde infolgedessen der englischen Seeherrschaft ausgeliefert, Frankreich wurde durch einen Bund der Großmächte bedroht. Suwarow rückte mit dem russisch=österreichischen Heere an die französische Grenze — weil Bonaparte mit seinem Heere durch Nelsons Erfolg in Aegypten isolirt wurde. Bonapartes große Pläne der Bedrohung Indiens durch Eroberung Aegyptens scheiterten, weil ihnen die Grundlage entzogen war, derer sie bedurften: die Seeherrschaft auf dem Mittelmeer, um die Verbindung mit dem Mutterlande zu haben.

Während der dann folgenden Festlandskriege, die den Handel Frankreichs und Hollands, der einzigen für England damals in Betracht kommenden Nebenbuhler, völlig niederwarfen, während England sich gleichzeitig der überseeischen holländischen und französischen Besitzungen bemächtigte, wurde England der Kaufmann und das Waarenlager für die ganze Erde. Der auswärtige englische Handel hatte im letzten Friedensjahre 44¹⁄₂ Millionen Pfund Sterling betragen; im Jahre 1800 war er auf 73²⁄₃ Millionen Pfund Sterling angeschwollen, so daß Pitt mit Stolz und Staunen sagen konnte*): „Wenn wir dieses Kriegsjahr mit den zurückliegenden Friedensjahren vergleichen, so erblicken wir in dem Betrage unserer Einkünfte und in der Ausdehnung unseres Handels ein Bild, das gleichzeitig paradox, unerklärlich und erstaunlich ist. Wir haben unsern äußeren wie unsern inneren Handelsverkehr auf eine höhere Stufe gebracht als je zuvor und wir können auf das gegenwärtige als auf das stolzeste Jahr blicken, das dem Lande jemals beschieden war" (Pitts Rede vom 18. Februar 1801).

An der ungeheueren Seemacht Englands um jene Zeit prallte auch die Erneuerung des Neutralitätsbundes der Nordmächte wirkungslos ab, die von Kaiser Paul I. im Jahre 1800 und zwar nicht ohne Betreiben Bonapartes hervorgerufen war. Die Folgen dieser Herausforderung Englands hatte Dänemark zu tragen, wie im nächsten Abschnitt gezeigt werden wird.

Ueber die Bedeutung des letzten Nelsonschen Sieges sagt Fyffes Geschichte des modernen Europa: „Die Schlacht von

*) Mahan. „Einfluß der Seemacht auf die Geschichte", Theil II, S. 356.

Trafalgar war nicht nur der größte Seesieg, nein, sie war der gewaltigste und bedeutungsreichste Sieg überhaupt, der während des ganzen Revolutions= krieges zu Wasser oder zu Lande erfochten wurde. Kein Sieg und keine Reihe von Siegen Napoleons hatten die gleiche Wirkung auf Europa... Die Aus= sicht, die britische Flotte zu erdrücken, solange Eng= land noch die Mittel hatte, eine Flotte auszurüsten, ging ganz verloren." Und ein Franzose, der Admiral Réveillère sagte geradezu: „Trotz allen Anscheins ist das Glück Napoleons I. keineswegs in den Flammen von Moskau verblichen; es ist in den Gewässern Trafal= gars versunken. Vergebens folgte ein Sieg dem andern; alle Erfolge auf dem Festlande konnten ihn nicht retten, der Held ist an einer heimlichen Wunde zu Tode getroffen worden. Die Schiffe Englands waren es, die bei Waterloo siegten! Es hätte keinen Blücher gegeben, wenn kein Nelson gewesen wäre!"

Die Schlacht von Trafalgar machte England für Napoleon unangreifbar zur See; sie erzeugte daher den Gedanken der Kontinentalsperre zur Vernichtung des englischen Handels. England hatte zwar ebenfalls stark zu leiden unter dieser lang= jährigen Versumpfung des ganzen Handelsverkehrs, aber dank seiner freien Bewegung auf dem Meere war es Napoleon und dem ganzen Festlande an Kraft und Ausdauer überlegen. So bewirkte die Seemacht Englands Ueberlegenheit in den Zeiten seiner schwersten Bedrängnisse.

8. England gegen Dänemark.

Als sich Dänemark der vom Zar Paul I. im Jahre 1800 wieder ins Leben gerufenen bewaffneten Neutralität angeschlossen hatte, um den geradezu unerträglichen Uebergriffen Englands gegen die neutrale Schifffahrt ein Ende zu machen, oder wenigstens etwas glimpflichere Behandlung für den neutralen Seehandel durchzusetzen, mußte es dafür schwer leiden. Schon im Dezember 1799 und im Juli 1800 hatten feindliche Zu= sammenstöße zwischen englischen und dänischen Fregatten statt= gefunden, welch' letztere Kauffahrer ihrer Flagge konvoyirt hatten, um sie vor den Untersuchungen der Kriegführenden zu schützen. Bei einem der Kämpfe wurde von den Engländern eine däniſche Fregatte genommen. Kurz darauf, im Auguſt 1800, erſchien ein engliſches Geſchwader vor Kopenhagen, um die diplomatiſchen Verhandlungen zu unterſtützen; die Dänen mußten ſich bereit erklären, künftig das Konvoyiren aufzugeben. Dieſe unfreundliche Handlung Englands hatte Dänemark zum Beitritt zu dem am 16. Dezember 1800 erneuerten bewaffneten Neutralitäts= bunde getrieben. England wollte dieſen ihm läſtigen nordiſchen Bund auflöſen und ſchickte deshalb eine ſtarke Flotte im März nach Kopenhagen, die nach kurzen Verhandlungen die Feind= ſeligkeiten begann; Nelſon zerſtörte mit ſeinem kühnen Angriff einen großen Theil der däniſchen Schiffe. Auch die Be= ſchießung der Stadt war vorbereitet, unterblieb aber, weil die Dänen nach längeren Verhandlungen aus dem Neutralitäts= bunde austraten.

Noch ein zweites Mal gerieth Dänemark in eine ähnliche Lage. Als nämlich Napoleon alle europäiſchen Flotten gegen England zu vereinigen plante, forderte England von dem noch völlig neutralen Dänemark die Auslieferung ſeiner Flotte, um ſie in eigene „Obhut" zu nehmen. Als Dänemark dieſe äußerſt ungewöhnliche Forderung ablehnte, wurde Kopenhagen mitten im Frieden von einer mächtigen engliſchen Flotte überfallen und vom 2. bis 5. September heftig beſchoſſen, zugleich von der Landſeite von einem gelandeten Heere angegriffen. Die Folge war die erzwungene Auslieferung der ganzen, nicht be= mannten däniſchen Kriegsflotte von 18 Linienſchiffen, 15 Fre= gatten u. ſ. w. mit allem Kriegszubehör an die Engländer. Nebenbei ſetzten ſich damals die Engländer auch auf dem däniſchen Helgoland feſt, um die Inſel ſpäter ganz für ſich zu behalten.

9. Die Blockade der Südſtaaten.

Nach dem Urtheile des amerikaniſchen Admirals Porter hat die Blockade der Südſtaaten — alſo die Seeherrſchaft der Nordſtaaten — mehr dazu beigetragen, um die Süd= ſtaaten zu Fall zu bringen, als alle anderen militäriſchen Operationen zuſammengenommen. Die Südſtaaten waren nämlich mit ihren Staatseinnahmen gänzlich von der Freiheit der Ausfuhr ihrer Landeserzeugniſſe, wie Baumwolle, Zucker, Tabak u. a. abhängig, und ihre ganze Kriegsausrüſtung, dazu Maſchinen, Getreide, Hülſenfrüchte, Kartoffeln, mußten ſie vom

Auslande beziehen. Durch die allmählich auf die ganze Küste der Südstaaten von rund 3000 Seemeilen Länge ausgedehnte Blockade, die von 313 Dampfern und 105 Segelfahrzeugen streng durchgeführt wurde, war der Seeverkehr der Südstaaten so gut wie völlig abgeschnitten; jedenfalls genügte die Blockade, um die Widerstandsfähigkeit des tapferen südstaatlichen Heeres mehr und mehr zu lähmen und schließlich ganz zu brechen. Am schlimmsten hatte die blühende Seehandelsstadt Neu=Orleans zu leiden; auf sie waren naturgemäß die heftigsten Angriffe gerichtet, die auch schon im Frühjahr 1862 zur Einnahme der Stadt führten. Der Fall Neu=Orleans' lieferte den größten Theil des Mississippi an die Nordstaaten aus. Welcher direkte Schaden noch mit der Blockade verknüpft war, ist daraus zu erkennen, daß die Blockirenden während des Krieges nicht weniger als 1149 Schiffe als Prisen nahmen, deren Verkauf rund 118 Mill. Mark einbrachte; außerdem wurden 355 Schiffe aus Furcht vor der Wegnahme von den Eigenthümern vernichtet. Trotz= dem einige schnelle Dampfer als Blockadebrecher einen be= schränkten Verkehr mit dem Auslande aufrecht hielten, stiegen die Preise aller Lebensmittel und Gebrauchsgegenstände un= geheuer. Ueberall war Mangel an den einfachsten Dingen. In Richmond kostete im Februar 1863 ein Schinken 46 Mark, Kaffee 17 Mark, Thee 71 Mark, brauner Zucker 11½ Mark das Pfund. Mit der Ernährung und Bekleidung der Soldaten sah es jämmerlich aus. Noth und Elend überall war die fürchterliche Wirkung der Blockade, die die Niederlage der Süd= staaten vorbereitete und herbeiführte.

10. Der Krieg um Cuba.

Schon einige Jahre vor dem denkwürdigen Kriege, der die besten Reste des alten spanischen Kolonialbesitzes in die Gewalt der Vereinigten Staaten brachte, machte sich eine auf= fällige Wandlung im Ausbau der amerikanischen Flotte geltend. Die theoretischen Erwägungen des Kapitäns Mahan über den Einfluß der Seemacht auf die Geschichte hatten die Lenker des amerikanischen Staatswesens dazu veranlaßt, den Schwerpunkt der Flottenerweiterung in den Ausbau der Linienschiffe zu ver= legen. Diesem Umstand allein ist der Erfolg im Kriege um Cuba zu danken. Denn selbst, wenn alle vorhandenen spanischen gepanzerten Kreuzer kriegsbrauchbar ausgerüstet gewesen wären,

so hätten sie doch den schwer bewaffneten und schwer gepanzerten
amerikanischen Schlachtschiffen die Seeherrschaft nicht lange
streitig machen können. Erschwerend wirkte es für Spanien
auf den Ausgang des ungleichen Seekampfes ein, daß die
amerikanische Flotte kriegsbereit, vortrefflich ausgerüstet und
eingeübt war, während die spanische beim Ausbruch des
Krieges in jämmerlichem Zustande überrascht wurde. Aber
so gering auch der Gefechtswerth der spanischen Flotte war,
dennoch hinderte sie die amerikanischen Unternehmungen gegen
Cuba so lange, bis ihre feste Einschließung gelungen war. So
lange eben die Seeherrschaft nicht unbedingt in Händen der
Amerikaner war, würde die Absendung großer Truppentrans-
porte nach Cuba und Portorico ein sehr gewagtes, weil leicht
zu störendes Beginnen gewesen sein. Aeußerst lehrreich für die
Bedeutung der Seemacht ist der Umstand, daß die Amerikaner
nicht zuerst den Haupthafen Havanna, sondern Santiago als
wichtigsten Angriffspunkt auswählten. Das hatte lediglich darin
seinen Grund, daß dort Cerveras Geschwader, also die besten
verfügbaren spanischen Schiffe, eingeschlossen war, deren Vernichtung nöthig war, um den Amerikanern die unbedingte Seeherrschaft in den westindischen Gewässern zu sichern. Auch die
Angriffe des Landungsheeres waren nur deshalb auf Santiago
gerichtet, weil dieser Hafen dem spanischen Geschwader Zuflucht
gewährte. Um den stark bedrängten Platz zu entlasten, bekam
Cervera den Befehl, aus Santiago auszulaufen; wäre er
glücklich nach Havanna entkommen, so hätte der Schwerpunkt
der feindlichen Angriffe dorthin verlegt werden müssen. Infolge
der engen Blockade durch große Uebermacht hatte der verzweifelte
Ausbruch des spanischen Geschwaders den vorauszusehenden
Mißerfolg: Schiff für Schiff wurde nach schwacher Gegenwehr
vernichtet, wie man ein Rudel Dammwild auf einer Treib-
jagd abschießt. Mit diesem Schlage war der spätere Verlauf
des Krieges entschieden; Spanien war der Möglichkeit beraubt,
die Seeverbindung mit Cuba wiederherzustellen. Diese Insel,
wie auch Portorico mußten nun in die Gewalt der Amerikaner
fallen, weil Spanien seinen Kolonien nicht mehr helfen konnte.

Auch Spaniens politische Macht und Größe bestand und schwand mit seiner Seemacht!

Die Kontinentalsperre.

In den meisten wissenschaftlichen und populären Auf=
sätzen und Broschüren über die Nothwendigkeit der Flotten=
verstärkung bildet ein Hauptargument die Nothwendigkeit,
eine Blockirung der deutschen Häfen in einem künftigen
Seekriege zu verhindern, da Deutschland auf eine alljährliche
Aus= und Einfuhr im Werthe von mehreren Milliarden
angewiesen ist. Daß ein ungeheueres Unglück über Deutsch=
land kommen müßte, wenn der Seehandel, der zum größten
Theile diesen Verkehr vermittelt, plötzlich abgeschnitten würde,
springt in die Augen, und eine wissenschaftliche und systema=
tische Widerlegung der von den Flottenfreunden gemachten
Aufstellungen ist bisher noch nicht einmal versucht worden.

Von noch ungleich größerer Kraft werden aber die
heutigen Argumente, wenn man eine Periode betrachtet, in der
thatsächlich jahrelang eine Blockade europäischer Häfen in
großem Stil stattgefunden hat: den Krieg zwischen England
und Frankreich unter Napoleon I., insbesondere die Kon=
tinentalsperre.

Ereignisse bis 1807.

Den Krieg, der im Jahre 1803 zwischen beiden Mächten
ausgebrochen war, eröffnete England mit einer Blockade der
französischen Küsten und einem Vernichtungskampf gegen den
französischen Seehandel. Napoleon suchte ihn zuerst durch einen
Uebergang nach England zu entscheiden, als dann seine
Landungspläne an der Ueberlegenheit der englischen Schlacht=
flotte gescheitert waren, faßte er den Entschluß, die englischen
Waaren vom Festlande, das ihm damals bis auf wenige
Staaten unterworfen oder verbündet war, auszuschließen, um
den Inselstaat wirthschaftlich zu ruiniren. Er untersagte daher
jeglichen Handel mit England, soweit seine Macht reichte (1806),
und zwang auch Rußland und Oesterreich zu einem gleichen
Verbot. England beantwortete die Maßregel damit, daß es
alle kontinentalen Häfen, wo die Sperre über englisches Gut
verhängt worden war, für blockirt erklärte und den neutralen
Schiffen den Verkehr mit ihnen verbot, sofern sie sich nicht

die Erlaubniß, sie anzulaufen durch eine hohe Abgabe oder Verfrachtung englischen Eigenthums erkauft hätten. Auf diese Weise suchte die britische Regierung den Schlag zu pariren und nach wie vor englischen Waaren den Eingang auf dem Kontinent zu erzwingen. Napoleon befahl demgegenüber, alle neutralen Schiffe mit Beschlag zu belegen, wenn sie sich den englischen Anordnungen fügten (1807). Rußland und Oester= reich ahmten diese letzte Verordnung zwar nicht nach, aber englische Waaren auf neutralen Schiffen schlossen auch sie aus, so daß England für den Absatz seiner Waaren nach dem Fest= lande allein auf den Schmuggel angewiesen war. Es fand also eine gegenseitige Verkehrssperre zwischen dem Kontinent und England statt: die englische Seemacht ruinirte die Handels= flotten der Kontinentalmächte und blockirte ihre Häfen; die Landmacht Frankreichs und seiner Aliirten verwehrte den eng= lischen Waaren den Eintritt.

Folgen für den französischen Seehandel.

Die nächste Folge des Seekrieges war nun, daß der französische Seehandel, der eben begonnen hatte, sich von den Schlägen der Revolutionszeit zu erholen, sogleich nach Aus= bruch des Krieges zerstört wurde. Wenn er vor der Revolution an 50 000 Seeleute beschäftigt und reichlichen Gewinn ab= geworfen hatte, so war diese Quelle des Reichthums jetzt versiegt; nur eine elende Küstenschifffahrt blieb von der einst so stolzen Handelsflotte Frankreichs übrig. Die französischen Kolonien, auf denen der Wohlstand Frankreichs im 18. Jahr= hundert zum guten Theil beruht hatte, waren damit vom Mutterlande abgeschnitten. Alle europäischen Lebensmittel und Waaren, deren sie bedurften, mußten sie sich daher mit Hülfe der Amerikaner oder durch Kaperei beschaffen. Ihr Handel und Ackerbau, die gerade in den ersten Kriegsjahren aufblühten, kamen daher fast allein den Amerikanern zu gute, das Mutter= land hatte nichts davon. Napoleons Plan, einer Wieder= herstellung des alten Handelsverhältnisses aus der Bourbonen=Zeit, in der die Antillen den Franzosen Zucker, Kaffee und andere Kolonialwaaren im Werthe von mehr als 200 Millionen Francs zur Versorgung Europas geliefert und für 70 bis 80 Millionen an französischen agrarischen und industriellen Erzeugnissen — etwa den fünften Theil der französischen Gesammtausfuhr —

verbraucht hatten, war zusammengefallen. Die ganze fran=
zösische Volkswirthschaft mußte auf eine andere
Grundlage gestellt werden infolge der Vernichtung
des Seehandels.

Waren die französischen Häfen im vorigen
Jahrhundert für die Versorgung großer Theile
Europas mit Kolonialwaaren mindestens ebenso
wichtig gewesen wie die englischen, so haben sie eine
ähnliche Stellung seither nie wieder zu erreichen
vermocht.

Folgen für Deutschland-Preußen.

In Deutschland hatte der Krieg nicht minder einschneidende
Folgen, trotzdem hier vor dem Jahre 1807 nur ein Theil der
Küste, die Elbe=Mündung, als zu dem von Napoleon besetzten
Hannover gehörig, blockirt worden war. Die schlesische Lein=
wand=Industrie, deren Export über Hamburg ging, verlor
durch diese Sperre ungeheuer: die Ausfuhr über andere
Häfen vertheuerte die Fracht so, daß Amerika, Spanien und Eng=
land, die stets große Mengen schlesischer Leinwand gekauft hatten,
sich billigere Lieferanten suchten, und Schlesiens Absatz reißend
zurückging. Preußen, zur See ohnmächtig, konnte nichts gegen
das Uebel thun; es mußte sich darauf beschränken, Vorstellungen
in London gegen die Elb=Sperre zu erheben, die natürlich frucht=
los blieben. Und aus dem gleichen Grunde verminderte sich
die Ausfuhr der preußischen Wollwaaren; wenn sie gegen
Ende des 18. Jahrhunderts über 7 Millionen Thaler betragen
hatte, so verlor sie 1803 um mehr als eine Million.*) Als dann
die Kontinentalsperre eingeführt wurde, wurde das Uebel noch
drückender.

Da seitdem alle preußischen Häfen gesperrt waren, so ging
der preußische Export ganz verloren, und als nach
dem Sturze Napoleons die freie Schifffahrt wieder=
hergestellt wurde, **waren die auswärtigen Märkte
Preußens von Engländern in Besitz genommen worden.** Eine
Wiedereroberung des früheren Absatzgebietes war theils gar
nicht, theils nur langsam und unvollständig möglich! Die
schlesische Leinen=Industrie war seitdem geknickt,
und die Noth der Weberbevölkerung, die im 19. Jahr=

---

*) Dieterici, Volkswohlstand in Preußen, Berlin 1846.

hundert nie aufgehört hat, datirt zum guten Theil aus der Zeit der Handelssperre.*)

Hannover.

Andere deutsche Landschaften litten ähnlich wie Preußen. In Hannover z. B. ging die Leinen-Industrie aus denselben Ursachen zu Grunde, und durch die Fernhaltung des englischen Seehandels wurde der Transithandel von Süden nach den Nordsee-Häfen und umgekehrt, der dem Lande vielerlei Gewinn gebracht hatte, zerstört. Es war natürlich, daß durch die Stockung des Handels mit Kolonialwaaren und englischen Industrie-Erzeugnissen kleine Krämer, Zwischenhändler, Fuhrleute, Spediteure u. s. w. auf dem ganzen Kontinent geschädigt werden mußten und darunter der ganze Wohlstand leiden mußte.

Folge für die Staatsfinanzen.

Für die Staatsfinanzen mußte das natürlich von schlimmen Folgen sein. So gingen in Hannover durch die Beseitigung des Transithandels die Zölle und Wegegelder zurück, und in dem größten Budget des Kontinents, dem französischen, ist die Verminderung der Zolleinnahmen während der Kontinentalsperre erstaunlich: 1807 hatten sie noch 67½ Millionen gebracht, im folgenden Jahre fielen sie auf 31 und 1809 gar unter 26 Millionen.**) Allerdings stiegen sie 1810 wieder, aber das hatte seinen Grund in der Vergrößerung des französischen Zollgebiets durch Annexion Hollands und der deutschen Küste bis Lübeck und in der Erhöhung der Tarife. Man kann sich hiernach eine Vorstellung machen, welchen Ausfall Deutschlands Finanzen bei einer Blockade seiner Küsten künftig erleiden müßte; von den ordentlichen Reichseinnahmen bilden die Zölle etwa ein Drittel (1898 über 400 Millionen), und von dieser Summe besteht der größte Theil aus Seezöllen, entsprechend dem Antheil des Seehandels am Gesammthandel. Das ganze Reichsbudget würde durch den Verlust der Seezölle bei einer Lahmlegung des Seehandels ins Schwanken gerathen, und für den inneren

*) Vergl. A. Zimmermann, Blüte und Verfall des Leinengewerbes in Schlesien, Breslau 1895.
**) Nicolas, Les budgets de France au 19. siècle, Paris 1883.

Handel und Verkehr würde der Ausfall des Seehandels von unberechenbaren Folgen sein.

Wirkung auf die Lebenshaltung.

Was die Handelssperre für jeden Einzelnen besonders drückend machte, war die Vertheuerung aller zur See eingeführten Produkte, insbesondere der Kolonialwaaren. Seit der Zerstörung des französischen Seehandels hatten die Engländer und neben ihnen Dänen, Hanseaten und Amerikaner die Versorgung des Kontinents mit Zucker und Kaffee übernommen, bei dem Abbruch der Handelsbeziehungen mit England und der Unterbindung der neutralen Schifffahrt war daher eine Verminderung des Imports dieser Waaren und eine gewaltige Preissteigerung unausbleiblich. Das Pfund Kaffee, das in Hamburg 1800 13½, 1802 10 Schillinge gekostet hatte, galt 1808 26¾ bis 32¼ Schillinge. Auf der Leipziger Messe hatte man das Pfund noch 1806 mit 14 bis 16 Groschen bezahlt, 1808 und 1809 stand es auf 23 bis 25 und fiel auch für die geringsten Sorten während der Kontinentalsperre nie unter 16 Groschen. Nach Wiedereröffnung des Handels mit England, im Jahre 1814, sank der Preis sogleich auf 8 bis 11 Groschen. Der Zentner Zucker*) kostete 1806 in Leipzig 33 bis 41 Thaler, 1808 mußte er mit 64½ bis 73, 1810 mit 82 bis 116, 1813 mit 115 bis 130 Thalern bezahlt werden. Wie beim Kaffee war die Ursache dieser enormen Vertheuerung allein die Kontinentalsperre, denn 1814 fiel der Preis sogleich auf 46 bis 64 Thaler. Aehnlich war es mit dem Tabak, der von 3¾ bis 6½ Schilling im Jahre 1802 auf 12½ bis 15 Schilling im Jahre 1808 stieg.

Die Vertheuerung lastete naturgemäß am stärksten auf der ärmeren Bevölkerung, wofür die Zunahme der öffentlichen Wohlthätigkeit ein sprechender Beweis ist. In den hannoverschen Städten bildeten sich Vereine, um der nothleidenden Bevölkerung durch Austheilung von Speisen zu Hülfe zu kommen; in Hannover wurden im Winter 1807/8 43 000 Mahlzeiten vertheilt, 1808/9 65 800, 1809/10 83 300 und in Celle 1806/7 26 000, 1809/10 43 200. Angesichts dieser Zahlen erscheinen

---

*) Ich stelle hier die Maximal- und Minimalpreise für Melis, Raffinade und Kandisbrot nebeneinander.

die Berichte der hannoverschen Behörden, daß unter der
Kontinentalsperre der Konsum von Kaffee, Zucker, Reis und
Tabak nur noch den hundertsten Theil des früheren betragen
habe, wohl glaublich.*) Man versuchte es zwar mit
mancherlei Surrogaten für die kolonialen Genußmittel, so mit
Eichel= und Cichorienkaffee, mit Honig und Birnensaft für
Zucker, aber Alles das war nur ein schwacher Nothbehelf; es
ist kein Zweifel, daß die Lebenshaltung infolge der Küstensperre
im Allgemeinen und die der ärmeren Klassen insbesondere
erheblich verschlechtert worden ist. Wie hätte es auch anders
sein können, war doch die Wirkung der Blockade, daß
eine Preissteigerung mit einer Verminderung in
Handel und Wandel, also mit einer Verminderung
des Verdienstes, zusammenfiel!

Aehnlich müßte nun auch eine künftige Blockade der
deutschen Küsten wirken. Ja, die Vertheuerung der
kolonialen Artikel, für deren Bezug wir auf den Seeweg
angewiesen sind, würde sich noch weit empfindlicher
geltend machen, weil der Konsum dieser Waaren seit dem An=
fang des Jahrhunderts sich bedeutend vermehrt hat und seitdem
noch andere koloniale Produkte unentbehrlich geworden sind. Für
den Zucker sind wir zwar nicht mehr auf den Import angewiesen,
aber Kaffee hat Deutschland im Jahre 1898 für 137 Millionen
Mark, Tabak für 92 Millionen Mark und Kakao für 23 Millionen
Mark eingeführt. Tabak wird zu drei Vierteln, Kaffee und
Kakao zu mehr als neun Zehnteln über den Seeweg eingeführt:
der Wegfall des Seeimports würde also eine starke Preis=
erhöhung herbeiführen und die ganze Nation belasten. Wichtiger
aber noch als die Vertheuerung dieser Dinge wäre die der
Lebensmittel und Bedarfsartikel, die wir ebenfalls zum Theil
aus dem Auslande beziehen.

Die frühere und die heutige Situation für die Industrie.

Wird nun aber eine künftige Blockirung Deutschlands neben
der Preissteigerung der Lebensmittel gleichzeitig eine industrielle
Krisis hervorrufen, etwa wie das Kontinentalsystem in Schlesien

---

*) Thimme, Hannover unter westfälischer Herrschaft. Die Preise
nach Tooke, Geschichte und Bestimmung der Preise (deutsch von Asher),
Dresden 1858. Ferner Hasse, Geschichte der Leipziger Messen, Leipzig
1885, und A. König, Die sächsische Baumwollenindustrie, Leipzig 1899.

und Hannover? Man könnte hier aus der Betrachtung der Kontinentalsperre bei oberflächlicher Betrachtung scheinbar ein Argument gegen die Gefährlichkeit einer Blockade herleiten, denn trotz oder wegen der Handelssperre hat sich in Frankreich eine blühende Industrie entwickelt, und der innere Nationalwohlstand Frankreichs ist durch sie im Allgemeinen nicht dauernd zurückgegangen. In Frankreich wurden z. B. vor der Revolution Baumwollenwaaren im Werthe von über 25 Millionen Francs eingeführt; 1812 war die französische Produktion so gestiegen, daß nur noch für etwa 1½ Millionen importirt wurde, und in ähnlicher Weise hatte sich die Fabrikation von Wollenwaaren vergrößert. Die Seidenindustrie von Lyon ferner, die im Jahre 1789 etwa 12 700 Arbeiter beschäftigt hatte, wurde durch die Revolution auf 5800 Arbeiter reduzirt, hob sich aber unter Napoleon wieder auf 15 500 Arbeiter (im Jahre 1812), und in Nimes war die Zahl der Seidenarbeiter in derselben Zeit gar von 3450 auf 13 700 gestiegen. Während im Jahre 1800 Frankreich nur für 271½ Millionen exportirt hatte, führte es 1815 fast 400 Millionen aus, und zu dieser Summe stellten Industrie-Erzeugnisse weit mehr als die Hälfte. Die Einfuhr der fremden Rohprodukte war nach den Napoleonischen Kriegen größer als vor der Revolution, während die Einfuhr fremder Fabrikate bedeutend gesunken war; gewiß ein neuer Beweis, daß die französische Industrie unter Napoleon, also unter der Herrschaft des Krieges mit England und der Kontinentalsperre, große Fortschritte gemacht hat.*) Andererseits ist bekannt, daß dem englischen Wohlstande momentan durch die Kontinentalsperre großer Schaden zugefügt worden ist. Durch die massenhafte Ansammlung von Kolonialwaaren und industriellen Erzeugnissen in den englischen Magazinen, die nicht mehr, wie bisher, auf dem Festlande abgesetzt werden konnten, trat ein großer Preissturz für diese Dinge in England ein, und viele angesehene Häuser mußten nach mehrjähriger Dauer der Handelssperre ihre Zahlungen einstellen; so zählte man im Dezember 1806 65, 1808 dagegen 100, 1809 130 und 1810 gar 273 Bankbrüche.**) Diese Unfälle riefen viele Klagen über den verderblichen Krieg und die Handelssperre hervor, welche thatsächlich eine Blockade des englischen Export-

---

   *) Vgl. Chaptal, De l'industrie française. Paris 1819 und Moreau de Jonnès, Le commerce au 19. siècle. Paris 1823.
   **) Tooke, a. a. O.

handels bedeutete, und vielleicht wäre durch die wirthschaftliche
Noth England zum Nachgeben gebracht worden, wenn sich nicht
Rußland dem Kontinentalsystem entzogen und damit eine ganz
neue ökonomische und politische Situation geschaffen hätte.

Im Hinblick auf die Lage Englands und Frankreichs zu
Anfang des Jahrhunderts könnte man nun versucht sein zu
argumentiren: „Die Handelssperre hat der Industrie des
blockirten Frankreich großen Nutzen gebracht, also wird auch
von einer künftigen Blockade der deutschen Küsten nichts Ernst-
liches zu fürchten sein. Außerdem wird England in Erinnerung
an die 1809 und 1810 erduldeten Nackenschläge sich vor einer
Erneuerung einer längeren Blockade hüten. Die oben an-
gedeuteten Besorgnisse sind also sämmtlich hinfällig." Eine solche
Beweisführung ist nur eine Scheinargumentation
und in der That beruht sie nur auf einer äußerlichen und
oberflächlichen Vergleichung der Verhältnisse von damals und
jetzt. Eine kurze Betrachtung wird das mit aller Deutlichkeit
erkennen lassen.

Napoleon und die Industrie.

Zu den Voraussetzungen einer gedeihlichen Entwickelung
der Industrie gehört die Zufuhr von genügenden Rohstoffen
und der Besitz eines Absatzmarktes mit gewinnbringenden
Preisen. Je größer der Markt, desto besser. Diese beiden
Bedingungen lagen nun für die französische Industrie zur Zeit
der Kontinentalsperre günstig, während sie für die deutsche
in einem Kriege mit stärkeren Seemächten ungünstig
liegen würden.

Napoleon trug für die Hebung der französischen Industrie
dadurch Sorge, daß er ihr die Beschaffung der Rohstoffe erleichterte. Die Rohseide bezog Frankreich vornehmlich aus
Italien; Napoleon zwang das Königreich Italien, seinen
Vasallenstaat, die Rohseide allein nach Frankreich zu exportiren,
um der Lyoner Industrie billiges Material zu sichern. Daß
die italienischen Züchter unter dieser Beschränkung ihres Absatzmarktes litten, war ihm gleichgültig; ihm lag vor Allem an
der wirthschaftlichen Blüthe Frankreichs. Aehnlich verfuhr er
mit Spanien, das die beste Wolle produzirte. Die Baumwolle
kam allerdings zum größten Theil aus überseeischen Ländern,
und deren Zufuhr war seit dem Bruch mit England abge-

schnitten. Aber diesen Uebelstand wußte Napaleon zu mildern; er ertheilte sogenannte Lizenzen für die Einfuhr von Baum= wolle und anderen Kolonialwaaren, d. h. er gestattete bestimmten Händlern und Rhedern, ein bestimmtes Quantum Kolonial= waaren zu importiren, unter der Bedingung, daß sie gleich= zeitig französische Waaren in gleichem Werthe ausführten. Zu welchen Mißbräuchen und Durchstechereien dies System Anlaß gab, haben wir hier nicht zu erörtern, das Resultat war, daß unentbehrliche koloniale Rohstoffe trotz der Handelssperre ein= geführt werden konnten. Daß ihre Zufuhr überhaupt nie ganz ausblieb, dafür sorgte ferner der Schleichhandel, der nie in größerer Blüthe als unter dem Kontinentalsystem gestanden hat. Mit Hülfe englischer Händler wurden die Kolonialwaaren von der Küstenbevölkerung, sowohl von der französischen wie nichtfranzösischen, durch die Zolllinien geschmuggelt, oder sie wurden auf hoher See von englischen Schiffen auf festländische geladen und als Kapergut in die Häfen gebracht. Daneben suchte man sich auf andere Weise für die überseeischen Waaren Ersatz zu schaffen; die westindische Baumwolle z. B. ersetzte man durch macedonische, die jener an Qualität freilich nicht gleichkam. Alle diese Mittel bewirkten, daß ein Mangel an Rohstoffen in Frankreich nicht eintrat; ein Theil wurde sogar unter günstigeren Bedingungen als früher bezogen und wenn ein anderer durch den Schmuggel und durch den Landtransport von der Levante bis Frankreich auch vertheuert wurde, so wurde diese Vertheuerung durch die Vergrößerung des Absatzgebietes wieder ausgeglichen.

Denn auch in dieser Hinsicht stellte Napoleon die politische Uebermacht Frankreichs in den Dienst seiner Wirthschaftspolitik. Er zwang die mit Frankreich verbündeten Staaten, den Rhein= Bund, Holland, Italien und Spanien, den französischen Fabri= katen günstige Einfuhrbedingungen zu bewilligen, während er selbst ihren industriellen Erzeugnissen den französischen Markt durch hohe Zölle oder durch Einfuhrverbote verschloß. Er ging sogar noch weiter und verschaffte gewissen französischen Waaren auch im Auslande ein Monopol; so durfte Italien einige Baumwollenwaaren allein aus Frankreich einführen, was namentlich die sächsische Industrie schwer traf. Zu dieser ge= waltsamen Ausbreitung der französischen Fabrikate kam hinzu, daß die Kontinentalsperre die englischen Artikel, die bisher den mittel= und osteuropäischen Markt beherrscht hatten, zwar nicht, wie Napoleon gewünscht hatte, ganz fernhielt, aber doch ihren Bezug ungeheuer erschwerte und beschränkte. An ihre Stelle mußten in erster Linie die französischen treten, denn eine andere Industrie von weltwirthschaftlicher Bedeutung gab es nicht. Weder das auf seine ostelbischen Provinzen beschränkte Preußen, noch Oesterreich und Rußland waren industriell entwickelt, und die Industrie der kleinen Länder, wie Sachsen und der Schweiz, konnte natürlich nicht den Ausfall an englischer Waare decken, und überdies waren sie, wie oben erwähnt, in ihrer Konkurrenzfähigkeit durch Napoleons Handelspolitik gehemmt.

Mit jenen Maßregeln war aber Napoleons Sorge für die Industrie nicht erschöpft. Aus den Kriegskontributionen Preußens und Oesterreichs hatte er einen großen Schatz für unvorhergesehene Fälle angesammelt. Als nun einmal im Jahre 1811 infolge der allgemeinen Geldknappheit auf dem Festlande der Absatz der französischen Waaren stockte und viele Fabriken ihre Arbeit einstellen mußten, ließ er aus diesem Schatz Darlehen an die bedrängten Fabrikanten geben und große Ankäufe machen, um die Krisis zu mildern. Mittelst dieser Subvention, die ein französischer Historiker auf 20 Millionen beziffert,*) verstand er nicht nur die Vasallen-Staaten, sondern indirekt auch die unabhängigen Staaten der französischen Industrie tributär zu machen; auf die Italiener und Deutschen wälzte er zum größten Theil die Kosten des englisch-französischen Krieges ab. Aus allen diesen Gründen hat auch die nichtfranzösische Industrie keinen solchen Aufschwung genommen wie die französische; sie hatte zwar Theil an der Einfuhr der Rohstoffe durch den Schmuggel; Lizenzen gab es aber für sie nicht, und die Einengung ihres Marktes kennen wir bereits. So hat in Sachsen das Kattungewerbe um 39 Prozent der Produktion zugenommen, aber die gesammte Baumwollen-Industrie ging um fast ein Zehntel zurück, und wie sehr Handel und Wandel im Allgemeinen in Sachsen litt, zeigt der Waarenumsatz der Leipziger Messe: der Durchschnitt der Jahre von 1807 bis 1812 war um 35 Prozent geringer, als der Jahre 1801 bis 1806.**) Wie vernichtend aber die Sperre auf Preußen und andere Landschaften gewirkt hat, haben wir oben gesehen.

*) Gouraud, Politique commerciale de la France.
**) König a. a. D., Hasse a. a. D. — Daß die rheinische Industrie sich unter der Kontinentalsperre gehoben hat, ist natürlich, denn sie gehörte damals zu Frankreich und partizipirte also an allen Vortheilen der französischen Industrie.

Die heutige Industrie.

Würde nun, wenn wir uns zur modernen Zeit wenden, die deutsche Industrie bei einer Blockade der deutschen Küsten hoffen dürfen, die ihr unentbehrlichen, zur See eingeführten Rohstoffe in ähnlicher Weise fortbeziehen zu können, wie es der französischen trotz des Seekrieges möglich war? Man muß diese Frage unbedingt verneinen; die Einfuhr des überseeischen Rohmaterials würde durch die überlegenen Flotten der Gegner beseitigt oder so beschränkt werden, daß an einen industriellen Betrieb in der bisherigen Intensität auch nicht im Entferntesten zu denken wäre. Die deutschen Häfen würden durch feindliche Geschwader gesperrt werden, Kreuzer und Kaper würden auf den Welthandelsstraßen umherschwärmen, die deutschen Schiffe aufbringen, den neutralen den Zugang nach Deutschland verwehren. Nicht nur die Zufuhr aus außereuropäischen, nur zur See erreichbaren Ländern würde uns abgeschnitten werden, sondern auch zum großen Theil die aus europäischen, denn bekanntlich geschieht der Import von diesen ebenfalls zum großen Theil auf dem Seewege.

Englands Interesse einst und jetzt.

Nun könnte man einwenden: Zur Zeit der Kontinentalsperre hat ja der Import solcher Gegenstände trotz der Blockade in großem Maßstabe stattgefunden; wie damals wird auch künftig der Schmuggel sie zum Theil illusorisch machen können. Der Einwand wäre falsch, denn in einem künftigen Kriege würde die Blockade eine ganz andere sein als von 1807 bis 1812, und der Schmuggel würde nicht entfernt dasselbe leisten können wie damals. Betrachten wir zunächst den Handel mit kolonialen und anderen Lebensmitteln. Zur Zeit der Kontinentalsperre hatte der Blockirende, der seebeherrschende Staat, der die Einfuhr dulden oder verwehren konnte, ein Interesse daran, Kolonialwaaren auf dem Festlande zu verkaufen, denn die Blüthe seines gewaltigen Handels hing von dem Verkehr mit dem Festlande ab. Andererseits hatte die kontinentale Bevölkerung das dringende Bedürfniß nach solchen Waaren, die der französische Machthaber ausschloß: es fand also ein fortgesetzter gemeinsamer Krieg der von der englischen Seemacht unterstützten britischen Händler und der festländischen Küstenbevölkerung gegen die Zollwächter statt. Diese Koalition, die zwar nicht genug, aber doch beträchtliche Massen Zucker und Kaffee auf das Festland zu paschen vermochte, wird bei einer künftigen Blockade Deutschlands nicht vorhanden sein. Denn durch das Aufhören des Handels mit Deutschland wird England nicht wie durch die Kontinentalsperre Napoleons in Gefahr kommen, seinen vornehmsten Markt zu verlieren; es wird nur einen kleinen Theil davon preisgeben und keine schweren Einbußen erleiden: bezieht doch Deutschland seinen Kaffee nur zu etwa 4 Prozent aus England. England wird also keinen Grund sehen, den Deutschen die ihnen nothwendigen überseeischen Lebensmittel zuzuführen; es wird vielmehr alle diese Gegenstände aufs Eifrigste verfolgen, um durch ihre Vertheuerung der Bevölkerung den Krieg möglichst verhaßt zu machen und einen Druck auf die deutsche Regierung auszuüben.

Analog steht es mit den Rohprodukten für die Industrie. Zur Zeit der Kontinentalsperre mußte England im Interesse seines Handels neben den kolonialen Lebensmitteln auch Rohstoffe auf dem Festlande absetzen, weil es die aus den eigenen, den spanischen und den eroberten französischen Kolonien in London zusammenströmenden Mengen nicht in der eigenen Industrie verarbeiten konnte. Bei der Verfolgung der englischen Fabrikate auf dem Kontinent war eben eine Vergrößerung der Industrie nicht mehr möglich. Es unterstützte zwar mit diesem Export die festländische Konkurrenz, aber mit Rücksicht auf den schwer leidenden Handel blieb der britischen Regierung nichts Anderes übrig. In einem künftigen Kriege mit Deutschland wird England sich nicht in dieser Zwangslage befinden, denn der Handel mit Deutschland bildet auch in diesen Artikeln nur einen untergeordneten Zweig seines Gesammthandels. Es wird vielmehr die Gelegenheit wahrnehmen durch Abschneiden der Rohstoffe die deutsche Industrie, die stärkste Konkurrentin der englischen auf dem Weltmarkte, nach Kräften zu schädigen. Wie die Hemmung des Seeverkehrs aber auf die Preise der Rohstoffe wirkt, lehrt wieder ein Blick auf die Kontinentalsperre: Der Zentner südamerikanische Baumwolle kostete 1806 in Leipzig 85 bis 88 Thaler, 1808 und 1809 schwankte der Preis zwischen 220 und 280 Thalern. Der Preis von Pernambuk-Holz und Cochenille hatte sich von 1806 bis

1812 etwa verdoppelt, und das Pfund Indigo war
gar von 2 bis 2½ Thalern im Jahre 1806 auf 11 bis
12 Thaler im Jahre 1808 gestiegen. Und bei einer
künftigen Blockade wird vermuthlich die Preis=
steigerung noch stärker sein, weil England einen
Schmuggel auch mit diesen Gegenständen nicht dulden
wird. Es wird vielmehr die sonst nach Deutschland gehenden
Rohstoffe zum guten Theil an sich ziehen und selbst verarbeiten,
denn an Absatz für die vermehrte Fabrikation wird es ihm
nicht fehlen. Gleichzeitig mit dem Abfangen des Rohmaterials
durch die Blockade wird die Ausfuhr der deutschen Waaren ver=
hindert und der deutsche Seehandel zerstört: dann wird aber
sogleich das englische Absatzgebiet wachsen, denn
überall in der Welt, wo bisher der deutsche Kauf=
mann Waaren verkauft hat, wird nun — nach dem
Ausbleiben der deutschen Waaren — der englische
freieres Feld haben als früher. Dieser Vortheil wird
den Verlust des Handels mit Deutschland reichlich wettmachen.
Weit entfernt, eine Handelskrisis wie 1810 infolge übergroßen
Vorraths von Rohstoffen und mangelnden Absatzes für Fabrikate
fürchten zu müssen, wird es seinen Handel und seine Industrie
auf Kosten Deutschlands zu vergrößern suchen. Deutschland
muß also in einem Kriege mit England die aller=
strengste Blockade erwarten; ist die deutsche Flotte zu
schwach, um die deutschen Häfen offen zu halten, so wird die
deutsche Industrie gleichzeitig die beiden Grundpfeiler ihrer Existenz,
den Rohstoff und den Absatz der Fabrikate, verlieren. Und die
Landwirthschaft wird nicht geringere Verluste erleiden: sie wird
weder ihren Zucker exportiren, noch künstliche Dünge= und
Futtermittel importiren können.

Frankreich und Rußland.

Dasselbe Schicksal würde Deutschland erleiden in einem
Kriege mit Rußland und Frankreich, denn auch diese würden
eine Blockade mit allen Kräften durchführen. Das Motiv, einen
Konkurrenten zu Grunde zu richten, würde auch hier nicht
fehlen, wenn es auch nicht in demselben Grade vorhanden wäre
wie bei England, aber zur strengen Handhabung der Blockade
würde schon die militärische Rücksicht genügen, Deutschland durch
Lahmlegung seiner Industrie der zum Kriegführen nothwendigen

Geldmittel zu berauben und durch Abschneiden der überseeischen Zufuhr einen Nothstand, der die Regierung zum Nachgeben zwänge, hervorzurufen. Auch in diesem Falle würde voraussichtlich England den größten Theil des deutschen Exportgebietes an sich reißen.

Daß Deutschland im Kriegsfalle nicht in der Lage sein wird, seinen ganzen Import und Export anstatt über Bremen und Hamburg über Rotterdam und Antwerpen zu leiten, ist an anderer Stelle*) nachgewiesen. Aber gesetzt den Fall, es sei physisch möglich, über die Häfen des Mittelmeers zu verfrachten, so würde die verlängerte Landfracht die Ein= und Ausfuhr so vertheuern, daß eine Konkurrenz mit anderen Industriestaaten aufs Höchste erschwert werden müßte. Die deutschen Waaren würden also innerhalb und außerhalb Europas gleichzeitig wegen ihrer hohen Preise an Käufern verlieren. Eine solche Gefahr lief Frankreich bei seiner Blockirung vor 90 Jahren nicht, weil sich ihm nach dem Bruch mit England in Europa ein fast konkurrenzfreies Absatzgebiet an Stelle des entrissenen überseeischen aufthat. Wir haben gesehen, wie Napoleon diese günstige Lage der französischen Industrie zu fördern verstand. Heute dagegen giebt es nicht wie damals nur zwei große Industrien, sondern ungefähr so viel als es Kulturstaaten giebt, und jede würde mit Freude die Verlegenheit der deutschen benutzen, um sie durch Unterbietung aus dem Felde zu schlagen. Der Seekrieg würde Deutschland also nicht wie ehemals Frankreich von seinem einzigen ernsthaften Konkurrenten auf dem festländischen Markte befreien. Auf eine Kopirung der Napoleonischen Politik zur gewaltsamen Erhaltung oder Erweiterung des europäischen Marktes als Ersatz für den verlorenen überseeischen würde Deutschland wohl verzichten müssen, denn in einem Kriege mit Rußland und Frankreich oder mit England dürften ihm die Mittel fehlen, die benachbarten Staaten zur Begünstigung deutscher Fabrikate oder zur Lieferung billigen Rohmaterials oder endlich zur Bezahlung von Kriegssteuern zum Besten der deutschen Industrie zu zwingen. Die Blockade der deutschen Häfen aber kann in der Zeit der Dampfschifffahrt noch ungleich wirksamer gemacht werden als zur Zeit der Segelschiffe, und das Volumen des Außenhandels ist heute ein ganz anderes als ehemals.

---

*) Vgl. Aufsatz über „Blockadegefahr" Seite 21.

Schlußbetrachtung.

Fassen wir Alles zusammen: Die Betrachtung der Kon=
tinentalsperre ergiebt, daß eine Blockade eine ungeheure Preis=
steigerung aller zur See eingeführten Gegenstände und eine
Verringerung der Staatseinnahmen mit sich bringt. Die deutsche
Industrie darf nicht ähnliche günstige Wirkungen von einer
Handelssperre wie die französische zur Zeit Napoleons er=
warten; sie wird vielmehr an der Vertheuerung der Rohstoffe
und der Unmöglichkeit des Exportes zu Grunde gehen wie die
Leinenindustrie in Schlesien und Hannover. Alle die Leiden
der deutschen Bevölkerung aus den Jahren 1807 bis 1812
werden sich bei einer künftigen Küstensperre ins Unermeßliche
gesteigert wiederholen, weil in dem künftigen Seekriege das
Moment, das damals die Sperre gemildert hat, das Interesse
des Blockirenden, Waaren nach dem Festlande zu bringen, fort=
fallen wird. Am härtesten wird durch die Vertheuerung
der Lebensmittel und die Verminderung der in=
dustriellen Arbeitsgelegenheit die ärmere Bevölkerung
betroffen werden: die Verstärkung der Flotte, die
durch Verhinderung einer Blockade und durch Schutz
des Seehandels jenen Uebeln vorbeugen soll, liegt also
im dringendsten Interesse gerade der unbemittelten
Volksschichten.

Die Perfonalfrage in der deutfchen Kriegsmarine.

Der Gefechtswerth einer Kriegsmarine wird in der Regel nach der Zahl und der Stärke ihres schwimmenden Materials eingeschätzt. Ebenso tritt bei einer jeden Flottenverstärkung die Vermehrung der schwimmenden Gefechtseinheiten in den Vorder= grund, weil diese vor Allem hohe Ansprüche an die finanzielle und technische Leistungsfähigkeit des Staates stellt. Allein man muß sich darüber klar sein — und die Seeschlachten des amerikanisch=spanischen Krieges haben es zur Evidenz erwiesen —, daß die besten Schiffe in der Hand unfähiger Besatzungen nutz= los sind, und daß von der Vollzähligkeit und Ausbildung des Personals der wirkliche Werth des schwimmenden Materials in der Probe des Ernstfalles in hohem Maße abhängt.

Schiffe bauen, aber auch gleichzeitig für jedes Schiff, das vom Stapel läuft, und für jedes Geschwader, welches zu Uebungen zusammentritt, das Personal schaffen und zu muster= gültigen Leistungen heranbilden, das müssen die Grundzüge eines die wirkliche Verstärkung einer Kriegsmarine bezwecken= den Planes sein.

Unsere Marine befindet sich in der glücklichen Lage, sich nach dieser Richtung hin von vornherein günstig entwickelt zu haben. Sobald man sich über die allgemeinen Gesichtspunkte, nach welchen die Bemannung von Kriegsschiffen zu erfolgen hat, klar geworden war, wurde die Ergänzung, zweckdienliche Zu= sammensetzung und militärisch = seemännische Ausbildung des Marinepersonals mit Sachkenntniß und einer bis ins Kleinste gehenden Fürsorge betrieben. Vielleicht darf man den Gene= ralen, welche lange Jahre hindurch an der Spitze der Marine standen, ein gewisses Verdienst hieran zusprechen. Der General v. Stosch, welchem die Aufgabe zufiel, den Flotten= gründungsplan von 1873 durchzuführen, war ein vorzüg= licher Organisator. Er brachte von der Armee die Er= kenntniß von der Wichtigkeit der Personalfrage zur Marine und verstand es, der Organisation des Marinepersonals System und Entwickelungsfähigkeit zu geben. Für das gesammte im Borddienst zu verwendende Marinepersonal wurden feste, an Land kasernirte Verbände geschaffen, deren Aufgabe es war, die

9*

erste Ausbildung der auf Grund der allgemeinen Wehrpflicht ausgehobenen Mannschaften zu übernehmen, ein dauerndes militärisch-organisirtes Depot für die Auffüllung der Schiffsbesatzungen zu bilden und im Kriegsfall die schnelle Bemannung der neu in Dienst zu stellenden Schiffe sicher zu stellen. Solche Depots sind für das seemännische Personal die Matrosendivisionen, für das technische Personal die Werftdivisionen, für den Nachwuchs des Unteroffizierkorps die Schiffsjungenabtheilung.

Nebenher ging die Bildung der Matrosenartillerie=Abtheilungen und der Seebataillone für die lokale Vertheidigung der Kriegshäfen, die Gründung militärischer und fachtechnischer Schulen, die Organisation des Werftbetriebes und die Einrichtung einer geordneten Verwaltung.

Mitte der 80er Jahre erfolgte die Bildung der Torpedoabtheilungen zwecks Besetzung der Torpedoboote und zur weiteren Ausnutzung dieser Waffe. Die Ergänzung und die Schulung unseres Torpedopersonals wurde mit Nachdruck und mit Geschick betrieben.

Auf dem richtigen, bereits in den 70er Jahren eingeschlagenen Wege der Personalergänzung und =Ausbildung ist die Marineverwaltung weiter fortgeschritten, bis mit dem Flottengesetz vom 10. April 1898 die feste Grundlage für einen weiteren Ausbau der Flotte sowohl wie für die organische Vermehrung und Heranbildung des Flottenpersonals gegeben war.

Diese weitere Fortentwickelung unserer Wehrmacht zur See, politisch und wirthschaftlich zur Nothwendigkeit geworden, beschäftigt heute die gesetzgebenden Faktoren des Reichs und daneben die öffentliche Meinung, vertreten durch die Presse aller Parteischattirungen. In dem „Für“ und „Wider“ der Diskussion fehlt es nicht an Stimmen, welche vor einer Ueberschätzung unserer personellen Leistungsfähigkeit warnen, insbesondere die Möglichkeit einer planmäßigen Vergrößerung des Offizierkorps ohne zu starke Beschleunigung des Avancements bezweifeln und die Deckung des Mannschaftsbedarfs in Rücksicht auf den Personalbedarf der Armee nicht für gesichert halten. Es erscheint daher angezeigt, an der Hand der Angaben des neuen Gesetzentwurfs und auf Grund statistischer Berechnungen über diese wichtige Seite der Flottenverstärkung eine genaue Orientirung zu geben.

Wir wollen vorweg nehmen, daß, wie die Vermehrung unferes fchwimmenden Materials allmählich und zwar unter Beibehaltung des jeßigen Bautempos erfolgen foll, auch nur eine allmähliche, etwa in den Grenzen des Flottengefeßes fich haltende Vergrößerung des Perfonaletats in Frage kommt. Eine allmählich und gleichmäßig verlaufende Steigerung trägt aber den Charakter einer gefunden Entwickelung von vornherein in fich.

Betrachten wir zunächft die Vermehrung des Offizierkorps.

Die Novelle zum Flottengefeß giebt den Gefammtbedarf an Seeoffizieren im Jahre 1920 auf 2081 Köpfe an. Da der Etat des Jahres 1900 die Zahl von 876 Offizierftellen vorfieht, fo handelt es fich um die Aufbringung eines Mehrbedarfs von 1205 Köpfen oder um einen jährlichen Erhöhungsbetrag von 60 Stellen. Die Deckung diefes Bedarfs an neuen Stellen wird erreicht auf dem bisherigen bewährten Wege der Einftellung und Ausbildung unferes Offiziererfaßes, deren Grundfäße durch die Allerhöchfte Kabinets-Ordre vom 27. Februar 1899 erneut feftgelegt find. Die Zahl der jährlich einzuftellenden Seekadetten ift in der Novelle auf 200 normirt und entfpricht damit annähernd der Einftellungsrate, welche bereits durch die obige Kabinets-Ordre vorgefehen ift. Ihre Aufbringung ift nach der Zahl der eingelaufenen Anmeldungen*) gefichert und fteht auch für die Zukunft angefichts der Beliebtheit, deren fich die Seeoffizierslaufbahn in allen Kreifen des deutfchen Volkes erfreut, außer Zweifel.

Für die planmäßige Ausbildung von 200 Seekadetten genügen zur Zeit die vorhandenen Baulichkeiten, Schulfchiffe 2c. Sollten fie in Zukunft der Erweiterung oder Vermehrung bedürfen, fo wird fich das ohne Schwierigkeiten und ohne Störung des Ausbildungsbetriebes bewerkftelligen laffen.

Es bleibt zu erwägen, ob bei der gedachten Vermehrung des Seeoffizierkorps die Gefahr eines zu fchnellen Avancements und damit die Nothwendigkeit, verantwortliche Stellen mit zu jungen Offizieren zu befeßen, vorliegt. Eine folche Gefahr beftände, wenn die Erhöhung des Offizieretats plößlich und mit großen Jahresbeträgen einfeßte. Das ift jedoch nicht der

---

*) Die Zahl der Anmeldungen zum biesjährigen Einftellungstermin beläuft fich gegenwärtig auf 403.

Fall. Die jährliche Vermehrung beträgt nur wenig mehr, als die des Flottengesetzes (60 gegen 57) und kommt überdies hauptsächlich den unteren Chargen, den Dienstgraden der Kapitänleutnants und Subalternoffiziere, zu gute, so daß nur hier eine wahrnehmbare Beschleunigung des Avancements eintreten wird. Diese dürfte nach überschlägiger Schätzung betragen:

vom Eintritt als Seekadett bis zur Beförde=
    rung zum Oberleutnant zur See . . .   1 Jahr,
vom Oberleutnant bis zur Beförderung zum
    Stabsoffizier . . . . $\frac{1}{2}$ Jahr
              in Summa also etwa $1\frac{1}{2}$ Jahre.

In solchen Grenzen gehalten, schadet eine Beförderungs= beschleunigung nichts, im Gegentheil, sie nützt.

Unser Offizierkorps ist jetzt erheblich älter wie in den 70er Jahren, als es sich darum handelte, den ersten Flotten= gründungsplan durchzuführen, und kann eine kleine Verjüngung in den höheren Dienstgraden, welche hohe Ansprüche an körper= liche Leistungsfähigkeit stellen, nicht nur sehr gut vertragen, sondern eine solche Verjüngung wird sogar in den nächsten Jahren recht wünschenswerth. Ein Vergleich der Rangliste von 1880 mit der gegenwärtigen zeigt, daß damals der Kapitänleutnant im Durchschnitt 1, der Korvettenkapitän 4, der Kapitän zur See 6 Dienstjahre weniger hatte als jetzt. In der englischen Marine, welche in Bezug auf Schiffsführung und Ausbildung des Personals mustergiltige Leistungen auf= weist, erfolgt die Beförderung zum Korvettenkapitän bei einem durchschnittlichen Lebensalter von 35 Jahren, die Beförderung zum Kapitän zur See mit 43 Jahren, während bei uns gegenwärtig 38,4 Jahre bezw. 45 Jahre hierfür erforderlich sind. Wir können also einer mäßigen Verjüngung unseres Seeoffizierkorps ohne Bedenken entgegensehen.

Die Vermehrung des Mannschaftsbestandes.

Das zur Besetzung der Schiffe erforderliche Personal wird den Matrosendivisionen, Torpedoabtheilungen und Werft= divisionen entnommen. Die Sollstärke dieser Marinetheile ist nach den Angaben der Novelle im Etatsjahr 1900 21174 Köpfe und soll im Jahre 1920 54 920 Köpfe betragen, so daß eine jährliche Vermehrung von 1687 Köpfen nothwendig wird.

In dieser Zahl ist die jährliche Vermehrung an Unteroffizieren in der Höhe von 469 Köpfen mit einbegriffen. Für
das seemännische Unteroffizierkorps liefert in erster Linie das
Schiffsjungeninstitut den erforderlichen Nachwuchs, und zwar
ist beabsichtigt, jährlich 1000 Schiffsjungen einzustellen. Da
im vorigen Jahre bereits 800 Schiffsjungen zur Einstellung
gelangten und der Andrang zu der pekuniär günstigen Lauf-
bahn fortgesetzt ein großer ist, steht die Deckung des erhöhten
Bedarfs für die Zukunft außer Zweifel. — Nebenher geht
die Heranbildung von Unteroffizieren aus der Zahl der Kapitulanten, welche gleichfalls in fortgesetztem Steigen begriffen ist.

Die Frage der Aufbringung der eigentlichen Mann-
schaftsvermehrung muß nach zwei Gesichtspunkten betrachtet
werden.

1. Kann sie auf die Dauer quantitativ gedeckt werden?

Das läßt sich unbedingt bejahen. Nehmen wir den ungünstigen Fall an, daß nach Maßgabe der Heeresergänzung
bereits jetzt alle zum Dienst mit der Waffe tauglichen Elemente
ausgehoben werden. Dann verfügt das Deutsche Reich immer
noch über einen jährlichen Bevölkerungszuwachs von 800 000
Köpfen, oder*) über einen jährlichen Zuwachs von 8000 Diensttauglichen, von dem die auf Grund des letzten Reichsmilitärgesetzes
durchzuführende Heeresvermehrung nur 5200 in Anspruch nimmt.
Thatsächlich greift aber das Heeresersatzgeschäft bei Weitem
nicht auf alle Elemente zurück, die zum Dienst tauglich und
durch Nebenpflichten unbehindert sind. Im Jahre 1898 betrug
der Ueberschuß an tauglichen Militärpflichtigen über die Zahl der
wirklich Eingestellten rund 82 000 Köpfe. Bringt man hierauf
den erfahrungsmäßigen Prozentsatz solcher Leute, welche infolge
bürgerlicher Verhältnisse rc. nicht eingezogen werden, und eine
angemessene Reserve für unvermutheten Ausfall in Anrechnung,
so ergiebt sich als jährlicher Mindestüberschuß tauglicher Dienst-
pflichtiger die Zahl von 30 000 Köpfen. Demgegenüber fallen
die geringen Zahlen der beabsichtigten Marineverstärkung —
1500 bis 2000 jährlich — überhaupt nicht ins Gewicht. Die
Möglichkeit der quantitativen Deckung kann also keinen
Augenblick bezweifelt werden.

---

*) Als Mindestzahl diensttauglicher Militärpflichtiger rechnet man
1 pCt. der Bevölkerung.

2. Wie steht es mit der Qualität des verfügbaren Ersatzes?

Für den Mannschaftsbedarf der Kriegsmarine liefert die
seemännische Bevölkerung des deutschen Reiches in erster
Linie das geeignete Menschenmaterial. Seebefahrene Handels-
matrosen, Hochseefischer und Seeheizer bringen Seegewohn-
heit, seemännisch-technische Kenntnisse und Findigkeit mit und
brauchen nur in der Bedienung der eigentlichen Waffen ausgebildet zu werden. Es wäre daher am besten, wir könnten
unsern Mannschaftsbedarf allein aus diesen Berufsklassen rekru-
tiren. Das ist aber leider seit geraumer Zeit nicht mehr
möglich. Mit dem Niedergange der Segelschifffahrt zu Anfang
der 70er Jahre und ihrem Ersatz durch ungetakelte, einer verhältnißmäßig kleinen Besatzung bedürfende Dampfer verminderte
sich die Zahl der berufsmäßigen Seeleute beträchtlich. Bereits
seit Jahrzehnten sieht sich daher die Marineverwaltung veranlaßt, zur Deckung des Ausfalls an seemännischer Bevölkerung
auf Landersatz zurückzugreifen. Hiergegen lagen um so weniger
Bedenken vor, als auch auf Kriegsschiffen die Takelage allmählich
abgeschafft wurde und infolgedessen ein Ausbildungszweig in
Fortfall kam, der gerade für Binnenländer besondere Schwierigkeiten bot. Thatsächlich haben wir denn auch mit der Verwendung von Landersatz, der aus ausgesucht kräftigen, intelligenten Leuten besteht, auf unsern Panzerschiffen die besten
Erfahrungen gemacht. Die Leute gewöhnen sich schnell in die
Bordverhältnisse, bringen den ihnen neuen Berufspflichten Lust
und Liebe entgegen und wachsen sich bald, dank der ihnen er-
theilten systematischen Ausbildung, zu tüchtigen, mit der Bedienung der Schiffswaffen vertrauten Kriegsschiffsmatrosen
heraus.

Unsere Marine steht in der Verwendung von Landbevölkerung auf Schiffen nicht allein. Rußland, dessen seemännische Bevölkerung weit geringer ist wie unsere, und das
trotzdem eine fast doppelt so starke Kriegsmarine unterhält,
rekrutirt seine Schiffsbesatzungen zum überwiegenden Theil aus
der Landbevölkerung, wobei die Auffüllung des Maschinen-
personals mangels technisch geschulter Elemente die größten
Schwierigkeiten bereitet. Auch Frankreich ergänzt einen großen
Theil seines Flottenpersonals aus Landersatz.

Allerdings ist es wünschenswerth, daß an Bord eines
jeden Schiffes ein genügender Stamm wirklicher Seeleute als

Vorleute für seemännische Arbeiten und die rein seemännischen Funktionen des Steuerns, Lothens 2c. vorhanden ist. Hieran wird es auch in Zukunft nicht fehlen. In den letzten Jahren schwankte der Bruchtheil der Landbevölkerung unter dem jähr= lichen Ersatz der Matrosen=Divisionen zwischen 35 und 40 pCt., so daß der seemännische Ersatz immer noch erheblich überwiegt, trotzdem bereits seit Mitte der 90er Jahre größere Personal= vermehrungen bei den Matrosen=Divisionen stattgefunden haben. Diese Verhältnißzahlen werden sich durch die Personalvermehrung der Flottennovelle um einige Prozent zu Ungunsten des see= männischen Ersatzes verschieben, unter der Voraussetzung, daß die seemännische Bevölkerung des Reichs in Zukunft sich nur in demselben langsamen Tempo vermehrt, wie im letzten Jahr= zehnt. Es ist jedoch anzunehmen, daß in den kommenden Jahren ein erheblicheres Wachsen der seemännischen Be= völkerung eintreten wird.

Dafür spricht der Umstand, daß die Vermehrung unserer Handelsflotte und die Vergrößerung des Fischereibetriebes gerade seit zwei Jahren mit großen Zahlen eingesetzt haben, und daß, nachdem der kritische Punkt des Uebergangs von der Segelschifffahrt zur Dampfschifffahrt überwunden ist, mit der rasch steigenden Schiffszahl auch die Zahl erfahrener Seeleute, namentlich der Seeheizer, sich hebt.

Auch erfahren die Bestrebungen, durch Einrichtung von Privat=Seemannsschulen und Schulschiffen der Handelsmarine ein stärkeres Angebot brauchbaren Personals zu verschaffen, gerade in letzter Zeit innerhalb der deutschen Rhederkreise er= freuliche Förderung.

Es ist ferner zu berücksichtigen, daß die Marineverwaltung neuerdings mit Erfolg bemüht ist, durch besondere Ver= günstigungen die Zahl der Kapitulanten innerhalb des Mann= schaftspersonals zu vermehren und durch Einstellung von 5= und 6jährig Freiwilligen den Prozentsatz altgedienter Leute zu er= höhen. Je größer aber die Zahl altgedienter Leute, desto geringer die jährliche Rekrutenquote, desto weniger Landersatz braucht neben dem seemännischen Ersatz eingestellt zu werden. Voraussichtlich wird daher die Steigerung des Landersatzes im Verhältniß zum seemännischen Ersatz nur eine geringfügige werden.

So wie die Dinge liegen, können wir mit Sicher= heit darauf rechnen, daß die Aufbringung des er=

forderlichen Mannſchaftsbedarfs bis zum Jahre 1920 quantitativ ſowohl wie qualitativ ſich in günſtigen Bahnen bewegen wird.

Es erübrigt noch, einem Einwand zu begegnen, der unter Berückſichtigung der Intereſſen der Handelsmarine gegen die perſonelle Seite der Flottenverſtärkung gemacht worden iſt. Man befürchtet, „die ſtarken Anforderungen der Kriegsmarine an Mannſchaften würden der Handelsmarine die Ergänzung ihres Bedarfs noch mehr erſchweren, als es ohnehin ſchon der Fall iſt". Derartige Befürchtungen ſind unbegründet. Von der ſeemänniſchen Bevölkerung gelangt ſeit Jahrzehnten jeder dienſtpflichtige Mann in der Kriegsmarine zur Einſtellung, mehr Perſonal wie bisher kann der Handelsmarine alſo auch in Zukunft nicht entzogen werden. Wenn nun ſeitens der Kriegsmarine in erhöhtem Maße auf Landerſatz zurückgegriffen wird, ſo hat unſere Handelsflotte den Vortheil davon, denn ein Theil der auf Kriegsſchiffen ausgebildeten Binnenländer, insbeſondere Heizer, geht nach beendigter Dienſtzeit zur Kauffahrtei über und wird von unſeren Rhedereien als werthvoller Zuwachs ſeebefahrener und dabei disziplinirter Mannſchaften geſchätzt.

Verloren gehen der Kauffahrteiflotte nur diejenigen Berufsſeeleute, welche nach Erfüllung ihrer Dienſtpflicht in der Kriegsmarine kapituliren. Ihre Zahl iſt jedoch gering, da die meiſten von ihnen zu ihrem bisherigen Gewerbe, das ihnen bei der ſtarken Nachfrage befahrener Seeleute lohnenden Verdienſt bietet, zurückkehren. Die weitaus größere und ſich neuerdings erfreulich mehrende Zahl der Kapitulanten in der Marine geht aus Nichtſeeleuten hervor.

Die Intereſſen der Kriegsmarine und Handelsmarine ſind ſolidariſch. Beide ſtehen in gegenſeitiger befruchtender Wechſelwirkung. Durch den Kriegsſchiffbau hat ſich die Technik deutſcher Werften in überraſchender Weiſe entwickelt und liefert jetzt der Handelsflotte jene gewaltigen Schnelldampfer, deren Herſtellung früher als Monopol der engliſchen Werften galt. Seemänniſche Berufswiſſenſchaft und hydrographiſche Forſchung finden für Kriegs= und Kauffahrteiflotte auf der deutſchen Seewarte gemeinſame Pflege. Vermeſſungen und Kartenaufnahmen werden von Schiffen und Fahrzeugen der Kriegsmarine in unermüdlicher Friedensarbeit gefördert und der deutſchen Seefahrt zugänglich gemacht. Daheim in unſeren Gewäſſern wie draußen im fernen

Weltmeer theilen Kriegs= und Handelsflagge gemeinsam Freud und Leid; in Seenoth ist die eine der Hülfe der anderen gewiß.

Deutsche Steuerleute und Matrosen der Handelsmarine, deutsche Hochseefischer suchen in Tüchtigkeit ihres Gleichen und werden nach wie vor den Kern unserer Kriegsschiffsbesatzungen bilden. Und gleichwie bisher unsere Seeleute in Disziplin und Leistungen die unumwundene Anerkennung des Auslandes fanden, so dürfen wir volles Vertrauen haben, daß auch die stärkere Flotte über ein erfahrenes Offizierkorps und tüchtige, jeder Leistung gewachsene Mannschaften verfügen wird.

———

Das Personal der fremden Marinen.

I. Die englische Marine.

Betrachten wir den historischen Entwickelungsgang der Wehrsysteme zu Wasser und zu Lande bei den europäischen Großmächten, so finden wir fast überall ein ähnliches Bild. Zuerst hatte man Söldnerheere und -Flotten, dann ging man, als die Anforderungen an den Staatssäckel mit der zunehmenden Kopfstärke der Armee größer und immer größer wurden und sich bei plötzlichen Kriegen geeigneter Ersatz nicht mehr fand, zum Einführen einer allgemeinen oder theilweisen Wehrpflicht über.

England allein macht hierin eine Ausnahme. Eine Dienstpflicht hat hier nicht bestanden und besteht auch noch nicht. Die Gründe hierfür sind wohl zunächst in dem Reichthum des Landes und seiner außerordentlich günstigen, die Vertheidigungsfähigkeit fördernden Lage zu suchen, dann aber auch, was den Dienst zur See anbetrifft, in der allgemeinen Ueberzeugung der Bevölkerung von der Nothwendigkeit einer Kriegsmarine und der daraus folgenden Opferfreudigkeit für diese. Ist es doch stets in England als selbstverständlich angenommen worden, daß im Kriegsfall jedes Schiff, ja auch jeder Seemann der Flotte zur Verfügung steht. Das fehlende Menschenmaterial wurde eben gepreßt, und das ganz offen und gesetzlich. Kamen hierbei auch manche Widersetzlichkeiten und selbst kleinere Kämpfe vor, so hatte sich das Volk doch so an das System gewöhnt, daß es als vollkommen berechtigt anerkannt wurde. Es waren offizielle Preßbureaus in den Haupthafenstädten errichtet, welche zur Zeit der Napoleonischen Kriege neben zahlreichem Unterpersonal nicht weniger wie drei Admirale und 29 Kapitäne zur See beschäftigten.

Mitte des 19. Jahrhunderts, beim Uebergang zu den eisernen und modernen Schiffen, welche zur Bedienung ihrer vervollkommneten Waffen und maschinellen Einrichtungen im Ernstfalle eines geschulten Personals bedürfen, genügte dies System nicht mehr. Das reiche England führte aber nicht eine Wehrpflicht ein, sondern begann, die bisherige Methode der Perfonalergänzung unter Beibehaltung des Werbeprinzips mit großem Koftenaufwand und unter Hinzufügung mannig= faltiger Ausbildungsmittel zu einem brauchbaren, den Anfor= berungen moderner Kriegstechnik genügenden Syftem auszu= geftalten.

Bei dem begreiflichen Intereffe, das Englands Seemacht als die Begründerin und Erhalterin feiner Weltmachtftellung für uns hat, erfcheint es angezeigt, die Hauptgrundzüge des englifchen Perfonalfyftems mit feinen Vortheilen und Nach= theilen einer eingehenden Befprechung zu unterziehen.

Das aktive Perfonal.

Das aktive Perfonal der englifchen Marine rekrutirt fich aus Schiffsjungen, die fich gegen Ertheilung einer Ausbildung und Gewährung von Vortheilen zu einer für die Marine nutzbaren Dienftzeit (Ausbildungszeit als Junge wird nicht mitgerechnet) von 12 Jahren verpflichten, und aus Freiwilligen der feemännifchen Bevölkerung, die nur eine Kapitulation von 5 Jahren eingehen.

Der feemännifche Erfatz der Marine wird zum größten Theil aus felbfterzogenen Schiffsjungen gebildet. Die Aus= hebung, d. h. die Einftellung freiwillig fich meldender Jungen, erfolgt in den verfchiedenen Küftenwachtdiftrikten, in welche die ganze englifche Küfte eingetheilt ift, auf die Entfcheidung höherer, mit diefem Amt betrauter Seeoffiziere. Vorläufige Anmeldungen werden entgegengenommen von den Offizieren des Küftenwachtdiftriktes oder den mit der Rekrutirung der Seefoldaten=Regimenter beauftragten Offizieren in den meiften größeren Städten des Königreichs, wie London, Birmingham, Briftol, Edinburgh, Glasgow, Hull, Liverpool, Nottingham, Southampton, und von jedem anderen Offizier, der befonders mit der Aushebung von Jungen betraut ift. Diefe Offiziere fchicken die Jungen dann zwecks definitiver Einftellung zum nächften Schulfchiff oder zum Diftriktfchiff der Küftenwache. Die Bedingungen, denen die Jungen zu genügen haben, find auf allen Küftenwachtftationen, im Inlande auch auf Bahn= höfen, Poftbureaus 2c. angefchlagen und daher überall bekannt, eine Einrichtung, die fich auch für die Bedürfniffe unferer Schiffsjungenabtheilung zur Nachachtung empfiehlt.

Die Erziehung der Jungen erfolgt auf den eigentlichen
Schulschiffen, bei besonders starken Einstellungen, wie sie seit
Anfang der 90er Jahre zur Regel geworden sind, auch auf den
Küstenwachtschiffen und seegehenden Schulschiffen. Die eigentlichen Schulschiffe sind festliegende Hulks — meist alte Fregatten
oder Linienschiffe, neun an der Zahl —, die auf die Haupthäfen
des vereinigten Königreichs vertheilt sind. Den Schiffen stehen
zu praktischen Uebungen 7 Segelbriggs zur Verfügung. Nach
12 monatlicher Ausbildung, welche sich vorwiegend auf See-
mannschaft und Artillerie erstreckt, werden die Zöglinge zu
Schiffsjungen I. Klasse befördert und kommen dann, soweit
wie angängig, an Bord des Schulgeschwaders,*) das aus vier
getakelten Korvetten besteht und größere Seereisen unternimmt.
Dies ist jedenfalls die beste Fortbildung für die Jungen. Ein
größerer Theil derselben kommt aber entweder nach kurzem
Warten auf ein Depotschiff — die Depotschiffe entsprechen
etwa unseren Matrosen- und Werftdivisionen —, an Bord
eines Panzerschiffs oder Kreuzers, um dort im Matrosendienst
Verwendung zu finden.

Die Zahl der selbstausgebildeten Schiffsjungen — etwa
6000 jährlich — reicht für den Bedarf der englischen Marine
nicht aus. Ein weiteres großes Depot von geeigneten jungen
Leuten, die sofort als Schiffsjunge erster Klasse an Bord
kommen können, besitzt England in den sogenannten Industrial
school ships bezw. Mercantile training ships. Es sind
dies vorzügliche, halb private, halb staatliche Erziehungs-
anstalten für Kinder unbemittelter rechtschaffener Eltern oder
Waisen. Die theoretische Erziehung auf den Schiffen —
es giebt deren nicht weniger als fünfzehn Stück in den Haupthäfen Englands — ersetzt vollkommen eine gute Elementar-
schule. Praktisch werden die Jungen ausgebildet in See-
mannschaft, Artillerie und Gewehrexerziren. Sie sind also
gut für die Marine vorgebildet, und diejenigen, welche nach
dem Jahresberichte dieser Schiffe in die Marine eintreten,
sind alle dort gut vorangekommen.

Die Wichtigkeit dieser „Mercantile training" und „Industrial school ships" ist sowohl für die Kriegsmarine wie
für die Handelsflotte eine ganz hervorragende. Etwa die

---

*) Das Schulgeschwader wurde zu Beginn des südafrikanischen
Krieges aufgelöst, da die Mannschaften für Kompletirung der Kreuzer-
flotte gebraucht wurden.

Hälfte der Jungen geht nach vollendeter Ausbildung zur Kauffahrteimarine und liefert, wie aus den Berichten der Rheder, die faſt alle dieſe Einrichtung unterſtützen, hervorgeht, vorzügliche Matroſen, die ſich durch den erworbenen militäriſchen Trimm vortheilhaft von den übrigen Matroſen unterſcheiden. Die Einrichtung iſt auch für unſere Verhältniſſe durchaus nachahmenswerth. Wir können nur wünſchen, daß dem erfreulichen Anfang, den der Norddeutſche Lloyd ſoeben mit der Einrichtung eines Schulſchiffs gemacht hat, weitere Schritte unſerer Rhederkreiſe folgen werden.

Mit einem Alter von achtzehn Jahren avanciren die Schiffsjungen erſter Klaſſe zu Leichtmatroſen, nach weiteren zwei Jahren zu Vollmatroſen. Als ſolche erhalten ſie eine ſorgfältige Spezialausbildung im Artillerie= und Torpedoweſen und rücken alsdann je nach ihrer Geeignetheit zu Unter= offizieren oder ſeemänniſchen Deckoffizieren auf. Erſt nach zwölfjähriger Dienſtzeit erliſcht ihre Verpflichtung zum Dienſt. Die meiſten von ihnen gehen dann eine weitere zehnjährige Verpflichtung ein, nach Ablauf welcher ſie in den Genuß einer auskömmlichen Penſion treten.

Die Ergänzung des Maſchinenperſonals der eng= liſchen Marine geſchieht durch Einſtellung Freiwilliger jugend= lichen Mannesalters. Je nach ihrer Berufsvorbildung werden die Leute als Maſchinenapplikanten oder als Heizer eingeſtellt, müſſen ſich zu einer zwölfjährigen Dienſtzeit verpflichten und können bis zum Obermaaten avanciren, während die Deck= offizierkarriere*) ihnen verſchloſſen bleibt.

In dieſem Mangel an Avancement liegt ein Uebelſtand, der durch die pekuniär günſtige Stellung des Maſchinen= perſonals nicht aufgewogen wird. Bei dem ſchweren Dienſt, den die Heizer haben, fühlen ſie ſich in militäriſcher Be= ziehung dem ſeemänniſchen Perſonal gegenüber benachtheiligt und neigen zur Unzufriedenheit, die ſich verſchiedentlich in Geſuchen um militäriſche Gleichſtellung geäußert hat. Als weitere Folge macht ſich ein recht fühlbarer Mangel an geeignetem Heizererſatz bemerkbar, trotz der leichten Eintritts= bedingungen, die gar keine Vorkenntniſſe fordern.

---

*) Dieſe ſowie die Ingenieurkarriere erhält ihren Nachwuchs aus dem Seekadetteninſtitut der engliſchen Marine.

Die Mannschaftsreserve.

Neben der Ergänzung und Heranbildung des aktiven Personals widmet die englische Marineverwaltung der Schaffung einer leistungsfähigen Mannschaftsreserve ganz besondere Fürsorge. Die Reserve der englischen Marine wird ihrer Schlagfertigkeit nach in drei Gruppen eingetheilt:

1. die Küstenwache,
2. die königliche Marinereserve,
3. die Reserve der Marinepensionäre.

1. Die Küstenwache bildet eine schon im Frieden sofort schlagfertige Flottenreserve, wie sie die Marinen anderer Staaten nicht besitzen. Sie erfüllt im Frieden die vielfachen Nebenaufgaben der Marine, nämlich den gesammten Küsten= signal= und Beobachtungsdienst, sowie einen Theil des Rettungsdienstes, Aufsicht über das Betonnungs= und Lieferungs= wesen der ganzen Küste, Verhinderung von Schmuggelei, Auf= sicht über sachgemäße Durchführung der Quarantänevorschriften, Aushebung des freiwilligen seemännischen Ersatzes für die Marine u. A. m. Das Personal der Küstenwache setzt sich aus freiwillig sich meldenden, ausgedienten Leuten des aktiven Marinepersonals zusammen, behält seine Uniform, steht unter militärischer Oberleitung und wird durch regelmäßige Einschiffung an Bord der Küstenwachtschiffe, Schießübungen und Exerzitien in militärischer Uebung erhalten. Sämmtlichen Leuten der Küstenwache ist ihre Kriegsbesignirung bekannt, und da Ein= kleidung, ärztliche Untersuchung ꝛc. fortfallen, so können sie im Mobilmachungsfalle ohne Weiteres eingeschifft werden. That= sächlich kommt diese erste Reserve der aktiven Truppe an militärischem Werth gleich, da sie stets auf der Höhe der Zeit steht und nur die besten Leute der aktiven Marine in ge= setztem Alter zur Küstenwache zugelassen werden. Andererseits — und das ist der einzige Fehler — ist sie viel zu klein, um der großen englischen Marine einen wesentlichen Nutzen bringen zu können; sie beträgt nämlich mit Offizieren ꝛc. kaum 5000 Köpfe.

2. Die Königliche Marinereserve, (royal naval reserve) bildet die zweite und größte Reserve der englischen Marine. Zu ihr gehören Leute der seemännischen und halb=

seemännischen Bevölkerung, die sich gegen Gewährung einer recht beträchtlichen Geldentschädigung verpflichten, zu Friedens= zeiten bestimmte Uebungen mitzumachen und im Kriegsfall in die Marine einzutreten.

Die naval reserve wird in zwei Klassen eingetheilt. In der ersten sind Seeleute und Leute, die schon in der Kriegs= marine gedient haben, in der zweiten Klasse Halbseeleute. Beide Klassen müssen sich auf 5 Jahre verpflichten und in dieser Zeit eine 6 monatliche und vier 28 tägige Uebungen machen. Dafür erhalten die Reservisten:

1. Klasse: 120 Mark Handgeld und einen Anzug jährlich.
2. Klasse: 50—60 Mark Handgeld jährlich und einen Anzug alle 2 Jahre.

Der Werth dieser Reserve, welche zum größten Theil aus nicht gedienten Leuten besteht und in alle Welt zerstreut ist, dürfte nicht zu hoch zu bemessen sein.

3. Die letzte Reserve der englischen Marine besteht aus alten Marinepensionären, Leuten über 40 Jahre, die sich gegen eine geringe Erhöhung ihrer Pension verpflichten, jährlich 14 Tage zu üben und im Ernstfalle in ihrer alten Charge weiter zu dienen. Die Schaar dieser alten Getreuen ist nur gering.

Die naval reserve 1. und 2. Klasse und die Reserve der Pensionäre kommen zusammen etwa auf 25 000 Mann, so daß sich die gesammte Reserve der englischen Marine mit Offizieren auf rund 30 000 Köpfe beläuft.

Vor= und Nachtheile des englischen Personalsystems.

Das in Vorstehendem skizzirte Ersatz= und Ausbildungs= system des englischen Marinepersonals besitzt entschiedene Vorzüge. Vor Allem ist das seemännische Personal ein vor= zügliches. Die Offiziere arbeiten von vornherein mit Berufs= personal, das für den Kriegsschiffsdienst durch eine angemessene Lehrzeit vorbereitet ist und lange Jahre im aktiven Dienst verbleibt. Einen Rekrutendienst in unserem Sinne kennt man auf den englischen Schiffen kaum. Jeder an Bord kommandirte Voll= matrose ist bereits am Geschütz ausgebildet und kann zur Noth den fehlenden Geschützführer ersetzen. — Nicht so günstig liegen die Verhältnisse beim Maschinenpersonal, dessen Leistungen unter der schlechten Auswahl und Ausbildung der Heizer leiden;

aber auch hier werden die anfänglichen Nachtheile durch die lange Dienſtzeit der Leute aufgewogen.

Ein Nachtheil des engliſchen Syſtems liegt zunächſt in ſeiner Koſtſpieligkeit. Es erfordert einen ganz enormen Auf= wand materieller Mittel, den ſich eben nur das reiche England leiſten kann.

Sodann fehlt dem Syſtem die Sicherheit eines unbegrenzten weiteren Ausbaus. Bei der Freiwilligkeit des Eintritts iſt die Marineverwaltung abhängig von der Luſt und Liebe zum Marinedienſt, die im Lande herrſcht. Sie muß ſich darauf beſchränken, dieſe durch allerlei Zugmittel zu heben, ohne jedoch bei der Nothwendigkeit ſtarker Perſonalmehrungen einen ſicheren Anhalt über ihre Durchführbarkeit zu beſitzen. Als Mitte der 90er Jahre eine ſtarke Vermehrung des ſchwimmenden Materials der engliſchen Marine vor ſich ging, wurde die Per= ſonalfrage geradezu eine brennende und beſchäftigte in lebhafteſter Weiſe die öffentliche Meinung. Dank ungewöhnlicher Anſtrengungen der betheiligten Kreiſe erfolgte eine befriedigende Löſung, ſo daß der gegenwärtige Perſonaletat der engliſchen Marine in der Höhe von 110 000 Köpfen nahezu aufgefüllt iſt. Schwierigkeiten bleiben nichtsdeſtoweniger beſtehen, namentlich ſcheint es in den letzten Jahren bedenklich an dem erforderlichen Nachſchub von Heizerperſonal zu mangeln. Diejenigen Bevölkerungsſchichten, aus welchen ſich dieſes Perſonal ergänzt, finden in der hoch= entwickelten engliſchen Induſtrie lohnendere Beſchäftigung als in der Marine und können nur ſchwer bewogen werden, ihre günſtigen Arbeits=, Lohn= und Lebensbedingungen mit dem ſchlechter bezahlten und härteren Dienſt in der Kriegsmarine zu vertauſchen. Träte eine Periode des induſtriellen Nieder= gangs ein, ſo würde freilich eine Menge ſolcher Arbeiter der Marine zugeführt. Ein ſolcher Niedergang ſtände aber nur zu erwarten, wenn die Marine nicht mehr viel bauen ließe. — Die Marineverwaltung verſucht gegenwärtig, die Ergänzungs= ſchwierigkeiten bezüglich des Maſchinenperſonals dadurch zu beheben, daß ſie in den Induſtriebezirken Rekrutirungsbureaus errichtet, welche dauernd Heizerrekruten einſtellen.*) Ob dieſe Maßregel genügen wird, iſt ſehr zweifelhaft.

Der ſchwächſte Punkt des ganzen engliſchen Wehrſyſtems, zu Lande wie zu Waſſer, liegt in der ungenügenden Kopfſtärke

---

*) Natürlich freiwillige Rekruten.

der Reserve. Bei allen Werbesystemen ist es außerordentlich schwer, eine genügende Reserve zu schaffen. Erfahrungsmäßig muß die Reserve mindestens an Zahl gleich, besser aber, da stets nur ein Theil derselben erreichbar, viel stärker als die aktive Macht sein. Dies ist bei uns der Fall, in Frankreich und Rußland gleichfalls. Italiens Reserve ist sogar relativ größer wie die der drei genannten Mächte. Das mächtige England hat dagegen für eine Marine, die (mit Offizieren) rund 110 000 Köpfe zählt, eine Reserve von 30 000 Mann, also nicht einmal ein Drittel, und von diesen 30 000 Mann sind nur ein geringer Theil wirklich gediente Leute. Das ist ein sehr schlechtes Verhältniß, und man giebt sich darüber in England auch keinen Täuschungen hin. Es sind sehr viele Vorschläge zur Besserung gemacht worden, aber fast alle sind undurchführbar, wenn man sich nicht entschließen will, das Werbesystem fallen zu lassen und allmählich zur allgemeinen Wehrpflicht überzugehen. Das aber zu thun, dürfte im freien England auf außerordentliche Schwierigkeiten stoßen.

Inwiefern diese Verhältnisse durch den gegenwärtigen Krieg eine Aenderung erfahren werden, läßt sich nicht absehen. Schwerlich wird aber eine solche Aenderung zu Gunsten der Marine vor sich gehen. Zu den schweren Opfern an Gut und Blut, die dem Lande aus dem Krieg erwachsen, wird als erstes Erforderniß die Reorganisation*) der Armee treten und gewaltige Summen verschlingen. Demgegenüber wird die Marine zurückstehen und auf die rapiden Verstärkungen, welche sie im letzten Jahrzehnt erfahren hat, in Zukunft verzichten müssen.

Die britische Flotte ist zur Zeit an Gefechtswerth den kombinirten Flotten zwei beliebiger Großmächte gewachsen, während sie Mitte der achtziger Jahre die französische Flotte nicht wesentlich übertraf. Das jetzige Stärkeverhältniß auf die Dauer aufrecht zu erhalten, würde unerhörte Anstrengungen für das britische Reich bedeuten, denen es bei aller Energie und bei dem größten Opfermuth der Bevölkerung nicht gewachsen scheint.

---

*) Die Reorganisation der englischen Armee dürfte sich neben einer Aenderung der Ausbildung auf eine sehr beträchtliche Vermehrung des Personals erstrecken.

II. Die französische Marine.

Frankreichs Personalsystem ist gleich dem unserigen auf dem Gesetz der allgemeinen Wehrpflicht aufgebaut. Das Mann= schaftspersonal der französischen Marine ergänzt sich aus den zum Dienst in der Marine nach dem Gesetz verpflichteten Mannschaften und aus Freiwilligen. Die Verpflichtung zum Dienst in der Marine wird bedingt durch das Gesetz über die inscription maritime und durch das Gesetz über die Rekruten= aushebung. Die Freiwilligen schließen mit der Marine einen Kontrakt ab, nach dem sie sich zum aktiven Dienst über die gesetzmäßige Zeit hinaus verpflichten.

Die inscription maritime.

Die inscription maritime, für die wir den deutschen Ausdruck „Marinedienstpflicht" wählen wollen, regelt das Aushebungsgeschäft innerhalb der seemännischen Bevölkerung Frankreichs, welche in erster Linie zum Dienst in der Marine verpflichtet ist. Die Ursprünge der Marinedienstpflicht reichen bis in die Regierungszeit Ludwigs XIV. und seines Ministers Colbert. Bis dahin hatte Frankreich weder Kriegshäfen noch Kriegswerften, noch überhaupt eine permanente Flotte gehabt. Brauchte man eine solche, so wurden die zur Besatzung der Schiffe nothwendigen Mannschaften gepreßt, d. h. mit Gewalt von Kauffahrteischiffen herunter genommen und zum Dienst in der Flotte gezwungen. Ludwig XIV. wollte eine ständige Seemacht haben. Um für diese das Personal zu schaffen, richtete sein Minister Colbert das Klassensystem ein, welches durch gesetzliche Bestimmung alle an einem Ort vorhandenen diensttauglichen Seeleute in drei verschiedene Klassen eintheilte. Die zu jeder der drei Klassen gehörenden Seeleute mußten ab= wechselnd ein Jahr Dienst auf der Kriegsflotte thun. Um für diese Verpflichtung den Seeleuten eine Gegenleistung von Seiten des Staates zu gewähren, gab Colbert ihnen eine Anzahl von Privilegien und Vorrechten und schuf das Invalideninstitut, das den Seeleuten eine Altersversorgung gewährte. Aus diesem Klassensystem, das bereits den Grundsatz der Wehrpflicht aus= sprach, hat sich allmählich die jetzige Marinedienstpflicht entwickelt, und zwar in der eigenthümlichen Weise, daß auch gegenwärtig, wo das Prinzip der allgemeinen Wehrpflicht die Landbevölkerung in gleichem Maße belaftet wie die feemännifche, der letzteren die von Alters her beftehenden Vergünftigungen im Civilleben gewährt werden. Derartige Vergünftigungen find Steuerfreiheit in der Ausübung des feemännifchen Gewerbes, Schutz gegen ausländifche Konkurrenz durch Gewährung von Prämien, koften= lofer Befuch von Fachfchulen, unentgeltliche Behandlung in Militärlazarethen und vor Allem die Gewährung von Alters= und Invalidenrenten an die Dienftpflichtigen und deren Familien.

Der Dienftpflichtige (inscrit) fteht vom 18. bis zum 50. Lebensjahre zur Verfügung des Staates. Mit dem 20. Jahre beginnt die eigentliche 7jährige Dienftpflicht, von welcher 42 Monate auf den aktiven Dienft in der Marine entfallen, während in der übrigen Zeit der Dienftpflichtige fich in der Dispofitionsbeurlaubung oder in der Referve befindet, jedoch jederzeit zu Uebungen einberufen werden kann.

Die auf Grund der Marinedienftpflicht ausgehobenen Mannfchaften erhalten zunächft in befonderen Depôts ihre erfte militärifche Ausbildung und kommen dann entweder an Bord feegehender Kriegsfchiffe oder auf Schulfchiffe, wo fie eine be= fondere Spezialausbildung erhalten. Derartige Spezialaus= bildungen giebt es in der franzöfifchen Marine eine große Anzahl. Die hauptfächlichften find die für Steuermannskunde, Signalwefen, Torpedowefen, Gefchützführerdienft und Infanterie= dienft. Auf die Ausbildung in den Spezialfächern wird großer Werth gelegt; die Leute erhalten Zeugniffe und Prämien und werden entfprechend ihrer erhaltenen Ausbildung fpäter im Bordbienft verwendet. Während ihrer aktiven Dienftzeit avan= ciren die Mannfchaften nach Maßgabe ihrer Fähigkeiten zu Matrofen 1 und 2. Klaffe und können, falls fie eine Kapitulation eingehen, zur Charge der Unteroffiziere und Deckoffiziere auf= rücken.

Die Rekrutenaushebung (recrutement).

Die zweite Quelle, aus der die Marine ihr Mannfchafts= perfonal ergänzt, ift die Rekrutenaushebung. Der aus ihr hervorgehende Erfatz befteht aus Leuten der Landbevölkerung. Die franzöfifche Marine ift zur Einftellung folcher Leute aus demfelben Grunde gezwungen, wie wir. Die aus der Marine= dienftpflicht hervorgehende Anzahl deckt nicht den Bedarf der Flotte. Die Nothwendigkeit, auf Leute der Landbevölkerung zurückzugreifen, ergab fich zum erften Male im Jahre 1808,

als infolge der langen Kriege der franzöſiſche Seehandel und
die Hochſeefiſcherei, damit alſo die Erſatzquelle der Marinedienſtpflicht, faſt vernichtet war. Man ſchuf damals
50 Marine-Bataillone zu je 500 Mann, aus denen ſich
der Bedarf der Flotte ergänzte. Im Jahre 1816 ver-
ſchwand dieſe Einrichtung wieder, da die Marine zu dieſer
Zeit ſo unbedeutend war, daß man nicht auf die Rekrutenaushebung zurückzugreifen brauchte. Als dann 10 Jahre ſpäter
mit dem Wiederaufblühen der Marine das Bedürfniß nach
einer größeren Anzahl von Mannſchaften, wie die Marinedienſtpflicht lieferte, ſich fühlbar machte, ergriff man wieder das
Mittel der Rekrutenaushebung aus der Landbevölkerung und
hat es bis heute in ſtetig ſteigendem Maße zur Anwendung
gebracht. Augenblicklich ergänzt ſich etwa die Hälfte des
Flottenperſonals aus Leuten der Landbevölkerung; das iſt
ein höherer Prozentſatz wie in unſerer Marine.

Die Aushebung des Landerſatzes erfolgt in den Küſten-
diſtrikten durch die Armeebehörden. Diejenigen Leute, welche
die niedrigſte Loosnummer gezogen haben, werden bei ſonſtiger
körperlicher Geeignetheit der Marine zugewieſen und dienen
dort drei Jahre aktiv, verbleiben darauf ſieben Jahre in der
Marine-Reſerve und treten alsdann zur allgemeinen Reſerve über.

Die Ausbildung des Landerſatzes erfolgt im Allgemeinen
nach denſelben Prinzipien wie die des ſeemänniſchen. Die Leute
werden jedoch zunächſt als Leichtmatroſen (apprenti marin)
eingeſtellt und müſſen ſich die Charge und Beſoldung des
Matroſen 3. Klaſſe, in welche der Seemann ſofort tritt, erſt durch
12 monatliche Seedienſtzeit erwerben. Nach Maßgabe ihrer
Befähigung und Brauchbarkeit können ſie dann zu höheren
Dienſtgraden aufrücken.

Die Freiwilligeneinſtellung.

Das Syſtem iſt etwa das gleiche wie bei uns. Junge
Leute der ſeemänniſchen wie der Landbevölkerung können ſich
vor dem Eintritt in das dienſtpflichtige Alter zum Dienſt in
der Marine melden. Ihre Ausbildung erfolgt nach den bereits
erläuterten Grundſätzen.

Die Schiffsjungenſchule (école des mousses).

Sie verfolgt denſelben Zweck wie unſere Schiffsjungenabtheilung: Heranbildung eines beſonders tüchtigen Unteroffizier-

korps. Die Aufnahme in die Schule iſt von Altersbedingungen (14 bis 15 Jahre), von der Körperkonſtitution und der Seh= kraft abhängig. Die Auswahl unter den Anwärtern erfolgt unter Berückſichtigung der Lebensverhältniſſe der Angehörigen. Kinder von Marineperſonal, namentlich Waiſen von den im Dienſt verunglückten Mannſchaften, werden in erſter Linie ein= geſtellt, in zweiter Reihe werden Kinder von Armeeangehörigen berückſichtigt, dann wird auf Kinder von Leuten aus den Küſten= diſtrikten und ſchließlich auf ſolche von Binnenländern zurück= gegriffen. Es werden jährlich etwa 800 Schiffsjungen ein= geſtellt. An Bord von ſtationären Schulſchiffen erhalten ſie eine praktiſche Vorbildung für ihren Beruf durch Deckoffiziere und Unteroffiziere, während Religions= und Elementarunterricht durch Pfarrer und Civillehrer ertheilt wird. Nach vollendetem 16. Lebensjahre treten die Schiffsjungen in die Charge der Leichtmatroſen und werden dann zuſammen mit den aus anderen Ergänzungsquellen hervorgegangenen Mannſchaften in den Spezialfächern ausgebildet.

Schlußbemerkung.

Faſſen wir die obigen Ausführungen zum Schluß zuſammen, ſo müſſen wir anerkennen, daß die franzöſiſche Marine über ein gut ausgebildetes Perſonal verfügt, zu dem namentlich die Marinedienſtpflicht ein vorzügliches, im Seemanns= und Fiſcher= berufe groß gewordenes Menſchenmaterial liefert. Eine be= merkenswerthe Eigenthümlichkeit der franzöſiſchen Marine iſt die mit großer Sorgfalt im Einzelnen durchgeführte Spezial= ausbildung des Perſonals. Ihre Anfänge gehen bis zum Jahre 1850 zurück. Man hält es für zweckmäßig, einen großen Theil der Mannſchaften von vornherein für ein beſtimmtes Fach aus= zuwählen und ſeine Ausbildung auf Fachſchulen ſo zu fördern, daß man die wichtigeren Poſten mit einem vollkommen in dem betreffenden Fach ausgebildeten Perſonal beſetzen konnte. Dieſe Methode hat unleugbare Vortheile, ſie erfordert aber als un= erläßliche Vorausſetzung einen ſehr großen Ueberſchuß an Deck= offizieren und Mannſchaften, da alle auf Schulen befindlichen Mannſchaften der Front entzogen ſind. Auch bringt es für den Bordbienſt gewiſſe Nachtheile mit ſich, wenn man einen beträchtlichen Theil des ſeemänniſchen Perſonals nicht an allen Plätzen gebrauchen kann. Schließlich iſt ein ſolches Syſtem

auch nur bei der langen Dienſtzeit, wie ſie die Franzoſen
haben, möglich.

Eine erhebliche Vermehrung des franzöſiſchen Marineperſonals über ſeinen jetzigen Beſtand hinaus dürfte angeſichts
der Thatſache, daß der Erſatzbedarf des Landheeres bei dem
Stagniren der Bevölkerungszunahme kaum gedeckt werden
kann, mit Schwierigkeiten verbunden ſein.

III. Die ruſſiſche Marine.

Die Organiſation des ruſſiſchen Marineperſonals unter-
ſcheidet ſich weſentlich von der der übrigen Marinen. Während
in dieſen die Schiffsbeſatzungen, ſoweit ſie nicht an Bord ein-
geſchifft ſind, getrennt nach ſeemänniſchem und techniſchem Perſonal in großen militäriſch organiſirten Depots am Lande
untergebracht werden, bleiben in der ruſſiſchen Marine die
Bordverbände auch am Lande aufrechterhalten. Für jedes
Schiff, auch wenn es ſich außer Dienſt oder noch im Bau-
ſtadium befindet, wird die Beſatzung unter dem Kommando
der deſignirten Schiffsoffiziere und Unteroffiziere an Land als
feſter Verband formirt. Mehrere ſolcher, je eine Schiffs-
beſatzung darſtellender Verbände werden zu einer ſogenannten
Flottenequipage vereinigt, die ungefähr 1000 Köpfe ſtark iſt
und von einem Admiral als Equipagenkommandeur befehligt
wird. Solcher Flottenequipagen zählt die ruſſiſche Marine
im Ganzen 36, von denen die erſten 18 zur Baltiſchen Flotte
gehören, die übrigen zur Beſetzung der Schwarzen Meer-Flotte
und der Sibiriſchen und Kaspiſchen Flottille dienen.

Das Mannſchaftsperſonal der Equipagen ergänzt ſich nach
dem Geſetz der allgemeinen Wehrpflicht durch Rekrutenaushebung.
Dieſe erſtreckt ſich in erſter Linie auf die ſeemänniſche Be-
völkerung des Reichs, welche jedoch infolge der geringen
Entwickelung der ruſſiſchen Handelsſchifffahrt und des gänzlichen
Fehlens einer Hochſeefiſcherei an Zahl ſchwach iſt und von dem
beträchtlichen Mannſchaftsbedarf der Marine nur etwa ein
Sechſtel deckt. Auch wird noch nicht einmal die ganze ſeemänniſche
Bevölkerung zum Waffendienſt herangezogen, vielmehr iſt ein
Theil der eigentlichen Seeleute, um die Entwickelung der unter
den Eisverhältniſſen leidenden Handelsſchifffahrt nicht zu hindern,
entweder ganz vom aktiven Dienſt befreit oder genießt gewiſſe
Bevorzugungen, welche in Abkürzung der Dienſtzeit beſtehen.

Die russische Marine ist daher seit jeher für die Beschaffung ihres Personals zum weit überwiegenden Theile auf Landersatz angewiesen.

Als Peter der Große die Seemacht im Jahre 1629 gründete, besetzte er die ersten Schiffe mit Soldaten der Regimenter Preobraschensky und Semjónoff. Die erste Rekrutirung eigentlicher Matrosen fand 1702 statt. Zu Matrosen wurden damals gewöhnlich Freiwillige aller Berufsklassen genommen, vorwiegend junge Leute unter 20 Jahren und aus solchen Gegenden, wo die Bevölkerung mehr oder weniger mit der Schifffahrt vertraut war. Kaiser Alexander I. stellte die Ergänzung der Flotte derjenigen aus der Armee gleich und verfügte die Rekrutenaushebung aus der Landbevölkerung.

Gegenwärtig werden als Aushebungsdistrikte für die Marine solche gewählt, aus denen man einen tüchtigen, an schwere Arbeit gewöhnten Ersatz zu erwarten hat.

Neben der Rekrutenaushebung ist auch der Eintritt als Freiwilliger gestattet, doch wird von diesem Recht bei der Abneigung des russischen Nationalcharakters gegen den Seedienst nur selten Gebrauch gemacht. Die Zahl der Freiwilligen ist äußerst gering und kommt im Verhältniß zum Ersatz kaum in Betracht. 1892 waren es nur 47 Mann.

Die aktive Dienstzeit in der russischen Marine beträgt, gleichwie in der Landarmee, sieben Jahre, ist also mehr als doppelt so lang wie bei uns. Nach ihrer Aushebung werden die Rekruten in die Flottenequipagen eingestellt und erhalten dort in der sogenannten Rekrutenschule ihre erste Ausbildung. Anfangs bietet die große Zahl der Analphabeten*) große Schwierigkeiten, und wird zunächst dem Unterricht im Lesen und Schreiben sowie in der Religion viel Zeit gewidmet. Der Unterricht wird in russischer Sprache ertheilt, auch für diejenigen Rekruten, welche letztere vorher noch nicht kannten und anderer Konfession sind. Im Uebrigen erstreckt sich die erste Ausbildung auf Beibringung der ersten militärischen und seemännischen Kenntnisse und dauert sechs Monate.

Auf Grund der etwa vorhandenen fachmännischen Vorbildung und der Kenntnisse in den elementaren Wissenschaften

---

*) In der russischen Marine sind etwa 50 pCt. sämmtlicher Mannschaften bei ihrer Einstellung des Lesens und Schreibens unkundig.

erfolgt dann die Auswahl der Rekruten für die verschiedenen Lehrkommandos und Spezialschulen, deren die russische Marine nach französischem Muster eine große Anzahl besitzt. Die hauptsächlichsten sind das Artillerie=Lehrkommando, das Marine= Schützen=Lehrkommando, die Schule für seemännische Unter= offiziere, die Maschinistenschule, die Torpedoschule, die Schule für Ruder= und Signalleute, die Taucherschule.

Die Ausbildung aller übrigen Mannschaften, welche nicht den Lehrkommandos und Spezialschulen überwiesen werden, erfolgt im Sommer an Bord des praktischen Geschwaders, im Winter an Land bei den Flottenequipagen und umfaßt: See= mannschaft, Geschützexerziren, Turnen, Schießen mit dem Gewehr.

Ein Schiffsjungeninstitut, wie bei uns zur Heranbildung eines besonders tüchtigen seemännischen Unteroffizierkorps, giebt es in der russischen Marine nicht. Die Mannschaften avan= ciren bereits während ihrer aktiven Dienstzeit nach Maßgabe ihrer Fähigkeiten zu Unteroffizieren und rücken, falls sie kapituliren, zur Charge der Deckoffiziere auf.

Aus Vorstehendem ist zu ersehen, daß die russische Marine eine wohldurchdachte Organisation des Unterpersonals besitzt und einer gründlichen, systematischen Ausbildung des Personals große Fürsorge zuwendet. Die Leistungen der Letzteren sind dem= entsprechend gute und würden bei der langen Dienstzeit vorzügliche sein, wenn man nicht mit zwei Uebelständen zu kämpfen hätte: dem geringen Bildungsgrad des Ersatzes und dem Mangel an einem Korps älterer, zuverlässiger Unteroffiziere. Die ausgedienten Leute lassen sich trotz aller Vergünstigungen, die ihnen durch langen Urlaub im Winter, Zulagen und Handgeld gewährt werden, nicht länger im Dienst halten. Neben großer Ab= neigung gegen militärischen Zwang und den Seedienst liegt hierfür der Grund wohl hauptsächlich in der Leichtigkeit, mit welcher gerade Unteroffiziere im Civilleben eine weit lohnendere und bequemere Beschäftigung finden. Besonders schmerzlich wird der Mangel an Kapitulanten bei dem Maschinenpersonal empfunden.

Die russische Marine hat seit dem letzten Jahrzehnt ein schnelles Tempo der Vergrößerung eingeschlagen und kann das= selbe auch, soweit die bloße Erhöhung des Personaletats in Frage kommt, bei der gewaltigen, sich schnell vermehrenden Volkszahl des Reiches innehalten. Schwierigkeiten werden sich

nur insofern ergeben, als der Kriegsschiffsdienst mit seinen
immer komplizirter werdenden Waffen und Maschinen an die
Intelligenz des Perjonals stetig steigende Anjprüche stellt, denen
der rujjiſche Landerjat bei aller ſonſtigen Willigkeit und körper-
lichen Brauchbarkeit nur ſchwer gerecht werden kann.

IV. Die Vereinigten Staaten von Nordamerika.

Die Kriegsmarine der Vereinigten Staaten, welche
während des Sezeſſionskrieges zu beträchtlicher Stärke ſich
herangebildet hatte, ſank während der darauf folgenden Friedensjahre allmählich auf ein unbedeutendes Niveau herab.   Die
ſchweren Wunden, die der Bürgerkrieg dem Lande geſchlagen
hatte, die gewaltigen pekuniären Opfer, welche die finanzielle
Leiſtungsfähigkeit der Republik erſchöpften, ließen die Sorge
für die Wehrfähigkeit des Landes in den Hintergrund treten
und bewirkten eine Verkürzung des Marinebudgets, Verzicht
auf größere Neubauten und Kürzung des Perjonals, ſo daß
die amerikaniſche Marine bis in die Mitte der 80er Jahre
hinein einen ſehr geringen Gefechtswerth beſaß.   Seit einem
Jahrzehnt iſt jedoch hierin ein merkbarer Wandel eingetreten.
Mit dem induſtriellen Erſtarken der Union und dem Hervor-
treten von Expanſionsbeſtrebungen begann man der Wehrkraft
zur See erneute Aufmerkſamkeit zuzuwenden, und bei der
Energie und techniſchen Befähigung der Amerikaner blieben die
Reſultate nicht aus.   Die neugeſchaffene amerikaniſche Marine
beſtand in den Seeſchlachten des lezten Krieges die Feuerprobe
und iſt gegenwärtig auf dem Wege, ſich zu einer großen Seemacht zu entwickeln.   Hierbei wird ſie indeſſen noch manche
Schwierigkeiten zu überwinden haben.   Eine derſelben liegt in
der Perjonalfrage.

Amerika kennt ebenſowenig wie England eine allgemeine
Wehrpflicht.   Die Wehr zu Lande wie zu Waſſer ergänzt ſich
mittelſt des Werbeſyſtems, das jedoch nicht in der Weiſe ver-
vollkommnet und mit den nöthigen Erziehungs- und Aus-
bildungsmitteln verſehen iſt wie in England.   Das Perjonal der
Marine wird in erſter Linie aus der ſeemänniſchen Bevölkerung des Reichs angeworben.   Die Leute müſſen ein
gewiſſes Alter haben, körperlich geeignet und ohne bürgerlichen
Makel ſein, außerdem wird in jüngſter Zeit die amerikaniſche
Staatsangehörigkeit verlangt.   Früher wurde auf den lezteren

Punkt kein Gewicht gelegt, so daß die Besatzungen der amerika=
nischen Schiffe zum Theil ein internationales Gemisch zeigten.
Augenblicklich sind von den Unteroffizieren noch 10%, von den
Mannschaften etwa 30% Ausländer, doch strebt man ernstlich
danach, allmählich die ausländischen Elemente abzustoßen.

Die Mannschaften müssen sich bei ihrem Eintritt zu
fünfjährigem Dienst verpflichten und können nach Ablauf dieser
Zeit die Verpflichtung erneuern. Die Löhnung der Mannschaften
ist hoch, die Leistungen sollen gute sein, wenngleich die An=
schauungen über Disziplin und systematische Ausbildung andere
sind wie bei uns.

Die Werbung innerhalb der seemännischen Bevölkerung
hat in den letzten Jahren nicht die erforderliche Zahl des Er=
satzes geliefert. Der Grund dafür ist wohl in der Abneigung
zu suchen, die in den seefahrenden Kreisen der Bevölkerung
gegen jede Art militärischen Zwanges herrscht. Gegenwärtig
herrscht fühlbarer Mangel an Personal, so daß es fraglich
erscheint, ob die in der Fertigstellung begriffenen fünf Linien=
schiffe sich werden bemannen lassen.

Die amerikanische Marineverwaltung sieht sich daher
veranlaßt, die Werbung auch auf die Landbevölkerung aus=
zudehnen, die naturgemäß ein stärkeres Angebot liefert.
Gegenwärtig wird der erste Versuch mit Landersatz gemacht,
der auf zwei besonders eingerichteten Schulschiffen, den
Kreuzern „Dixie" und „Hartford", seine erste seemännische
Ausbildung erhält, bevor er im eigentlichen Kriegsschiffs=
dienst Verwendung findet. Ob dieses System beibehalten
wird, hängt von den Erfahrungen ab, die bisher recht
günstige sein sollen. Man scheut sich augenscheinlich davor,
das englische System der Personalergänzung aus Schiffsjungen
einzuführen, weil dieses sehr kostspielig ist und viele Offiziere und
sonstiges Ausbildungspersonal der Front entzieht. Das Schiffs=
jungeninstitut, welches die Amerikaner zur Zeit besitzen, ist wohl
ein Anfang hierzu, dient aber im Uebrigen ähnlichen Zwecken
wie das unserige, nämlich der Heranbildung eines besonders
tüchtigen seemännischen Unteroffizierkorps. Der Personaletat
zählt zur Zeit etwa 2000 Schiffsjungen, welche auf je einem
Schulschiff in New York und San Francisco ihre erste Aus=
bildung erhalten. Das Eintrittsalter der Jungen ist vierzehn
bis siebzehn Jahre, die Ausbildung entspricht den in der eng=
lischen Marine befolgten Grundsätzen.

Neben dem aktiven Perfonal ift für eine kriegsbrauchbare Mannfchafts=Referve in der amerikanifchen Marine bisher noch nicht geforgt. Man rechnet darauf, daß fich im Kriegsfall gegen eine entfprechende Geldentfchädigung und auf die Aus= ficht einer auskömmlichen Penfion*) hin eine genügende Anzahl Freiwilliger findet, welche die Lücken ausfüllt. Im letzten Kriege war das in ausreichendem Maße der Fall, und aus dem maffenhaften Angebot von Mannfchaften, die fich damals meldeten und theilweife auch Verwendung fanden, hat man neuerdings nach Art der englifchen Volunteers ein befonderes Freiwilligen=Korps, die Naval militia, gebildet, welches mit Offizieren etwa 5600 Köpfe zählt. Die Leute machen in jedem Jahre Uebungen und werden hierzu an Bord von Kriegsfchiffen eingefchifft. Den Werth diefer Freiwilligentruppe für den Kriegsfall wird man nicht hoch anfchlagen können, die Leute find auch keineswegs verpflichtet, fich dem Staate im Ernft= fall zur Verfügung zu ftellen, das hängt lediglich von ihrem guten Willen ab. Die amerikanifche Marineverwaltung trägt fich daher ernfthaft mit dem Gedanken, eine Flotten=Referve nach Art der englifchen Naval reserve einzuführen, deren Mannfchaften, wenn möglich, in der Marine gedient haben und fich zum aktiven Dienft in Kriegszeiten verpflichten müffen. Vorläufig find in diefer Beziehung noch keine Maß= nahmen getroffen.

Im Ganzen betrachtet, befindet fich das Perfonalfyftem der amerikanifchen Marine im Zuftande der Entwickelung, und es wird energifcher Anftrengungen bedürfen, um der Vermehrung des Perfonals das Tempo und der Ausbildung die Gründlich= keit zu geben, welche für eine wirkliche Ausnutzung des fchnell wachfenden fchwimmenden Materials erforderlich find. Bei dem praktifchen Sinn der Amerikaner und der anerkannten Intelli= genz des Seeoffizierkorps dürfte der Erfolg nicht ausbleiben.

---

*) In den Vereinigten Staaten erhält jeder Mann, der eine kriegerifche Aktion mitgemacht hat, nach Beendigung derfelben Penfion. Der Penfionsfonds hat in Folge deffen zur Zeit eine gewaltige Höhe erreicht.

Politische Machtstellung und Kriegsmarine.

Als Ende Oktober 1899 jener Artikel in der „Norbb. Allg. Ztg." erschien, der einen Plan für die Verstärkung unserer Kriegsflotte erörterte, wurde gleichzeitig in ihm betont, daß es sehr schwerwiegende Gründe sein müßten, die die Verbündeten Regierungen zu einem Ausbau des Flottengesetzes vom 10. April 1898 veranlassen könnten. Welcher Art diese Gründe aber seien, darüber hat die Rede des Staatssekretärs Grafen von Bülow in der Reichstagssitzung vom 11. Dezember 1899 die letzten Zweifel zerstreut: Sie liegen auf dem Gebiete der auswärtigen Politik. Die Nothwendigkeit einer Flotten= verstärkung — so begann er damals — gehe hervor aus der gegenwärtigen Weltlage und aus den Verhältnissen unserer überseeischen Politik. Noch vor zwei Jahren habe Nie= mand voraussehen können, in welcher Weise die Dinge in der Welt in Fluß gerathen seien. Es sei hohe Zeit, daß wir uns klar würden über die Haltung, die wir gegen= über den Vorgängen einzunehmen hätten. „Wir wollen keiner fremden Macht zu nahe treten, wollen uns aber auch von keiner fremden Macht auf die Füße treten lassen, und wir wollen uns von keiner fremden Macht bei Seite schieben lassen, weder in politischer noch in wirthschaftlicher Beziehung."

Unthätig oder träumend bei Seite stehen, wie früher, wenn andere Leute den Kuchen theilen, das können und wollen wir nicht, so etwa fuhr der Staatssekretär in seiner Rede fort; — wir haben jetzt bedeutsame Interessen in allen Welttheilen, die rapide Zunahme unserer Bevölkerung, der beispiellose Aufschwung unserer Industrie, die Tüchtigkeit unserer Kaufleute, kurz die gewaltige Vitalität des deutschen Volkes haben uns in die Weltwirthschaft verflochten und in die Weltpolitik gezogen. Wenn die Engländer von einem Greater Britain und die Franzosen von einer Nouvelle France reden, wenn die Russen sich Asien erschließen, haben auch wir einen Anspruch auf ein größeres Deutschland — nicht im Sinne der Eroberung, wohl aber im Sinne der friedlichen Ausdehnung unseres Handels und seiner Stützpunkte. Das ist uns bisher gelungen. Aber gerade weil unsere auswärtige

Lage gegenwärtig eine günstige ist, müssen wir sie benutzen, um uns für die Zukunft zu sichern. Daß diese Zukunft fried= lich sei, wünschen wir alle; aber ob sie es sein wird, das kann Niemand sagen. Und darum müssen wir nicht nur zu Lande, sondern auch zu Wasser gegen Ueberraschungen gesichert sein. „Wir müssen uns eine Flotte schaffen, stark genug, um den Angriff — bei der absoluten Friedlichkeit unserer Politik kann immer nur von einer Vertheidigung die Rede sein — jeder Macht auszuschließen."

Der Staatssekretär warf im weiteren Verlaufe seiner Ausführungen die Frage auf, warum denn alle anderen Staaten ihre Flotte verstärken? Italien sei trotz finanzieller Schwierig= keiten immer und immer wieder zu allen Opfern für die Flotte bereit. In Frankreich könne die Regierung der Volksvertretung kaum genug thun in Ausgaben für Flottenzwecke. Rußland habe das Tempo seiner Flottenverstärkung verdoppelt. Amerika und Japan machten in dieser Beziehung gewaltige Anstrengungen, und England, welches die mächtigste Flotte der Welt besitze, sei bemüht, sie zu vergrößern. „Ohne eine wesent= liche Erhöhung des Sollbestandes unserer Flotte können wir neben Frankreich und England, neben Rußland und Amerika unsere Stellung in der Welt nicht behaupten, und wir haben eine Stellung in der Welt zu behaupten. So wenig wir ohne eine angemessene Landmacht unsere europäische Position wahren können, so wenig können wir ohne eine erhebliche und beschleunigtere Verstärkung unserer Seemacht unsere umfangreichen und immer umfangreicher werdenden überseeischen Interessen und unsere Weltstellung behaupten." Die letzten Jahrzehnte haben viel Glück und Macht und Wohlstand über Deutschland gebracht. Der Neid aber spielt im Leben des Einzelnen und im Leben der Völker eine große Rolle. Es ist viel Neid gegen uns in der Welt vorhanden, politischer Neid und wirthschaftlicher Neid. Es giebt Individuen und es giebt Interessentengruppen und es giebt Strömungen und es giebt vielleicht auch Völker, die finden, daß der Deutsche bequemer und für seine Nachbarn angenehmer war in jenen früheren Tagen, wo trotz unserer Bildung und trotz unserer Kultur die Fremden in politischer und wirthschaftlicher Hinsicht auf uns herabsahen, wie hoch= näsige Kavaliere auf den bescheidenen Hauslehrer. Diese Zeiten politischer Ohnmacht und wirthschaftlicher und politischer De=

muth sollen nicht wiederkehren. Wir wollen nicht wieder
die Knechte der Menschheit werden. Wir werden uns
aber nur dann auf der Höhe erhalten, wenn wir einsehen,
daß es für uns ohne Macht, ohne ein starkes Heer
und eine starke Flotte keine Wohlfahrt giebt: „In
dem kommenden Jahrhundert wird das deutsche Volk
Hammer oder Amboß sein!"

Weltmarkt und Seegeltung.

Graf v. Bülow hat in meisterhafter Knappheit geschildert,
wie Deutschland durch die mächtige Ausdehnung seiner Seeinteressen erst in die Weltwirthschaft und durch diese dann in
die Weltpolitik hineingezogen worden ist. Es ist der Weg
eherner Nothwendigkeit, den wir damit gegangen sind, und nur
unter Entsagung auf unser Dasein als Nation und Großmacht
können wir darauf verzichten, ihn weiter zu schreiten. Unausbleiblich aber ist es, daß wir auf dem Weltmarkte Mit-
bewerbern begegnen, auf verschlossene Thüren stoßen und unser
Recht gegen Willkür oder Mißgunst schützen müssen. So lange
wir klein waren und uns damit begnügten, „wie die Hühner
die Körner, die vom Troge fielen, zwischen den Hufen der
Pferde aufzupicken", waren wir wohl gelitten; den mächtigen
Konkurrenten aber sieht man scheel an und möchte ihn gern
verdrängen. So ist den Engländern, mit denen wir einst ein
gutes Stück der Welt einträchtig durchpilgerten, heute unser
heißer Wettbewerb höchst lästig geworden. Großbritannien macht
überdies eine seltsame Wandlung durch. Das Vaterland des
Freihandels entdeckt, daß der Freihandel dem Starken zwar
Vorrecht und Vorsprung der Macht verleiht vor den
Schwachen, jedoch auch anderen Leuten als den Briten nützt.
So wirbt die Idee des großbritischen Zollvereins, der ein un-
geheures, in sich genügendes, aber nach außen abgeschlossenes
Wirthschaftsgebiet bilden soll, immer weitere Anhänger. In
Rußland treten ähnliche Strömungen stark hervor, auch Nord-
amerika wünscht wohl ein gleiches Ziel zu erreichen. Frankreich
hat von je das Prinzip der geschlossenen Thür in seinem Ko-
lonialreich verfolgt. In den kleinen und mittleren exotischen
Staaten herrscht ein straffes Schutzzollsystem, daneben beständige
Unruhen mit Vergewaltigung fremder Ansprüche, Interessen
und Rechte. So haben Deutschlands auswärtiger Handel und

Seeschifffahrt in ihrer Ausdehnung auch mit wachsenden Schwierigkeiten zu kämpfen.

Die drei Riesenprobleme der Zukunft in der Weltwirthschaft werden sich daher, auch wenn der Austausch von Waaren unter den großen Kulturnationen bei zunehmender Arbeitstheilung sich noch immer weiter steigern würde, trotzdem stets schärfer aufdrängen. Die Erschließung Ostasiens für die Industrie und den Handel des Westens, die Auftheilung Afrikas und die wirthschaftliche Beherrschung Süd= und Zentralamerikas können nicht vor sich gehen, ohne daß Deutschland alle Kräfte einsetzt, sich den ihm gebührenden Antheil zu sichern. Denn überall sind sehr beträchtliche deutsche Handels= und Schifffahrtsverbindungen, Niederlassungen, Kapitalanlagen vorhanden, die, jetzt schon in gedeihlicher Entfaltung begriffen, für die Folge weiter guten Fortgang versprechen. Jeder Kundige weiß, wie sich in den letzten Jahrzehnten die Bedeutung des deutschen Handels und der Schifffahrt in China, Japan, Hinterindien und dem Sunda=Archipel entwickelt hat, wie die Erwerbung von Kiautschou mit dem Hinterlande Schantung neue Unternehmungen des Verkehrs und des Bergbaues veranlaßt, wie auf Sumatra und Java werthvolle Kaffee= und Tabakplantagen in deutschem Besitze sind. Nach anderer Richtung liegen die höchst bedeutsamen Eisenbahnbauten in Kleinasien und Mesopotamien. In der Südsee haben wir in Samoa, in den Karolinen und Marianen, in Neuguinea und dem benachbarten Inselkomplex weitverzweigte Gebiete als Stützpunkte für unsere Verkehrsinteressen. Afrika hat ungeheure Territorien im Westen und Osten unter schwarzweißrother Flagge, möglicherweise wachsen uns aus portugiesischem Besitze noch weitere Pachtgebiete zu; überdies haben unsere Fabrikanten, Rheder und Kaufleute sehr bedeutende Verbindungen, namentlich mit Südafrika, und Hunderte von Millionen deutschen Kapitals sind in dem Goldlande Transvaal investirt. Und werfen wir einen Blick auf Mittel= und Südamerika, so sehen wir von den reichen Kaffeeplantagen Guatemalas, den Staatsanleihen und Unternehmungen Mexikos, der venezolanischen Eisenbahn, den blühenden Siedelungen Südbrasiliens und den Feldern und Wäldern am La Plata bis zu den Salpeterfeldern Chilis und den Häfen Perus und Kolumbiens überall deutsche Kraft, deutsche Unternehmungslust und deutsches Geld geschäftig und fruchtbar.

Die Auslandschiffe.

Das alte Hanseatenwort: „Mein Feld ist die Welt“ —
das Deutsche Reich hat es mit Fleiß und Ausdauer neu zu
Ehren gebracht.   Aber eine derartige Entfaltung der wirth=
schaftlichen Lebenskräfte einer Nation geht nicht ohne Reibungen
und Gefahren vor sich, die beweisen, daß auch heute noch hinter
dem deutschen Kaufmann und dem deutschen Schiff in fernen
Zonen die heimische Macht stehen muß.   Man denke nur an
die Vorgänge in Ostasien, vor Samoa, in Haiti, in Nicaragua,
in Venezuela, vor der Delagoa=Bai! Obwohl auf Kosten der
Aufklärungsschiffe der Schlachtflotte zwei große Schiffe mehr ins
Ausland gesendet worden sind, als planmäßig im Flottengesetze
vorgesehen waren, hätten zu einer wirkungsvollen Vertretung
unserer überseeischen Interessen noch mehr und stärkere Schiffe
hinausgeschickt werden müssen, wenn solche nur verfügbar ge=
wesen wären.   Denn das Experiment, mit unseren Schulschiffen,
den „schwimmenden Gymnasien“, fremden Völkern zu imponiren,
mag hier und da in besonderen Fällen, wo es sich um ganz
schwache Staaten handelt, glücken, birgt indessen für unser
Ansehen in der Welt ein sehr bedenkliches Risiko.   Die Aufgabe
der Auslandschiffe aber ist es doch gerade, unter voller Wah=
rung des Ansehens des Reiches an Ort und Stelle bedrohten
deutschen Interessen wirksamen Schutz, verletzten Interessen dagegen
sofortige Schadloshaltung angedeihen zu lassen.   Dazu reichen aber
die jetzt verfügbaren Kräfte nicht aus, und auch die im ersten
Flottengesetze vorgesehenen Auslandschiffe sind, angesichts der in
raschestem Wachsthum begriffenen Seeinteressen nicht im Stande,
nach ihrer Fertigstellung dieser Aufgabe voll zu entsprechen.
„Um zu beurtheilen, von welcher Bedeutung eine Vermehrung
der Auslandschiffe ist — sagen die Motive zur Flottennovelle —
muß man sich vergegenwärtigen, daß sie die Repräsentanten
deutscher Wehrkraft im Auslande sind und daß ihnen vielfach
die Aufgabe zufällt, Früchte einzusammeln, welche die durch
die heimische Schlachtflotte geschaffene Seegeltung des Reiches
hat reifen lassen.   Außerdem beugt eine ausreichende Vertretung
an Ort und Stelle, gestützt auf eine starke heimische
Schlachtflotte, in vielen Fällen Differenzen vor und trägt
so auch ihrerseits zur Aufrechterhaltung des Friedens unter
voller Wahrung deutscher Ehre und deutscher Interessen bei.“

In diesen Worten der amtlichen Begründung des Gesetz=
entwurfes klingt neben dem wirthschaftlichen stark das poli=
tische Moment an, das in der Hinaussendung und der Stationi=
rung von Auslandschiffen liegt. In der That sind beide nicht
zu trennen: Mit dem wirthschaftlichen hat sich der politische
Horizont des Deutschen Reiches erweitert, und hier gilt wie in
allen politischen Fragen, welcher Art sie sein mögen, der Grund=
satz, daß die sichtbare und fühlbare Macht hinter den deutschen
Bemühungen und Plänen im Auslande stehen muß. Ueberall, wo
an fernen Küsten die Reichsflagge sich an Bord unserer Kriegs=
schiffe zeigt, wird sie das Ansehen und den Einfluß Deutsch=
lands verbreiten und stärken; die Söhne unseres Vaterlandes,
die fern von der Heimath ihre unermüdliche Pionierarbeit
treiben, werden ihre Herzen stolzer schlagen fühlen und die
Eingeborenen werden daran gemahnt, daß die Fittiche des
Reichsadlers auch in weitester Ferne über jeden Deutschen sich
breiten. Aber nur in ganz schwachen exotischen Staaten, die
selbst nur über wenige oder veraltete Seestreitkräfte verfügen,
können deutsche Auslandschiffe, so lange sie vereinzelt bleiben,
sofort an Ort und Stelle Konflikten vorbeugen, Thaten der
Willkür verhindern und für zugefügte Unbill Genugthuung
und Entschädigung erlangen. In allen anderen Fällen sind die
Auslandschiffe nur die Repräsentanten deutscher Wehrkraft,
vorgeschobene Posten, die als Warnung dienen, daß hinter
ihnen, wenn es sein muß, die ganze Macht des Deut=
schen Reiches steht, um deutsches Recht zu wahren und
Vergewaltigung zu rächen.

Zumeist wird auch dies Zeigen der Flagge schon genügen,
um den Frieden zu bewahren — und zwar um so sicherer und
rascher, wenn wirklich eine starke Macht hinter dem vorge=
schobenen Posten steht, mit der in Kampf zu gerathen auch für
den seemächtigsten Gegner gefährlich ist. Kommt es aber zum
Aeußersten, so wird die Entscheidung über die Seegeltung, von
der Handel, Schifffahrt, Kolonien, kurz die gesammten See=
interessen abhängen, nicht draußen in fernen Meeren fallen.
Sieg oder Niederlage dort mögen nicht wirkungslos auf den
Gang der Ereignisse bleiben, aber das Endergebniß eines solchen
Ringens zweier Großmächte zur See wird dort festgestellt, wo
ihre Schlachtflotten aufeinanderstoßen und der Kampf
mit dem Niederzwingen des Gegners endet. Ein ihm
diktirter ungünstiger Friedensschluß kann Deutschland mit einem

einzigen Federstrich seiner Kolonien, Kohlenstationen und aus=
ländischen Stützpunkte berauben, kann unseren überseeischen
Handel und unsere Schifffahrt, die deutschen Niederlassungen
und Kapitalanlagen im Auslande auf Jahrzehnte hinaus lahm
legen.   So nothwendig daher in Friedenszeiten der Schutz der
Auslandschiffe unseren Seeinteressen ist, so gewiß auch sie im
Kriegsfalle unseren Kauffahrern möglichsten Schutz gewähren
und die Ehre der deutschen Flagge in kühnen Gefechten und
Handstreichen hochhalten werden, die schicksalsschwere Entschei=
dung liegt bei der heimischen Schlachtflotte.   Diese muß
so stark sein, daß keine Großmacht einen Krieg wagt, ohne sich
selbst zu gefährden.   So dient sie der Erhaltung eines
Friedens in Ehren — oder, wenn es doch zur ultima ratio
kommt, zur Erringung eines ehrenvollen und vortheilhaften
Friedens für Deutschland.

Die Weltmachtpolitik.

Hat Deutschland auf wirthschaftlichem Gebiete längst die
Grenzen eines reinen Festlandsstaates überschritten, so hat sich
in derselben Zeit auch ein solcher Umschwung der politischen
Verhältnisse vollzogen, daß an die Stelle Europas die gesammte
Erde als Schauplatz der Staatskunst getreten ist.   Was sich
für weitersehende Politiker schon seit längerer Zeit in großen
Umrissen andeutete, die Epoche der Weltmächte und der
Weltpolitik, das ist seit dem Jahre 1898 Allen, die sehen
wollen, klar erkennbar geworden.   Nicht mehr europäische Fest=
landsprobleme beschäftigen heute die Staatsmänner allein,
sondern ihre Sorgen und ihre Pläne umspannen den Erdball.
Kaiser Wilhelm II. hat in seiner Hamburger Rede vom
18. Oktober vor. Js. dies entscheidende Moment scharf
und klar hervorgehoben: „Mit tiefer Besorgniß habe
ich beobachten müssen, wie langsame Fortschritte
das Interesse und politische Verständniß für große,
weltbewegende Fragen unter den Deutschen ge=
macht hat.   Blicken wir um uns her, wie hat seit
einigen Jahren die Welt ihr Antlitz verändert.
Alte Weltreiche vergehen, und neue sind im Ent=
stehen begriffen.   Nationen sind plötzlich im Ge=
sichtskreis der Völker erschienen und treten in
ihren Wettbewerb mit ein, von denen kurz zuvor der

Laie noch wenig bemerkt hatte. Ereignisse, welche umwälzend wirken auf dem Gebiete internationaler Beziehungen sowohl wie auf dem Gebiet des national-ökonomischen Lebens der Völker und die in alten Zeiten Jahrhunderte zum Reifen brauchten, voll-ziehen sich in wenigen Monden. Dadurch sind die Aufgaben für unser Deutsches Reich und Volk in mächtigem Umfange gewachsen und erheischen für mich und meine Regierung ungewöhnliche und schwere An-strengungen, die nur dann von Erfolg gekrönt sein können, wenn einheitlich und fest, den Parteiungen entsagend, die Deutschen hinter uns stehen. Es muß dazu aber unser Volk sich entschließen, Opfer zu bringen."

Der Anstoß zu diesem Umschwung ist von Großbritannien ausgegangen. Noch bis in die 70er Jahre schwebte einem Theil seiner Staatsmänner das Ideal einer Dezentralisation der Macht vor, unter weitestgehender Selbständigkeit der Ko-lonien. Aber von Jahr zu Jahr wuchs die Bewegung für ein „Größeres Britannien" und gewann mit ihrem starken Zauber von Reichthum, Macht und Weltherrschaft die Gebil-deten und noch mehr die Massen. Der Imperialismus tritt in England mit der Rücksichtslosigkeit einer Elementarkraft auf, die nur an der Macht anderer Völker ihre Schranken findet. Während die alten Friedensworte von den Lippen der englischen Diplomaten flossen, legte die Regierung die Hand auf ein Gebiet nach dem andern: in den letzten 30 Jahren hat Groß-britannien seinen Besitz von 12,6 auf 27,8 Millionen Quadrat-kilometer ausgedehnt. „Der Geist tapferer, arroganter, findiger Männer mit der Moral eines Seeräubers" erfüllte nach den eigenen Worten eines Engländers diese „landgrabschende" Po-litik. Dann vollzog Rußland eine energische Schwenkung. Es wandte sich vom Westen ab und dem Osten zu. Mit zäher Ausdauer schob es seine Heersäulen und seine Eisenbahnen in Asien vor; bis zum persischen Golf, zum Pamir und tief nach China hinein reicht heute sein Arm, und überall trennen nur noch schmale Gürtel seine Machtsphären von denen Englands. Auch Frankreich blieb nicht zurück; um die nach Revanche dür-stende Volksseele mit anderen Ruhmesthaten zu vertrösten, wurde ein riesiges Kolonialreich in Nord- und Mittelafrika, in Hinterindien und Südchina aufgebaut. Und schon lange

vor dem Kriege mit Spanien haben ebenso die Vereinigten
Staaten ihrem Expansionsdrange Luft gemacht, im Süden und
Westen ihres Kontinents gewaltige Länderstrecken sich einge=
gliedert und die Anfänge eines Kolonialgebietes geschaffen.
Spät erst und schüchtern fast ist das Deutsche Reich in diese
alle Großmächte erfassende und treibende Bewegung eingetreten,
indem es sich in Afrika und Australien Schutzgebiete zueignete.
Die Kongo=Konferenz 1884/85 in Berlin ist, wenn man für
weltgeschichtliche Wandlungen überhaupt einen festen Termin
setzen kann, gleichsam die Proklamation der Weltpolitik.

Mit Riesenschritten haben dann die Ereignisse diese Ent=
wickelung in den allerletzten Jahren beschleunigt. Der Krieg
zwischen Japan und China zeigte eine kraftvolle aufstrebende
Seemacht mit weitausgreifenden Plänen einer Vorherrschaft der
gelben Rasse in Ostasien und Polynesien als Siegerin über ein
in Verfall und Zerrüttung gerathenes Riesenlandreich: China
wurde besiegt, weil Japan die Seeherrschaft gewann. Die
Intervention europäischer Großmächte zog dann das chinesische
Problem in die Bahnen der westlichen Politik, und jede Ver=
wickelung, jede Unruhe und Erschütterung in dem 400 Millionen=
land fordert heute die gespannteste Aufmerksamkeit der Staats=
lenker aller Großmächte. Der reichlich ein Jahrhundert währende,
bald mit den Waffen, bald mit den Künsten der Diplomatie
verfochtene Kampf zwischen England und Frankreich um die
Suprematie in Egypten endete mit dem vollen Siege Groß=
britanniens, das seiner Herrschaft auf der Linie vom
Kap bis Kairo nun auch Transvaal einzufügen sich abmüht.
Welche Folgen aber für die Welt dieser offenbar noch
lange sich hinziehende Buren=Krieg haben wird, das ist heute
noch unabsehbar; wie leicht können Funken von ihm aus=
fliegen, die einen Weltbrand entzünden! Dazu ist mit raschem
und energischem Schritt eine neue Weltmacht auf den inter=
nationalen Plan getreten, die Vereinigten Staaten von Nord=
amerika. Bei Cavite am 1. Mai und bei Santiago am
3. Juli 1898 sanken die Reste der einstigen Weltmacht Spaniens;
aber nicht schon diese Siege, auch nicht die Angliederung der
ohnehin der amerikanischen Interessensphäre angehörenden Inseln
Cuba und Portorico, sondern erst die im Pariser Frieden vom
10. Dezember 1898 verbriefte Annexion der Philippinen hat
Nordamerikas Entschluß und Bereitschaft, sich an der inter=
nationalen Politik maßgebend zu betheiligen, offenkundig dar=

gethan. Dies Alles sind Vorgänge, die entweder zeitlich oder
doch in ihren Folgen erst nach dem im Sommer 1897 vor-
bereiteten und im März 1898 abgeschlossenen deutschen Flottengesetze fallen und bei dem in ihm festgesetzten Maße der Flotten-
stärke naturgemäß daher nicht berücksichtigt werden konnten.

Wohl aber ist das Deutsche Reich an all diesen Ereignissen,
obgleich es in ihnen nirgends die treibende Kraft gewesen ist, an
all diesen Machtverschiebungen und Zukunftsproblemen betheiligt. Direkt — weil es überall, in allen Ländern und
Meeren durch Handel und Verkehr wichtige Wirthschafts-
interessen hat. Mittelbar — weil heutzutage eine Großmacht
sich selbst aufgiebt, wenn sie auf ihren Platz im Rathe der
Völker, die über das Weltschicksal entscheiden, verzichtet. In
seiner Stettiner Rede, am 10. Januar ds. Js., hat Graf
v. Bülow das treffende Bild gebraucht: Deutschland könne
sich auf dem Welttheater nicht wie ein Statist im Hintergrunde
herumdrücken, während vorn die großen Rollen agiren. Wenn
unser Volk vor die Wahl gestellt wird, ob es diese großen
Rollen allein in den Händen von Rußland, Großbritannien
und Nordamerika sehen will, denen dann auch die Herrschaft
über die Erde zufällt, oder ob es darauf besteht, daß selbst mit
großen Opfern Deutschland seine Stellung als Großmacht in
der Welt behauptet, so ist uns die Entscheidung nicht zweifelhaft: Unser Volk weiß auch nach 30 Jahren noch zu gut, daß
die deutsche Einheit und die deutsche Macht mit kostbarem
Blute auf dem Schlachtfelde errungen sind, um je freiwillig
darin zu willigen, daß das Reich aus der Reihe der bestimmenden
Gewalten sich selbst ausstreiche und in stiller Genügsamkeit,
fern von den großen Schicksalen, die den Weltlauf lenken, be-
scheiden und behaglich seinen Kohl baue. Neben den wirthschaftlichen Nothwendigkeiten, die uns in die Weltpolitik hinein-
zwingen, spricht auch die Ehre, das Ansehen des Reiches hier
ein Wort mit. In diesem instinktartigen Willen zur Macht
liegt auch ein Stück Idealismus. Und ein großes Volk lebt
nicht vom Brode allein, es bedarf der Kraft und des Ruhmes
ebenso nöthig: Macht ist des Staates Freiheit!

Das Machtmittel in der Weltpolitik

aber ist in erster Linie die Marine und zwar eine starke
Schlachtflotte. Festlandspolitik kann man mit dem Heere allein

treiben, Weltpolitik nicht. Selbst Napoleon I. ging zu Grunde,
weil er trotz heißen Bemühens niemals vermochte, den Briten
die Seeherrschaft auch nur streitig zu machen. Und auch
Rußland, der Weltstaat mit dem ausgedehntesten ununter=
brochenen Landgebiet, baut seit einigen Jahren unausgesetzt
seine Flotte aus, um allen Eventualitäten im fernen Osten
und im europäischen Westen gewachsen zu sein; nachdem es für
seine Flotte im Vorjahre einen 200 Millionen Rubel er=
fordernden Bauplan aufgestellt hat, beträgt das Marinebudget
für 1900 fast 87 Millionen Rubel. Welche Rüstungen Eng=
land im letzten Jahrzehnt seit seinem Flottengesetz von 1889
in immer steigendem Maße gemacht hat, ist allgemein
bekannt, und doch rüstet Großbritannien weiter. Erst
in den allerletzten Tagen hat Frankreich aufs Neue sich
zu einer starken Vermehrung seiner maritimen Wehrkraft ent=
schlossen; für die nationale Vertheidigung zur See, die bis
1907 vollendet sein soll, werden 900 Millionen Francs ge=
fordert, obwohl das Jahresbudget seit Langem den deutschen
Marineetat um das Doppelte übersteigt. Nordamerika baut
Linienschiffe über Linienschiffe; sein Marinebudget für 1900 ist
auf 312 Millionen Mark gestiegen, während das deutsche nur
152 Millionen beträgt. Japan ist in Bälde mit seiner
Flottenverstärkung fertig. Auch Italien und Oesterreich nehmen,
wie schon oben erwähnt, die eine Zeit lang ruhen gebliebenen
Marinerüstungen wieder auf. Wie ist es da möglich, daß
Deutschland sich der gleichen Pflicht entzieht? Hat es doch nur
allzulange schwere Versäumnisse sich zu Schulden kommen
lassen! Als 1897 das Flottengesetz ausgearbeitet wurde, war
das Deutsche Reich von der 3. Stufe unter den Seemächten,
die es zu Anfang der 80er Jahre, nur von England und
Frankreich übertroffen, innegehabt hatte, auf die 5. und 6. ge=
sunken, seine Flotte zählte an kriegsbrauchbaren Schiffen nur
die Hälfte von dem im Gründungsplan von 1873 vorgesehenen
Bestande. Da galt es zunächst die Lücken ausfüllen, einen
Nothbehelf schaffen, die Flotte auf ein festes gesetzliches
Fundament stellen und dauernd vor Verfall bewahren. Wenn
wir jetzt vor der Nothwendigkeit stehen, ein weiteres Stockwerk
auf dem Unterbau aufzuführen und die Flotte zu verdoppeln,
so geschieht dies nur nach Maßgabe unserer eigenen See=
interessen, der politischen Verschiebungen und der wachsenden
Seemacht der Gegner.

Es bedarf eigentlich keines Beweises, daß ein Staat, der überall in der Welt wichtige Lebensinteressen seines Volkes zu schützen hat, dazu einer starken Flotte bedarf. Weder unser Landheer, sei es noch so groß und vortrefflich, noch Bündniß= verträge, noch Diplomatenkünste reichen hier aus. Gewiß sind für unsere Politik auf dem Festlande der Dreibund und unsere guten Beziehungen zu Rußland die Grundlage, die Armee das scharfe Werkzeug. Aber schon in einem Kriege mit Frank= reich wird künftig der Marine eine ganz andere Rolle zufallen als 1870/71. Und sollen in einem Konflikt mit einer großen Seemacht unsere Bataillone mit Gewehr bei Fuß an der Küste stehen, während unsere kleine Flotte in einer Schlacht mit dem gewaltigen Gegner nichts rettet als die Ehre und eine undurchdringliche Blockade uns den Hals zuschnürt? Wir haben doch Beispiele genug in den letzten Jahren dafür, was ein Stärkerer gegen den Schwächeren zur See vermag. Das ungeheure China mußte sich vor Japan beugen, als am Yalu=Fluß des Letzteren Flotte siegte. Wie bei einem Manöverschießen nach der Scheibe bohrten die Amerikaner die alten spanischen Schiffe vor Manila in den Grund, und fast ohne Kampf vernichteten ihre Schlachtschiffe vor Santiago die spanischen Kreuzer. In ohnmächtigem Grimme mußten die Franzosen die Trikolore in Faschoda senken, als England nur mit der Drohung spielte, sein Geschwader vor die fran= zösischen Häfen zu legen. Und die glücklichen Erfolge, die unsere Diplomatie in Samoa und bei der Beschlagnahme deutscher Postdampfer erzielt hat, können sie uns vergessen lassen, mit welcher zornigen Bitterkeit wir damals unsere Schwäche zur See empfunden haben? Und wären sie über= haupt möglich gewesen, wenn nicht England in den schweren Bedrängnissen des Buren=Krieges gewesen wäre? Dort in Südafrika fühlt Großbritannien nun am eigenen Leibe das Verhängniß, sein Landheer vernachlässigt zu haben. Möge uns die Vorsehung davor bewahren, daß wir Deutsche je die früheren Versäumnisse unserer Rüstung zur See büßen müssen. Heute ist es eine gebieterische Nothwendigkeit, daß eine Großmacht, die etwas in der Welt zu sagen haben will, beide Arme kräftig rühren kann, zu Lande das Heer, die Flotte zur See. Was aber für andere Staaten gilt, das gilt für das Deutsche Reich nicht minder!

Bündnisse und politische Macht.

Wenn das Verständniß für die Flotte als politischen Machtfaktor in den Massen nicht so rasche Fortschritte gemacht hat, wie zu wünschen wäre, so darf man dabei nicht außer Acht lassen, daß der neuen Aera der Weltpolitik ein Jahrhundert ausschließlicher Festlandspolitik vorausgegangen ist. Was unser Landheer für Deutschlands Werden und Wachsen bedeutet, das wissen Alle; ihm verdanken wir, daß zu Anfang des Jahrhunderts das Vaterland von der Fremdherrschaft befreit wurde, und daß 50 bis 60 Jahre später Kaiser und Reich wieder erstanden sind. Diese Großthaten leben in Aller Herzen. Welche Rolle aber im 16., 17. und 18. Jahrhundert die Flotte in dem Ringen der Engländer mit den Portugiesen und Spaniern, den Niederländern und Franzosen um den Weltmarkt und die Weltherrschaft gespielt hat, das liegt den Meisten so fern, daß sie sich in die gewaltigen Aufgaben, die eine plötzlich hereingebrochene Aera der Weltpolitik uns Deutschen stellt, nur schwer hineinfinden können. Und doch muß es geschehen, doch müssen die überlebten Anschauungen einer früheren Zeit überwunden werden. Zu diesen Traditionen, die zu den jetzigen Voraussetzungen nicht mehr passen, rechnen wir vor Allem auch die Behauptung, wie zu Bismarcks Zeiten genüge auch jetzt noch eine weise Staatskunst, die, gestützt auf das deutsche Heer, durch Verträge und Bündnisse das Schachbrett der Politik beherrsche, um Deutschlands Interessen und Ansehen in der weiten Welt zu wahren, und man brauche dazu keine größere Flotte, als sie zur Küstenvertheidigung nöthig sei. Das ist ein Irrthum, der verhängnißvoll werden könnte, wenn er je — was ausgeschlossen ist — Einfluß auf unsere auswärtige Politik gewinnen würde, dem aber auch in unserem Parteileben der Boden entzogen werden muß.

Seit zwei Dezennien haben sich die Verhältnisse, wie wir vorhin in aller Kürze skizzirt haben, so gründlich verschoben, daß das Deutsche Reich zwar auf dem Festlande die Fundamente seiner Machtstellung beibehalten muß, in der Weltpolitik aber erst durch eine starke Flotte recht bündnißfähig wird. Die Gesammtkonstellation wird durch den Gegensatz von Rußland und Großbritannien beherrscht. Einzelabkommen über diesen oder jenen Punkt, diplomatische Höflichkeiten und Hinauszögern der Entscheidung können den Zusammenprall aufhalten. Aber

kommen wird er und mit ihm die große Katastrophe, die das
Schicksal der Welt in sich trägt. Zwischen beiden Mächten
steht Deutschland. Unsere Politik ist es gewiß nicht, die den
Gegensatz verschärft. Im Gegentheil, wenn wir unabhängig
nach allen Seiten unsere eigenen Wege mit Festigkeit und Be=
harrlichkeit verfolgen, so sind wir gleichzeitig bemüht, den
Frieden zu erhalten und zu sichern. Gerade in dieser Position
aber verschafft dem Deutschen Reiche erst die Flotte die
volle Ausnützung seiner Kraft. Für Rußland hat Deutsch=
land als Bundesgenosse gegenüber England nur Werth, wenn es
zur See mächtig ist; unser Heer versagt hier in einem großen
Konflikte völlig, mag er nun an der Nordgrenze Indiens, in
Ostasien oder vor Kronstadt und im Kanal ausgefochten
werden. England seinerseits aber könnte ein Deutschland, das zur
See schwach ist, nöthigen, sich ihm gegen Rußland anzuschließen
oder zum mindesten neutral zu bleiben. Es wäre verhängniß=
voll, wenn nicht unser eigener Wille und unser eigener
Nutzen, sondern eine fremde Macht uns die Marschroute auf=
zwänge. Aber auch ohne diesen Hinblick auf die äußersten
Eventualitäten muß man doch sagen, daß Englands Respekt vor
Deutschland nur wachsen kann und damit die sehr wünschens=
werthe feste Fundamentirung dauernden guten Einver=
nehmens geschaffen wird, wenn Deutschland eine starke Flotte zur
Verfügung hat, so daß ein Krieg sogar für den seemächtigsten
Gegner mit der Gefährdung seiner eigenen Großmachtstellung ver=
bunden ist. Auch Frankreich gegenüber ist es allein die Flotte,
die unter Umständen, z. B. in Kolonialfragen, eine positive Förde=
rung der französischen Interessen bieten und damit vielleicht
zur Anbahnung besserer Beziehungen dienen kann, die alle
unsere Loyalität in der Festlandspolitik nicht geschaffen hat.
Daß eine Kooperation mit Nordamerika unsererseits nur zur
See möglich ist, bedarf keiner weiteren Ausführung. Nicht
minder versteht sich das von selbst mit Japan. Ohne
starke Flotte sind wir in den Gewässern von Ost=
asien und Amerika eine quantité négligeable.

So gewinnt gerade für die Bündnißfrage eine
starke deutsche Flotte eine entscheidende Bedeutung.
Freilich nehmen wir diese Frage in einem anderen Sinne,
als es ein Vorschlag thut, der im vorigen Sommer in der
Tagespresse auftauchte und eine Koalition sämmtlicher
europäischer Seemächte gegen England oder Nordamerika

anregte, mit der Nebenabsicht, Deutschland eine weitere
Verstärkung seiner Marine zu ersparen. Damals haben die
„Grenzboten" (7. Juli 1899) diese Utopie sofort vernichtet,
indem sie die politische und militärische Unmöglichkeit
eines solchen Planes überzeugend nachwiesen und namentlich
auch betonten, daß die Berufung auf die Politik des Fürsten
Bismarck dabei ganz und gar unzulässig sei. In der That
hat Niemand skeptischer als der große Staatsmann der Schöpfer
des deutsch-österreichischen Bündnisses und der Tripelallianz,
über den Werth von Verträgen in der Stunde ernster Ent=
scheidungen gedacht und gesprochen. Seine „Gedanken und Er=
innerungen" geben Zeugniß davon; er bekennt es offen, daß
auch hier das ultra posse nemo tenetur gelte, daß kein
Staat seine Existenz auf dem Altar der Bündnißtreue opfere,
sondern nur soweit gehe, wie es seinen eigenen Interessen ent=
spreche. Und kein Staatsmann hat weiter so freimüthig zu=
gestanden, daß alle Diplomatenweisheit am letzten Ende zu=
nichte werde, wenn nicht die Macht hinter ihr stehe. Ihm
war das Wort von Clausewitz, daß der Krieg nur die Fort=
setzung der Diplomatie mit anderen Mitteln sei, jederzeit
gegenwärtig. Er hat nie einen Krieg um seiner selbst willen
geführt oder gewollt, sondern nur als Mittel zur Erreichung
der höchsten nationalen Güter; er hat aber auch nie ein Hehl
daraus gemacht, daß all seine unvergleichliche Kunst versagt
hätte, wenn nicht das Schwert Preußens und Deutschlands
scharf und schneidig gewesen wäre. So sagte er beispielsweise
in der Reichstagssitzung vom 14. Juli 1882: „Meine
ganze politische Kunst ... wäre ... vollständig ge=
scheitert ohne Hinblick auf die deutsche Militär=
organisation ... und ohne den Respekt, den wir
einflößen, ohne die Abneigung, die man hat, mit
unseren wohlgeschulten, intelligenten und wohl=
geführten Bajonetten anzubinden. Thun Sie
diesen Respekt aus der Welt und Sie sind genau in
der ohnmächtigen Lage von früher, so daß Deutsch=
land für die anderen Mächte eine Art von Polen
für die Theilung sein würde." Es ist richtig, Fürst
Bismarck hat an seinem Lebensabend den neuen Bahnen
einer deutschen Weltpolitik reservirt gegenübergestanden. Auch der
größte Mann bleibt ein Sohn der Zeit, die ihn geboren, und
wer als seiner Tage Werk die Schöpfung des Deutschen Reiches

aufweist, der hat wahrlich für sein Jahrhundert genug gethan. Aber gleichwohl hat, wie unanfechtbar bezeugt ist, Fürst Bismarck das erste Flottengesetz völlig gebilligt, und wenn heut sein scharfes Auge noch die Weltlage überschaute, so würde er auch die Fortsetzung seiner Machtpolitik durch die Flotten= verstärkung gutheißen, getreu dem markigen Worte des Großen Kurfürsten: „So Jemand in der Welt etwas decidiren will, will es die Feder nicht machen, wenn sie nicht durch die Force des Schwertes souteniret wird!"

Deutschland in der Welt ein Hort des Friedens und der Kultur.

In drei Jahrzehnten hat das Deutsche Reich bewiesen, daß es seine Wehrmacht zu Lande in den Dienst des Friedens und der Zivilisation gestellt hat. In keinem Augenblick hat es daran gedacht, etwa später drohenden Gefahren durch einen raschen Schwertstreich zuvorzukommen. Niemanden aber hat es auch im Zweifel gelassen, daß ein Angriff auf seine Grenzen ein Unternehmen sei, das Verderben bringen würde. So hat es nicht nur sich selbst den Frieden, den der Bürger Fleiß und des Landmannes Arbeit zum Gedeihen benöthigen, bewahrt, sondern sein starker Arm hat auch ganz Europa lange Jahre der Ruhe und Sicherheit geschaffen, indem es loyal und offen sich als versöhnender Mittler zwischen die Gegensätze gestellt hat. Die gleiche Aufgabe wird ihm in der Weltpolitik er= wachsen, wenn die deutsche Politik dazu erst das nöthige Rüst= zeug, eine starke Flotte, in der Hand hat. Nur der Reichthum des Schwachen reizt die Raublust des Starken, der mit dem Mächtigen gern in friedlichem Abkommen lebt. Und Deutsch= lands Weltpolitik ist nicht der Abenteuersucht und dem Ueber= muth entsprungen, sondern wirthschaftlichen und politischen Nothwendigkeiten. Wenn eine starke Flotte uns wirklich erst zur Weltmacht gemacht hat, dann werden die Deutschen nicht plötzlich auf Eroberung und Raub ausziehen, sondern, in sicherem Schutze, als Gegner gefürchtet, als Freund begehrt, ihrer friedlichen Arbeit auf allen Küsten und in allen Häfen, in den heimischen Meeren wie in den fernsten Ozeanen leben und mit der Angliederung des „größeren Deutschlands", das deutscher Fleiß und deutsche Betriebsamkeit längst in der Ferne aufgebaut hat, an die alte Heimath auch unsere alte Kultur,

unsere Sprache, unser Wissen, unsere Kunst und unsere Art
über die Welt verbreiten. „Für das heutige Deutsche
Reich," sagen die Motive zur Flottennovelle," „ist die Siche=
rung seiner wirthschaftlichen Entwickelung, im Be=
sonderen seines Welthandels, eine Lebensfrage. Zu
diesem Zwecke braucht das Deutsche Reich nicht nur
Frieden auf dem Lande, sondern auch Frieden zur
See — nicht aber Frieden um jeden Preis, sondern
**einen Frieden in Ehren, der seinen berechtigten Bedürf=
nissen Rechnung trägt."** Zu diesen Bedürfnissen gehört auch
die Ausbreitung deutschen Wesens über die Erde. „Bitter
noth ist uns eine starke deutsche Flotte"! rief der Kaiser
seinem Volke am Jahrestage der Schlacht von Leipzig zu. Und
diese starke deutsche Flotte möge erfüllen, was vorahnend
Herweghs feurige Seele erfüllte, wenn er Deutschlands
Zukunftsmission kündete: „Du bist der Hirt der großen
Völkerherde, Du bist das große Zukunftsvolk der
Erde, drum wirf den Anker aus!"

Die Entwickelung des deutschen Schiffbaus und seiner Hülfsindustrie.

Der Schiffbau der Hansa.

Die ersten Anfänge des deutschen Schiffbaus lassen sich bis auf die Zeit der Hansa zurückführen, wenngleich statistische Daten sowie nähere Angaben über die Schiffbaubetriebe fehlen. Dagegen sind uns nähere Einzelheiten über die Schiffbau= politik der Hansa und im Besonderen über die wirthschaft= lichen Einschränkungen überliefert, welche für die Entwickelung des Schiffbaus zum großen Theil von nachtheiligem Einfluß waren.*) So war in der hansischen Rhederei die Zulassung von Butenhansen streng verboten, auch durften den Fremden keine Schiffe verkauft werden. In erster Linie scheint diese Politik den Flämingern und ihrer Rhederei gegolten zu haben. Auch bestimmte der Hansatag zu Lübeck im Jahre 1441, daß nur Bürger einer Hansastadt das Schiffbaugewerbe betreiben dürften. Von allen Hansastädten zeigte jedoch vornehmlich Danzig wenig Neigung, diese Einschränkungen aufrecht zu er= halten. Denn Danzig war wegen seiner bevorzugten Lage mit Bezug auf die reichen und ergiebigen Holzbestände seines Hinter= landes — anfangs Preußen, später Polen und Galizien — und den bequemen Bezug des Eisens aus Schweden für Bolzen und Beschläge als Schiffbauplatz besonders geeignet und den Hansastädten an der westlichen Küste der Ostsee erheblich über= legen. Danziger Eichenholz, im Besonderen eichene Krumm= hölzer, und Danziger Kiefern bildeten noch im 19. Jahrhundert einen wichtigen Ausfuhrartikel nach England, Frankreich und den sonstigen Schiffbau treibenden Ländern. Da Danzig in diesen Anordnungen eine Schädigung seines städtischen Gewerbes erblickte, setzte es im Jahre 1453 beim Hochmeister des deutschen Ordens durch, daß den preußischen Städten der Schiffbau für das Ausland freigegeben wurde, und verfocht diesen Stand= punkt mit Nachdruck gegenüber den Einsprüchen des Hansa= tages. Auf eine abermalige Mahnung des Lübeckschen Hansa=

---

*) Dr. E. Baasch. Beiträge zur Geschichte des deutschen Schiff= baus und der Schiffbaupolitik.

tages von 1476 erwiderte Danzig, das alte Verbot sei nicht mehr aufrecht zu erhalten, auf diese Art werde man überhaupt schwerlich die Holländer von dem Meere entfernen können, da sie im eigenen Lande wohl ebenso viel Schiffe wie außerhalb bauen ließen. Und so bauten denn die preußischen Hansa= städte vom Ende des 15. Jahrhunderts zahlreiche Schiffe für außerhansische Rechnung und lieferten dieselben nach Hol= land und selbst nach England.

Da es der hansischen Rhederei ohne Zweifel an der Er= kenntniß von der Gemeinsamkeit der Interessen von Schiffbau und Rhederei fehlte, so kann von einer glänzenden Entwickelung und Blüthe des hansischen Schiffbaus nicht gesprochen werden. Als später mit dem Verfall der hansischen Rhederei auch der Schiffbau zurückging, konnten allmählich die hansischen Beschränkungen unter Danzigs Führung beseitigt werden, und so sehen wir im 17. und 18. Jahrhundert den Schiff= bau durch zahlreiche Bauten für außerdeutsche Rechnung wirthschaftlich und technisch emporblühen. An Stelle der negativen Schiffbaupolitik trat sogar seit dem 18. Jahrhundert eine positive, und zwar vornehmlich in Brandenburg, Preußen, Pommern und Hamburg, welche sich in einer Fürsorge und Unterstützung des Schiffbaus, Festsetzung von Bauprämien ꝛc. geltend machte. Trotzdem blieb die Unsicherheit der deutschen Schiffbaupolitik bestehen; dieselbe entsprang theilweise aus der Unklarheit der wirthschaftlichen Anschauungen, welche sich bei der Zersplitterung der deutschen Kleinstaaten vielfach durchkreuzten, vornehmlich aber aus der Unterschätzung des Seehandels und der Seeinteressen. War doch ein Rückgang der deutschen Rhederei und des deutschen Schiffbaus unvermeidlich, nachdem England und Holland dahin gelangt waren, durch Schaffung einer Achtung gebietenden Kriegs= flotte ihren Flaggen auf See ausreichenden Schutz zu gewähren, während den Rhedereien der deutschen Seestädte seit dem Verfall der Hansa eine see= beherrschende Gewalt nicht mehr zur Seite stand. Die Abhängigkeit des Schiffbaus von dem Seehandel und den Seeinteressen beweist deutlich der allgemeine Aufschwung des deutschen Schiffbaus während des nordamerikanischen Freiheits= krieges.

Neben der engherzigen Schiffbaupolitik der Hansa kamen noch andere Hemmnisse hinzu, welche in den lokalen und inneren

Verhältnissen der Hansastädte begründet waren. So vor Allem bildete die Zunftorganisation des Schiffbaus in Verbindung mit dem Zunftzwang und der Ausschließung nicht zünftlerischer sowie fremder Arbeiter für die Entwickelung des Schiffbaus an den meisten Orten einen bösen Hemmschuh. Der starre Zunftterrorismus setzte nicht allein einen beschränkten Bestand an Gesellen und Lehrlingen fest und firirte einen bestimmten Tagelohn, er hinderte sogar die Erweiterung des Betriebs= materials und widersetzte sich der Anlage neuer Werften, so daß zum großen Theile günstige Konjunkturen des Rhedereibetriebes nicht ausgenutzt werden konnten. Andererseits sorgte die Zunft nur in mangelhafter Weise für eine gute praktische und theo= retische Ausbildung der Schiffszimmerleute und ihrer Meister, so daß vielfach erfahrene Schiffbaumeister aus Holland, England oder Frankreich verschrieben werden mußten.

Mit dieser kurzsichtigen Gewerbepolitik paarte sich dann eine oft engherzige Handelspolitik zwischen den aufblühen= den Seestädten der Ostsee, welche zum Theil in den Zoll= schranken der deutschen Kleinstaaten und den hieraus sich ergebenden Reibereien ihre Nahrung fand. Es wurden stellen= weise Ausfuhrverbote für Holz erlassen, scheinbar, um den eigenen Holzbestand zu sichern, thatsächlich jedoch, um den anderen Kleinstaaten und dem Ausland das wichtigste Schiffbau= material vorzuenthalten und so den Schiffbau und die Schiff= fahrt dieser Länder zu schädigen. Auch war es den Schiffbau= meistern theilweise verboten, das Holz direkt von außerhalb zu beziehen, um den ortsansässigen Kaufleuten die Provision nicht zu entziehen. Als dann zu Anfang des 19. Jahrhunderts die Kontinentalsperre Napoleons den Handel und die Schifffahrt der Ost= und Nordsee vollkommen lahm legte, wurde auch durch die folgende französische Gewaltherrschaft der deutsche Schiffbau fast vollständig unterdrückt. Erst nach den Freiheitskriegen beginnt es auf den deutschen Werften wieder rege zu werden und entwickelte sich im Besonderen an der Ostseeküste der Schiff= bau, durch die Wiederaufnahme des Ausfuhrhandels mit England und Frankreich in Holz und Getreide und durch die lohnenden Rückfrachten von Kohlen und Eisen aus England. Als dann seit dem Jahre 1830 mit der Auswanderung nach Amerika auch die transatlantische Fahrt in Aufnahme kam, trat auch an der Nordseeküste, namentlich an der Weser ein erheblicher Aufschwung im Schiffbau ein, bis die Einführung der Dampf=

schifffahrt und der Uebergang zum Eisenschiffbau den deutschen Schiffbauern eine neue Schranke entgegenstellte.

Der Uebergang vom Holzschiffbau zum Eisenschiffbau.

Die Gründe, weswegen die Aufnahme des Eisenschiffbaus in Deutschland sich verzögerte und den Wagemuth der deutschen Schiffbauer lähmte, sind durchweg schwerwiegendster Art. Abgesehen davon, daß die wirthschaftlichen Verhältnisse in Deutschland infolge der französischen Gewaltherrschaft noch sehr gedrückt waren, so waren vor Allem die damaligen Schiffbauer infolge ihrer mangelhaften theoretischen Vorbildung den sich plötzlich steigernden Anforderungen nicht gewachsen, um den Sprung ins Dunkle wagen zu können. Der Holzschiffbau war über eine handwerksmäßige Kunst nicht hinausgekommen. Die damaligen Schiffbaumeister waren nichts weiter als geschickte Handwerker; ihre Geschäfte beschränkten sich meist darauf, nach den Angaben der Rheder sowie mit Hülfe erprobter Vorbilder die Hauptabmessungen und Spezifikationen festzusetzen und durch Auswahl gesunden Bauholzes und durch eine sachgemäße Verbindung der Bautheile ein möglichst festes und dauerhaftes Werk herzustellen. Die Ausarbeitung eines Schiffsrisses sowie eingehende Berechnungen zur Bestimmung der Tragfähigkeit und Größe des Schiffes und zum Nachweis einer genügenden Stabilität wurden nicht verlangt und konnten von den Schiffbaumeistern auch nicht ausgeführt werden. War doch selbst in England und Frankreich das Problem der Stabilität den Schiffbauern zu Anfang des 19. Jahrhunderts so wenig geläufig, daß Autoritäten im Schiffbauwesen die Ursache der mangelhaften Stabilität von drei englischen Kriegsschiffen nicht zu ergründen vermochten. Dieser Mangel an theoretisch gebildeten Schiffbauern trat bei der stetigen Entwickelung der englischen und französischen Kriegsmarine mehr und mehr hervor, und man suchte demselben in England durch Gründung der Schule für Schiffbau in Portsmouth im Jahre 1811 und in Frankreich durch Errichtung der Ecole du génie maritime in Paris durch Napoleon I. allmählich abzuhelfen, und so konnten sowohl England wie Frankreich über theoretisch ausgebildete Schiffbaumeister verfügen, als mit Einführung der Dampfschifffahrt und dem Beginn des Eisenschiffbaues an eine Reorganisation des Schiffbaues herangetreten werden mußte. In Schweden hatte bereits früher Chapman durch seine 1768 veröffentlichte „Architectura navalis mercatoria" ein wissenschaftliches System in die Schiffbaukunst hineingebracht, indem er mit Hülfe der Mechanik und höheren Mathematik für die einzelnen Schiffsklassen Regeln ableitete, nach welchen die Hauptdimensionen, die Schiffsformen sowie die Besegelung im Voraus berechnet werden konnten. Diese Chapmanschen Regeln machte man sich in Schweden und Dänemark für den Bau der Kriegs= und Handelsschiffe bald zu Nutze, und datirt hierher die Ueberlegenheit des dänischen Schiffbaues über den deutschen, welche sich noch bis vor wenigen Jahrzehnten erhalten hat, so daß die Schiffbauschule in Kopenhagen von den intelligenteren und strebsamen deutschen Schiff= bauern vielfach zur Erweiterung ihrer theoretischen Kenntnisse besucht wurde. In Deutschland machte man erst 1830 mit der Gründung der Schiffbauschule in Grabow den Anfang zu einer wissenschaftlichen Ausbildung der Schiffbauer. Die Schule entsprach jedoch nicht den gewünschten Bedürfnissen. Ihre Verbindung mit der Navigationsschule war für den Unterricht im Schiffbau nicht förderlich. Auch fehlte es an tüchtigen und erfahrenen Lehrkräften, und beschränkte sich daher der Schiffbau= unterricht meist auf den praktischen Holzschiffbau. Die Abgangs= prüfung bestand in der Hauptsache darin, daß der Prüfling ein Boot selbständig zusammenzimmern und als schriftliche Arbeit einen Kostenanschlag für den Bau eines Segelschiffes aufstellen mußte. Auch die später entstandenen Privatschulen in Hamburg und Bremen vermochten in Deutschland eine feste Fundirung für den weiteren Ausbau des theoretischen Schiffbaues nicht zu geben. Erst mit der Verlegung der Grabower Schiffbauschule nach Berlin im Jahre 1861 und dem Anschluß derselben an das Königliche Gewerbe=Institut, welches als Lehrinstitut für Maschinentechniker bereits eine größere Zahl von tüchtigen Dozenten aufwies und für welches als Dozenten im Schiffbau die Baubeamten des Marineministeriums ge= wonnen wurden, erhielt das Schiffbaufach in Deutschland seine wissenschaftliche Grundlage.

Der Uebergang vom Holz= zum Eisenschiffbau war daher für den deutschen Schiffbaumeister ein schwieriges und gewagtes Unternehmen, da ihm eine gründliche, wissenschaftliche Aus= bildung fehlte, um eine Gewähr für das Gelingen seines Werkes übernehmen zu können. Denn neben den genauen Berechnungen des Deplacements des Schiffes kam nun noch die Berechnung der Maschinenanlage, der Geschwindigkeit und des Kohlen= verbrauchs hinzu, um dem Rheder eine bestimmte Ladefähigkeit sowie eine festgesetzte Geschwindigkeit garantiren zu können. Ferner wurde von den Schiffbauern die Gewähr einer genügenden Stabilität des Schiffes bei den verschiedenen Zuladungsverhältnissen verlangt. Denn für die Schiffsunfälle wegen mangelnder Stabilität, welche früher meist einer Fügung Gottes zugeschrieben wurden, werden jetzt in den meisten Fällen die Erbauer verantwortlich gemacht, da es keinem Zweifel mehr unterliegt, daß die Schiffskonstrukteure allein für die Sicherheit und guten Seeeigenschaften eines Schiffes bei normaler Belastung desselben haftbar sind, auch müssen sie alle Kenntnisse besitzen, um arge Fehler in der Konstruktion der Schiffe sowie mit Bezug auf die Festigkeit des Schiffsrumpfes zu vermeiden. Die einzige Art, sagt Dr. Wooley in einem Vortrage in der Institution of Naval Architects im Jahre 1864, in welcher man zu einer hohen Stufe im Schiffbau gelangen kann, ist, „wenn man Schiffskonstrukteure besitzt, die in den mathematischen Wissenschaften gut geübt sind, ihre intellektuellen Fähigkeiten durch anhaltendes tiefes Studium gekräftigt haben, im Stande sind, die an sie herantretenden immer wechselnden Aufgaben auszuarbeiten und zwar nicht auf empirische, auf Versuche basirte Weise — was oft nur als ein Deckmantel für den Mißerfolg vorgebracht wird — nicht mit der zitternden, zögernden Hand des Zweiflers, sondern mit dem festen Griffe und der Entschiedenheit des in allen wissenschaftlichen, auf den Schiffbau Bezug habenden Fächern wohl bewanderten Mannes, der sich in ihnen zu Hause fühlt und ihrer in einem solchen Maße mächtig ist, daß er nicht befürchten muß, eines von den Grundprinzipien zu übersehen, um ein anderes zu fördern".

Neben dieser plötzlich gesteigerten Verantwortung brachte der Bau eiserner Dampfschiffe eine erhebliche Erweiterung der Betriebseinrichtungen nicht allein zum Bau des Schiffsrumpfes, sondern auch zur Herstellung der Maschinenanlage mit sich. Der Holzschiffbau erforderte nur geringe Hülfsmittel. Die Bearbeitung der Bauhölzer zu Spanten und Steven und der Planken für die Außenhaut und Decks erfolgte fast durchweg mit der Hand, die Beschläge und Schmiedetheile für den Schiffsrumpf und die Takelage konnten in der Schiffsschmiede mit der Hand ausgearbeitet werden; die innere Einrichtung der Wohn- und Mannschaftsräume erforderte nur einfache Tischlerarbeiten, während die Zuthaten für die Herrichtung der Takelage und Segel die einzigen Artikel bildeten, welche von außerhalb be-

zogen und beren Anfertigung neben dem Schiffbau befondere
Gewerbe betrieben, wie z. B. die Seiler und Taumacher,
Segelmacher, Blockmacher ꝛc. Die schweren Anker und
Ketten wurden durchweg von England bezogen, die an Bord
vorhandenen Hülfsmaschinen, wie Ankerspill, Steuereinrichtung,
Pumpen ꝛc. waren so primitiver Art, daß von einer be=
sonderen Technik nicht die Rede sein konnte. Die bamalige
Hülfsinbustrie des Schiffbaues umfaßte daher nur wenige Ge=
werbe und hat es nie zu einer Bebeutung gebracht.

Beim Uebergang zum Eisenschiffbau mußte daher die Werft=
anlage vollkommen geändert werben; von der ehemaligen Holzschiff=
werft konnten im Grunde genommen nur die Hellinge verwerthet
werden. Die Bearbeitung der eisernen Platten und Winkel er=
forderte für die Schiffbauwerkstatt eine größere Zahl von Arbeits=
maschinen, so baß die Einführung des Maschinenbetriebes zur
Nothwendigkeit wurde. Da ferner der Maschinenbau in Deutsch=
land noch im Anfangsstabium war, so mußte der Bau der Schiffs=
maschinen und Schiffskessel mit übernommen werden, oder sie
mußten, wie dies beim Beginn des Dampfschiffbaues mehrfach
geschah, von England bezogen werden. Auf diese Weise kamen
noch befondere Werkstätten zum Bau der Schiffsmaschinen und
Schiffskessel hinzu, und so steigerte sich nicht allein die Kapitals=
anlage der Werft sowie das Kapital der Geschäftsführung be=
beutenb, fonbern es wurde auch das Risiko für die Uebernahme
von Neubauten bei der stetigen Zunahme der Schiffsbimenfionen
immer größer. Denn während beim Holzschiffbau die Neubau=
koften der Segelschiffe sich meist in den Grenzen von 30 000
bis 50 000 Mark hielten, haben die neueren Schnelldampfer
bereits einen Buchwerth bis zu 8 Millionen Mark erreicht.
Infolgedeffen wuchsen die Anforderungen an die technischen Kennt=
niffe der Leiter einer Schiffswerft berart, daß sich dieselben in
Zukunft selten in einem Kopf vereinigen ließen. Hatte doch der
Schiffbauer allein schon seine ganze Kunst aufzuwenden, um die
Schiffszimmerleute von der Handarbeit des leicht zu bearbeitenben
Holzes zu der Bearbeitung des Eisens im rothwarmen Zuftanbe
bezw. mit Zuhülfenahme von Arbeitsmaschinen umzulernen.
Hierzu kam noch, daß das Eisen als Schiffbaumaterial von den
meiften Schiffbauern mit argem Mißtrauen behandelt wurde.
Wer hat je gehört, fragte man ironisch, baß Eisen schwimmt.
Selbft in England konnte man sich von biefem Mißtrauen nicht
frei machen, und sagte selbst der Direktor einer englischen

Staatswerft noch zu Scott Russel, dem kühnen Verfechter des Eisenschiffbaues: „Reden Sie mir nicht von Eisenschiffen, es ist das gegen die Natur." Und so wurde in England die Einführung des Eisenschiffbaues auch nicht von den damaligen Schiffbauern angebahnt und durchgeführt, sondern von hervorragenden Ingenieuren und Brückenbaukonstrukteuren, wie Napier, Fairbairn und Brunel, zu welchen sich dann bald der geniale Scott Russel gesellte. Denn England besaß bereits eine ansehnliche und entwickelte Eisenindustrie sowie größere Maschinenbauwerkstätten und Brückenbauanstalten, welche infolge der Einführung der Eisenbahnen in schneller Folge entstanden und die Grundlagen für die Ausbildung der Schiffbauer in den Eisenkonstruktionen bildeten. Nebenbei entwickelte sich gleichzeitig eine beachtenswerthe Hülfsindustrie, um den stetig sich mehrenden Bedarf an Werkzeug- und Betriebsmaschinen, an Betriebskesseln und Gießereiwaaren zu decken. Allein auf diese Grundlagen gestützt, konnte es der kühne und begabte Ingenieur Brunel wagen, nachdem er durch den Bau des „Great Britain" im Jahre 1843 seine Erfahrungen im Eisenschiffbau begründet und gefestigt hatte und die zweifache Strandung dieses Schiffes einen glänzenden Beweis von der Widerstandsfähigkeit und Brauchbarkeit des Eisens als Schiffbaumaterial geliefert hatte, den Bau des Riesenschiffes „Great Eastern" im Jahre 1852 zu unternehmen. Wenngleich der „Great Eastern", welcher im Jahre 1859 seine erste Fahrt aufnahm, in wirthschaftlicher Beziehung ein Mißerfolg war, so muß dieser Bau mit Bezug auf die Leistungsfähigkeit der damaligen Eisenindustrie Englands in Verbindung mit der Thatkraft und Erfindungsgabe der damaligen Schiffbauer und Schiffsmaschinenbauer als ein hervorragender und dauernder Markstein in der Entwickelung des englischen Schiffbaues bezeichnet werden.

In Frankreich vollzog sich der Umschwung zum Eisenschiffbau sehr viel langsamer, und man baute die ersten Panzerschiffe noch aus Holz, als man in England bereits zum Eisenschiffbau übergegangen war. In Deutschland kam der Eisenschiffbau erheblich später zum Durchbruch. Zwar hatten bereits im Jahre 1852 Früchtenicht & Brock jetzt „Vulcan" in Bredow bei Stettin, im Jahre 1853 Tischbein in Rostock und im nächsten Jahre darauf Möller & Hollberg, jetzt Oderwerke in Grabow a.O., sowie J. W. Klawitter in Danzig und Schichau in Elbing im Jahre 1855 den Bau von eisernen Seedampfschiffen begonnen, nachdem bereits auf der Elbe im Jahre 1836 ein eiserner Raddampfer mit einer Maschine von Egells, Berlin, von der Böhmisch=Sächsischen Dampfschifffahrt fertiggestellt und auf dem Rhein in den 40er Jahren die Gutehoffnungshütte mit dem Bau von eisernen Rhein=Dampfern, zu welchen Roentgen meist die Entwürfe der Schiffsmaschinen lieferte, vorgegangen war. Doch kann von einer besonderen Entwickelung des Eisenschiffbaues nicht gesprochen werden, da derselben weder eine leistungsfähige Eisenindustrie noch eine beachtenswerthe Hülfsindustrie an Maschinenfabriken, Eisengießereien, Kessel= fabriken 2c. zur Seite stand. Die entfernte Lage der Eisen= industrie in Rheinland und Westfalen von den Werften an der Ostsee erschwerte überdies bei den damaligen mangelhaften Verkehrsmitteln die Verwendung deutschen Materials, und so waren die Werften trotz des Eingangszolles auf die Benutzung englischen Schiffbaumaterials angewiesen, ebenso wie die für den Schiffbau erforderlichen Werkzeugmaschinen sowie fast alle Schiffsausrüstungsgegenstände von Metall und Eisen von England bezogen werden mußten. Es hätte wohl nahegelegen, in der Nähe der Hüttenwerke am Rhein eine neue Schiffbau= industrie ins Leben zu rufen, zumal der Eisenschiffbau sich eben so gut aus den Brückenbauanstalten entwickeln konnte, als daß man die Arbeitsmethoden des Holzschiffbaues entsprechend dem neuen Schiffbaumaterial änderte, allein die ungünstigen Fahrwasserverhältnisse des Rheins ließen den Bau größerer Schiffe nicht zu, und so entstand schon mit Beginn des Eisen= schiffbaues durch Holland und im Besonderen durch die Schiffs= werft und Maschinenfabrik von Roentgen in Fijenoord, dem deutschen Schiffbau eine ernste Konkurrenz. Der Schiffbau= meister A. Seydell in Ruhrort, welcher später in Stettin im Jahre 1856 den Turbinendampfer „Albert" erbaute, schreibt im Jahre 1849 in seinem Bericht über eine technologische Reise nach England und Schottland über den Bau eiserner Schiffe im Zollverein, wie folgt:

„Das größte Bedürfniß für eiserne Schiffe fand bisher auf dem Rhein=Strom statt. Die Konvention zu Mainz von 1831 bestätigte die unbeschränkte Schifffahrt auf demselben, wonach es einem jeden Einwohner der Rhein=Uferstaaten erlaubt war, seine Schiffe ohne Zollbeschränkung beziehen und bauen zu lassen, woher und wo es beliebte. Dies konnte den Schiffbau an seinen Ufern nicht in demselben Maße fördern, wie die Schifffahrt auf ihm zunahm. Holland allein legte den Sinn der Konvention, im Interesse seines Schiffbaues, anders aus und gestattete diese Freiheit nur, insofern fremde Schiffe in holländischen Händen nicht mit seinem Lande in Berührung kamen Der höhere Preis des Schiffbauwesens, durch seine Erzeugung im Inlande bedingt und als solches vom Auslande bezogen, den Zollgesetzen unterworfen, erleichterte dem Auslande die unbeschränkte Konkurrenz der fertigen Schiffe auf dem Rheine in so ausgedehnter Art, daß es bis jetzt nur einem Etablissement möglich gewesen ist, dieselbe ohne große Opfer bei Neubauten zu bestehen. Die Gute= hoffnungshütte, hier im Kreise Duisburg, war bisher nur allein im Stande, den Bau eiserner Schiffe am Rheine zu betreiben, da sie die Produktion des Eisens im großem Maß= stabe selbst besitzt und dabei in der Regel doch nur Dampf= schiffe bauen kann, wobei der Preis der Maschinen den Aus= fall am Rumpf decken muß. Jedoch nicht Jeder besitzt diese Mittel, um den Bau eiserner Schiffe damit empor halten zu können, und setzen uns die kommenden Verhältnisse der Zeiten in den Stand, zur Ausgleichung des einheimischen theuern Schiffbaueisens etwa Bauprämien haben zu können, würde es durch vermehrte Beschäftigung nicht ausbleiben, die Werkfertigkeit unserer Arbeiter in diesem Fache im All= gemeinen auf derselben Stufe zu halten, wie es in England der Fall ist."

Das Aufblühen des deutschen Eisenschiffbaues.

Wenngleich zur Hebung des Eisenschiffbaues in Deutschland Bauprämien nicht ausgesetzt wurden, so brachte doch die Gründung der deutschen Flotte und die Entwickelung des deutschen Kriegsschiffbaues sowohl den Werften als auch der deutschen Eisenindustrie einen belebenden Hauch, nachdem von der Admiralität unter dem General v. Stosch der Grundsatz fest= gelegt war, die deutschen Kriegsschiffe auf deutschen Werften und mit deutschem Material zu erbauen. Hierzu kam noch, daß die Kaiserlichen Werften in Kiel und Wilhelmshaven im Jahre 1869 den Bau von Panzerschiffen aufnahmen, so daß Deutschland mit Bezug auf den Kriegsschiffbau allmählich unabhängig vom Auslande werden konnte. Wenngleich die deutsche Admiralität die höheren Eisenpreise der inländischen Industrie mit in den Kauf nehmen mußte, so wirkten doch die strengen und sorgfältig durchgeführten Abnahmevorschriften für das in der Marine verwandte Schiffbaumaterial anregend und fördernd auf die deutschen Hüttenwerke, und es dauerte nicht lange, daß auch der Bezug der Kesselbleche von England eingestellt werden konnte, nachdem das deutsche Material dieselbe Güte erreicht hatte. Bei Einführung des Stahlmaterials für den Schiffbau, Ende der 70er Jahre, zeigten sich freilich bei dem deutschen Material, wie auch bei dem mild steel in England, allerhand Fehler, doch waren dieselben nicht so anhaltend und bedeutend, um das Vertrauen auf die Leistungen der heimischen Hüttenwerke zu beeinträchtigen. Im Gegentheil, sie erweiterten sogar ständig ihre Betriebe, und nahmen die Dillinger Hüttenwerke bereits im Jahre 1875 die Fabrikation von Panzerplatten auf, um auch in diesem Material den deutschen Schiffbau vom Auslande unabhängig zu machen.

Durch die Kriegsschiffbauten der deutschen Marine hatten die deutschen Werften sich bald an eine solide und saubere Arbeit gewöhnt; auch war man bestrebt gewesen, durch Heranziehung von theoretisch durchgebildeten Konstrukteuren, welche inzwischen das Königliche Gewerbe-Institut und die spätere Königliche Gewerbe-Akademie herangebildet hatte, sowie durch technisch erfahrene Ingenieure im Schiffbau sowohl wie im Schiffsmaschinenbau allen Anforderungen an Neukonstruktion und Bauausführung gerecht zu werden, und so blieben die deutschen Werften nicht allein auf die Aufträge der deutschen Admiralität beschränkt, sie konnten sehr bald auch für fremde Nationen Kriegsschiffe auf Stapel setzen und traten auf diese Weise mit Erfolg in den allgemeinen Wettbewerb des Weltschiffbaues ein. Hier ist zunächst der Bulcan zu nennen, welcher nach Fertigstellung einer größeren Zahl von Panzerschiffen und Korvetten für die deutsche Marine für China den Bauauftrag für zwei Panzerschiffe und drei geschützte Kreuzer erhielt. Zu gleicher Zeit trat die Firma F. Schichau in Elbing mit ihren wohlgelungenen Hochseetorpedobooten auf den Plan und erreichte durch die vorzüglichen Leistungen ihrer Boote sehr bald zahlreiche Bestellungen von fast allen Kriegsmarinen der Welt mit Ausnahme von England und Frankreich. Später schloß sich die Germania-Werft diesem Wettkampf erfolgreich an, und so haben sich unsere heimischen Werften in einer auffallend kurzen Zeit zu einer hervorragenden Leistungsfähigkeit im Kriegsschiffbau entwickelt.

Nicht ganz so schnell und auch nicht ohne finanzielle Miß=
erfolge vermochten die deutschen Werften den Kampf mit der
englischen Konkurrenz im Handelsschiffbau aufzunehmen und
erfolgreich durchzuführen. Der Grundsatz des Marineministers
General v. Stosch: „Ohne deutschen Schiffbau keine deutsche
Marine!" fand mit Bezug auf die Handelsmarine bei den
deutschen Rhedereien weniger Anklang. Ihre geschäftlichen
Beziehungen mit den größeren Schiffbaufirmen Englands
hatten zu feste Wurzel geschlagen, um neue Schiffbau=
aufträge nach Deutschland verpflanzen zu können, zumal die
deutschen Werften noch nicht derartige Erfolge im Handels=
schiffbau aufzuweisen hatten, daß den Rhedern eine gleiche
Garantie wie in England geboten werden konnte. Auch ver=
mochten die deutschen Werften mit Bezug auf Preis und Liefer=
zeit mit den englischen im Anfang nicht zu konkurriren, da die
Materialpreise in Deutschland höher waren und die damaligen
Betriebseinrichtungen der deutschen Werften eine schnelle und
rationelle Bauweise noch nicht zuließen. Erst nachdem der
Einfuhrzoll für Schiffbaumaterial im Jahre 1879 aufgehoben
wurde und zugleich in Deutschland die Eisen= und Metall=
industrie soweit sich entwickelt hatte, daß aus derselben sich
Hülfsindustrien für den Schiffbau bilden konnten, begann
auch für den Handelsschiffbau in Deutschland eine stetig zu=
nehmende Entwickelung. Doch es gab auch hier wiederum
einige Schwierigkeiten zu überwinden. Wenngleich die größeren
Werften durch die mannigfachen Kriegsschiffbauten an eine
solide und dauerhafte Arbeit gewöhnt waren, so waren sie an=
fänglich im Kesselbau im Rückstande, als das Bestreben nach
einem möglichst ökonomischen Betrieb der Schiffsmaschinen zu
stetig höheren Kesselspannungen führte, während man im Kriegs=
schiffbau aus militärisch=technischen Gründen längere Zeit an
einer Dampfspannung bis zu sechs Atmosphären festhielt. Die
Engländer mit ihrem sich stetig mehrenden Umsatz an Fracht=
dampfern und schnell laufenden Passagierdampfern hatten bereits
die sogenannten Kinderkrankheiten mit den Hochdruckkesseln über=
standen, als man in Deutschland mit dem Bau dieser Kessel
begann und zwar zunächst mit Ersatzkesseln für ältere Lloyd=
dampfer, deren Maschinen zu Compound= bezw. dreifachen Ex=
pansionsmaschinen umgebaut wurden. Bei den Anständen, welche
diese Kessel anfangs zeigten, war es den deutschen Rhedereien

nicht zu verdenken, wenn sie mit der Bestellung von neuen Schiffen in Deutschland zurückhaltender waren. Erst allmählich konnten die Schwierigkeiten und Hindernisse überwunden werden, bis schießlich die Hamburger Packetfahrt im Jahre 1882 mit der Inbaugabe der „Rugia" beim Vulcan und der „Rhaetia" bei der Reiherstieg=Werft den Bau größerer Schiffe in Deutsch= land begann. Es folgte der Norddeutsche Lloyd dann mit den ersten sechs Subventionsdampfern, welche zu gleicher Zeit dem Vulcan in Auftrag gegeben wurden. Diese Bauten fielen in jeder Weise befriedigend aus, wenngleich der Vulcan diesen Er= folg infolge mangelnder Erfahrungen im Bau von Lloyd= dampfern mit einer Unterbilanz von $1^1/_2$ Millionen Mark wettmachen mußte; auch mußten die Betriebseinrichtungen während des Baus der Schiffe erheblich erweitert werden, wodurch Störungen im Betriebe unvermeidlich waren. Dem Vulcan gebührt daher ein besonderes Verdienst, wenn er das sich vorgesteckte Ziel, zum Bau von Schnelldampfern über= zugehen, trotz der finanziellen Einbuße auch ferner im Auge behalten hat, und so gelang es ihm unter erschwerender Kon= kurrenz mit den englischen Werften im Jahre 1888 den Auf= trag auf den ersten Schnelldampfer „Auguste Viktoria" von der Hamburger Packetfahrt zu erhalten, welcher insofern auch einen bedeutenden Fortschritt bildete, als mit demselben das Zweischraubenschiff für die transatlantische Fahrt zur Ein= führung gelangte. Zwei Jahre darauf folgte dann die In= baugabe des Zweischrauben=Schnelldampfers „Fürst Bismarck" von derselben Gesellschaft, nachdem der Norddeutsche Lloyd kurz zuvor die beiden letzten Einschraubenschiffe „Havel" und „Spree" beim Vulcan bestellt hatte. Die günstigen Erfolge, welche der Vulcan mit den Doppelschrauben=Schnelldampfern zu verzeichnen hatte, führten dann im Jahre 1895 zur Inbaugabe des Schnell= dampfers „Kaiser Wilhelm der Große", welcher mit Bezug auf die zur Zeit noch von keinem anderen Schnelldampfer er= reichte Geschwindigkeit und eine auf englischen Werften bisher noch nicht ermöglichte Bauzeit von 18 Monaten als das glänzendste Zeugniß für die Leistungsfähigkeit einer deutschen Werft hingestellt werden muß. So war mit dem Bau von Schnelldampfern durch den Vulcan eine bedenkliche Bresche in die bisher für unüberwindlich erachtete englische Konkurrenz gelegt.

Vermehrung der Werften und Reparaturwerkstätten.

Inzwischen war der Stahl — Siemens Martin-Flußeisen — als Schiffbaumaterial allgemein eingeführt, und hatten sich die Schiffswerften in Deutschland erheblich vermehrt. In Flensburg, Kiel, Hamburg, Lübeck und an der Unterweser waren theilweise neue Werften entstanden, theils hatten die älteren Holzschiffswerften den Bau von eisernen bezw. stählernen Schiffen aufgenommen und folgten dann Anfang der neunziger Jahre weitere Werftbauten in Danzig, Stettin und an der Weser, so daß neben den Bauten für die deutsche Kriegsmarine der Bedarf der deutschen Rhedereien an Schnelldampfern sowie großen Passagier- und Frachtdampfern zum großen Theil durch die deutschen Schiffswerften gedeckt werden konnte.

Zu gleicher Zeit wurde dem Reparaturbau größere Aufmerksamkeit zugewendet, als der Schiffsverkehr in deutschen Häfen sich steigerte und bei den deutschen Rhedereien die Segelschifffahrt durch die Dampfschifffahrt mehr und mehr in den Hintergrund gedrängt wurde. Da die Besitzer der ältesten deutschen Trockendocks in Bremerhaven und Geestemünde erst Ende der achtziger Jahre ihre Werkstätten für den Eisenschiffbau einrichteten, so wurde ihr Reparatur- und Dockbetrieb sehr bald von den Hamburger Werften und den Werften an der Ostsee überholt, nachdem dieselben durch den Bau von modernen eisernen Schwimmdocks in Stand gesetzt waren, jegliche Schiffs- und Maschinenreparaturen in kürzester Zeit zu erledigen. Die Zahl der im Besitz der Schiffswerften befindlichen Docks stieg von 9 Docks im Jahre 1880 auf 17 im Jahre 1890 und 27 im Jahre 1900, und so wurde es den deutschen Rhedereien ermöglicht, ihre Schiffe nunmehr im Heimathhafen docken und untersuchen zu lassen, während sie früher hierzu meist die englischen sowie dänischen und schwedischen Docks in Anspruch nehmen mußten.

Diese Bevorzugung des Auslandes, namentlich Englands, für Dockungen und Reparaturarbeiten, wodurch den deutschen Werften nicht allein erhebliche Verdienste, sondern auch die werthvollen Erfahrungen über den Bau der Schiffe mit Bezug auf Festigkeit der Verbände und Dauerhaftigkeit des Materials vorenthalten wurden, war theilweise auch darin begründet, daß bis zu Anfang der achtziger Jahre dem deutschen Handelsschiffbau die Unterstützung und Anregung fehlte, welche die Schiffsklassifikationsgesellschaften, Bureau Veritas und Englischer Lloyd, den englischen und französischen Schiffbauern boten. Da es bis Anfang der siebziger Jahre in Deutschland keine nationale Klassifikations= gesellschaft gab, so lag auch seitens der deutschen Rhedereien und Assekuradeure keine Veranlassung vor, die Schiffe in Deutsch= land repariren, docken und klassen zu lassen. Andererseits fanden die deutschen Rhedereien nur wenig Gelegenheit, bei Reparaturarbeiten die solide deutsche Arbeit kennen zu lernen und auf diese Weise dem Bau von neuen Schiffen in Deutsch= land Eingang zu verschaffen. Erst das Postdampfer=Sub= ventionsgesetz, welches den Bau der Subventionsdampfer auf deutschen Werften und thunlichst aus deutschem Material vor= schrieb, gab dem Germanischen Lloyd, welcher Mitte der siebziger Jahre als deutsche Klassifikationsgesellschaft gegründet wurde, insofern einen kräftigen Rückhalt, als der Bau dieser Schiffe nunmehr unter seiner Aufsicht erfolgte und die Schiffe bei ihm klassifizirt wurden. Und so trat rückwirkend auch durch den Ger= manischen Lloyd, nachdem derselbe von den deutschen Rhedereien allgemein anerkannt war, bei den sich stetig mehrenden Repa= raturen und Dockungen eine wechselseitige Beziehung zwischen der deutschen Rhederei und dem deutschen Schiffbau ein.

Wie wichtig das erste Schwimmdock für die Werft von Blohm & Voß wurde, zeigt die Verlängerung der Subventions= dampfer „Preußen", „Bayern" und „Sachsen", eine Arbeit, welche zuvor weder in England, noch sonstwo zur Ausführung gekommen war. Die glückliche Lösung dieser Aufgabe brachte der Firma weitere Bestellungen seitens des Norddeutschen Lloyd und trug mit dazu bei, das Ansehen und den Ruf dieser Firma zu begründen. Auch die Aktiengesellschaft Vulcan hat später nach Vergrößerung ihrer Docks es ermöglicht, die bedeutende Grundreparatur des Brasilianischen Panzerschiffes „Der erste Mai" in Auftrag zu erhalten und später die Verlängerung der „Spree" und den Umbau dieses Schnelldampfers in ein Zwei= schraubenschiff durchzuführen, eine Aufgabe, welche für die Leistungsfähigkeit des deutschen Schiffbaues ein glänzendes Zeugniß ablegt. Und so sieht man mehr und mehr das Be= streben der deutschen Schiffswerften in den Vordergrund treten, der englischen Konkurrenz nicht allein im Bau von Kriegs= und Handelsschiffen, sondern auch in der Reparatur und dem Umbau von Schiffen zu begegnen.

Diese Bestrebungen sind um so anerkennenswerther, als die deutschen Werften gegenüber den englischen wegen der ent=

fernten Lage der Hütten= und Stahlwerke sowie sonstiger Hülfs=
industrien bedeutend im Nachtheil sind. Der umständliche
Materialtransport von Rheinland und Westfalen bezw. Ober=
schlesien nach den deutschen Küstengebieten sowie der Umstand,
daß die deutschen Walzwerke für den Bedarf an Schiffbau=
materialien noch nicht so vollkommen eingerichtet sind wie die
englischen Konkurrenzwerke, verursachen Zeitverluste in der
Materiallieferung, welche durch praktische Arbeitsmethoden sowie
Theilung der Arbeit wieder eingeholt werden müssen.

Verbesserungen des Betriebes.

Die deutschen Werften sind hierin in letzter Zeit erheblich
fortgeschritten. Während in den früheren Zeiten des Eisen=
schiffbaues die Arbeitsmaschinen verhältnißmäßig einfach und
gering an Zahl waren — dieselben wurden meist vom Kessel=
und Brückenbau entlehnt —, so haben sich im Laufe der Zeit
besondere Spezialmaschinen für Schiffbau herausgebildet, deren
Fabrikanten freilich fast durchweg noch allein in England zu
suchen sind. So z. B. die Schmiegemaschinen zum Bearbeiten
der Spanten, die hydraulischen Pressen, schweren Plattenwalzen,
Kielplattenbiegemaschinen und Kantenhobelmaschinen zum Be=
arbeiten der Außenhautbleche sowie zum Börteln und Krempen
von Bodenstücken, die hydraulischen Mannlochpressen, die schnell
betriebenen Lochmaschinen und Versenkbohrmaschinen sowie
schließlich die transportablen hydraulischen Nietmaschinen zum
Nieten der Spanten und Bodenbleche. Neuerdings hat sich die
Verwendung der elektrischen Kraftübertragung, welche freilich aus=
nahmslos von deutschen Werken bezogen werden konnte, für den
Schiffbau vorzüglich bewährt. Da die einzelnen Bautheile in
den Werkstätten nicht so vollständig bearbeitet und fertiggestellt
werden können, daß eine spätere Bearbeitung auf der Helling
umgangen werden kann, so zieht man es neuerdings meist vor, um
ein Anpassen des Materials auf der Helling und dementsprechend
einen Hin= und Hertransport zu ersparen, die soweit als möglich
vorgearbeiteten Bautheile auf der Helling sofort einzubauen
und etwaige spätere Bearbeitungen wie Nietlöcher, Mannlöcher,
Kohlenlöcher und Luken sowie Löcher für Seitenfenster mit
Hülfe elektrisch betriebener Bohr= und Fraismaschinen sowie
Kaltsägen auszuführen. Das Ansbohren der Steven= und
Wellenaustritte, welches früher mit Hülfe der schwerer trans=

portablen Lokomobilen bewirkt wurde, wird jetzt durch den elektromotorischen Antrieb schnell und einfach bewerkstelligt. Da bei der elektrischen Kraftübertragung auf der Helling sowie nach dem Ablauf an Bord des Schiffes stets Strom vorhanden ist, so ist es ein Leichtes, für elektrische Beleuchtung zu sorgen. Dort, wo früher an Bord die Arbeiter beim rußenden Oellampen= oder Talglicht arbeiten mußten, brennen jetzt Bogenlampen und herrscht fast Tageshelle, so daß die Arbeit sauberer und solider ausgeführt werden kann. Da ferner sämmtliche Niedergänge und Passagen durch Glühlampen erhellt werden, so ist hierdurch die Betriebssicherheit eine größere geworden und wird Unglücksfällen durch Fehltritte vorgebeugt. Aber auch in gesundheitlicher Beziehung für die Arbeiter ist der elektrische Betrieb vielfach verwerthet worden. So wird auf einigen Werften den Nietessen, welche stets von jugendlichen Arbeitern bedient werden, die Preßluft durch besondere Windleitungen und Schläuche von elektrisch betriebenen Ventilatoren zugeführt, so daß der Nietjunge nicht mehr das Tretrad zu bedienen braucht; auch wird das Qualmen der Nietfeuer und eine Belästigung der in den Schiffsräumen arbeitenden Leute hierdurch vermieden.

Neben der elektrischen Kraftübertragung ist der pneumatische Betrieb vereinzelt eingeführt worden. So finden pneumatische Hämmer zum Meißeln und Stemmen sowie pneumatische Nietmaschinen im Besonderen zum Nieten der Außenhaut mit Erfolg Anwendung.

Neben der Verbesserung der Betriebseinrichtungen der Werften mit Bezug auf Arbeitsmaschinen kommt nun noch hinzu, daß in den letzten Jahren auf eine sachgemäße und schnelle Transporteinrichtung für die Baumaterialien besonderer Werth gelegt wird. Während früher nach den Vorgängen des Holzschiffbaues die einzelnen Bautheile an Platten und Winkeln 2c. auf den Schultern der Arbeiter oder mit einfachen Handwagen auf die Helling gebracht wurden, stehen jetzt auf allen Werften ausgedehnte Schienengeleise mit Lowries und fahrbaren Dampfkrähnen zur Verfügung, während das Lichten der Materialien von dem Werftboden bis zu den einzelnen Decks des im Bau befindlichen Schiffes — bisweilen Höhen bis zu 20 m — mittelst Ladebäumen durch Dampf= oder elektrische Winden bewerkstelligt wird. Auf der Kaiserlichen Werft zu Wilhelmshaven finden für den Bau von Linienschiffen zwei elektrisch betriebene Laufkrähne Verwendung, welche auf Schienen, die auf besonderen Plattformen längsseits des Schiffsrumpfes befestigt sind, vom Vor- bis Hintersteven entlang laufen und mittelst Ausleger an jeder Stelle die Materialien vom Werftboden aufnehmen und an die vorgesehene Stelle zum Einbau ins Schiff transportiren können. Beide Krähne fördern im Durchschnitt 15 bis 20 Tonnen pro Tag. Die in England und Amerika auf einigen Werften eingeführten sogenannten Overhead-Krähne, schwere und hohe Laufkrähne, welche über die ganze Helling entlang laufen und den Materialtransport vom Kopf der Helling bis zum Einbau ins Schiff besorgen, sind in Deutschland noch nicht eingeführt, und sind die Meinungen über den praktischen Werth derselben noch sehr getheilt. Man sieht jedoch auf allen Werften das Bestreben, die Handarbeit durch Maschinenarbeit zu ersetzen, um einestheils ein lebhafteres Bautempo zu ermöglichen, anderentheils an den stetig wachsenden Arbeitslöhnen zu sparen.

Das Aufblühen der Hülfsindustrien.

Während durch die Verbesserung der Betriebseinrichtungen der deutschen Werften die Leistungsfähigkeit derselben bedeutend gesteigert werden konnte, so ist andererseits das Aufblühen der Hülfsindustrien, welche den Schiffswerften die mannigfachen Materialien und Ausrüstungsgegenstände und Hülfsmaschinen für den seemännischen und maschinellen Betrieb liefern, wie Dampfsteuerapparate, Dampf- und elektrische Winden, Ankerspille, Bade- und Wascheinrichtungen, Klosets, Destillirapparate und Verdampfer, Ventilationseinrichtungen, Decks- und Seitenfenster, Kammereinrichtungen 2c. für den heimischen Schiffbau von großer Bedeutung geworden. Den englischen Werften standen vom Beginn des Eisenschiffbaues an eine größere Zahl von Spezialfabriken zur Seite, welche die Herstellung dieser Artikel in Massenfabrikation aufgenommen hatten und anfänglich hiermit auch die deutschen Werften versorgten. Mit dem letzten Jahrzehnt ist jedoch hierin Wandel geschaffen, und wird Deutschland auch in dieser Industrie seine Selbständigkeit behaupten können. Besondere Verdienste haben sich hierbei einzelne größe Rhedereien erworben, im Besonderen der Norddeutsche Lloyd, welcher zunächst für die Ausstattung der Wohn- und Schlafräume und im Besonderen der prunkvollen Salons und Gesellschaftsräume der Schnelldampfer die deutsche Industrie schon zu einer Zeit herangezogen hat, als die Schnelldampfer noch in England gebaut wurden. Die deutsche Möbelindustrie ist hierdurch zu einer hohen Stufe der Vervollkommnung gelangt, und haben die deutschen Schnelldampfer in der gediegenen und kunstvollen Ausstattung der Gesellschaftsräume ein glänzendes Zeugniß deutschen Gewerbefleißes und deutschen Kunstsinnes abgegeben. So steht der vom Vulcan erbaute Schnelldampfer des Norddeutschen Lloyd „Kaiser Wilhelm der Große" nicht allein mit Bezug auf seine von keinem anderen Schnelldampfer erreichte Geschwindigkeit und die durch geringe Reparaturbedürftigkeit sich auszeichnende Maschinen- und Kesselanlage in der ganzen Welt unerreicht da, auch die Ausstattung der gesammten Wohn- und Gesellschaftsräume, die bequeme und geschmackvolle Einrichtung der Schlafräume und sonstigen Bequemlichkeiten des Bordlebens sind dem Besten mindestens ebenbürtig, was in England und dem übrigen Ausland bisher fertiggestellt ist.

Die Leistungsfähigkeit des deutschen Schiffbaus.

Um über die Leistungsfähigkeit der größeren deutschen Schiffswerften im Vergleich zu den englischen ein übersichtliches Bild zu erhalten, mögen zum Schluß die Jahresproduktionen der bedeutenderen Werften mit Bezug auf den Brutto-Register-Tonnengehalt der Schiffskörper und die indizirten Pferdestärken der Maschinenanlagen gegenübergestellt werden. Die Zahlen der Brutto-Registertonnen der deutschen Werften, welche den Zusammenstellungen des „Germanischen Lloyd" entnommen sind, sind gegenüber den englischen Zahlen, welche dem „Engineering" entnommen, etwas ungünstiger, da bei den Kriegsschiffen die thatsächlichen Brutto-Registertonnen eingesetzt sind, während bei den englischen Werften die fast um die Hälfte höheren Zahlen der Deplacementstonnen zu Grunde gelegt sind. Ferner geben die englischen Zahlen die Jahresproduktion bis zum Stapellauf, die deutschen dagegen bis zur Ablieferung, so daß sich bei dem allgemeinen Aufschwung im Schiffbau eine weitere Verschiebung zu Gunsten der deutschen Werften ergiebt. Wenngleich England mit der Jahresproduktion in Brutto-Registertonnen noch an der Spitze marschirt, so ist doch hervorzuheben, daß dieser Vorsprung nur bei denjenigen Werften zu verzeichnen ist, welche ausnahmsweise Fracht= und Passagierdampfer in größeren Mengen bauen, wie Harland & Wolff, Wm. Gray und Swan & Hunter. Die übrigen englischen Werften, welche ebenso wie die beutschen neben Handelsbampfern auch Kriegsschiffe liefern, sind mit Bezug auf die Jahresprobuktion an Schiffsräumen den größeren beutschen Werften meist nur wenig überlegen; mit Bezug auf die abgelieferten Maschinenanlagen steht sogar Schichau den Höchstleistungen von John Brown & Co. und Fairfield ebenbürtig gegenüber.

Bei den in Aussicht stehenden erheblichen Erweiterungen der beutschen Werften und unter Berücksichtigung des Umstandes, daß in Deutschland allein zur Zeit zwei Schnelldampfer der größten Dimensionen und mit Maschinenanlagen von 33 000 Pferdestärken im Bau sind, werden sich die Zahlen der Jahres= probuktion noch weiter zu Gunsten der beutschen Werften er= höhen, und so steht zu erwarten, daß die beutschen Schiffswerften, wenn auch nicht an Zahl, so doch mit Bezug auf ihre Leistungs= fähigkeit den englischen Werften bald vollkommen ebenbürtig zur Seite stehen werden. Denn ihr Arbeitsfeld wird sich noch weiter ausdehnen können, wenn man berücksichtigt, daß die beutschen Rhedereien noch im Jahre 1899 in England Schiffe von einem Gesammttonnengehalt von 70 648 Tonnen in Be= stellung gegeben haben, so daß Deutschland als auswärtiger Besteller in England allen anderen Nationen voransteht, ein Zeichen des gewaltigen Aufschwungs der beutschen Rhederei, mit welchem der beutsche Schiffbau nicht in gleichem Maße Schritt gehalten hat.

Jahresproduktion der größeren deutschen und englischen Schiffswerften in den Jahren 1898 und 1899.

Name der Werft	1898		1899	
	Brutto-Registertonnen der gebauten Schiffe	Indizirte Pferdestärken der gebauten Maschinen	Brutto-Registertonnen der gebauten Schiffe	Indizirte Pferdestärken der gebauten Maschinen
Blohm & Voß, Hamburg	42 337	15 150	48 464	20 600
Vulkan, Bredow-Stettin	15 249	44 000	32 220	30 300
Schichau, Elbing und Danzig	22 444	73 760	2 593	13 480
Flensburger Gesellschaft, Flensburg	24 298	11 300	32 099	14 210
Howald, Kiel	9 907	7 223	17 081	10 825
Neptun, Rostock	10 957	4 300	14 202	6 750
Harland & Wolff, Belfast	67 905	33 350	82 634	66 150
Wm. Gray, Hartlepool	73 323		77 501	
Armstrong Whitworth & Co., Tyne	53 979	29 242	57 543	70 060
Palmers Comp., Tyne	41 824	40 319	42 683	43 300
Swan & Hunter, Tyne	68 696	48 570	42 522	23 100
John Brown Clydebank, Clyde	34 500	72 300	41 400	53 480
Fairfield Co., Clyde	35 103	74 300	31 624	51 650
Caird Greenock, Clyde	15 824	21 400	14 036	12 500
Laird, Liverpool	1 529	10 000	14 584	25 000
Naval Construction Works, Barrow	24 079	35 700	32 672	34 500
Earle, Hull	17 915	48 550	10 170	31 780

13*

Stärkevergleich der wichtigsten Kriegsmarinen.

In der Begründung zur Flottennovelle heißt es: „Deutsch=
land muß eine so starke Schlachtflotte besitzen, daß
ein Krieg auch für den seemächtigsten Gegner mit
solchen Gefahren verbunden ist, daß durch denselben
seine eigene Machtstellung in Frage gestellt ist."
Die Stärke unserer möglichen Gegner zur See zu kennen, ist
daher wichtig. Erst bei einem Vergleich werden wir in der Lage
sein, die in der Flottennovelle geforderte Vermehrung unserer
Schlachtflotte sowie der Auslandsschiffe richtig zu würdigen.
Im „Jahrbuch für Deutschlands Seeinteressen von Nauticus 1899"
ist auf Seite 355—358 ein Stärkevergleich der wichtigsten
Kriegsmarinen enthalten.   Für den dort angestellten Ver=
gleich sind

1. alle Panzerschiffe über 5000 t Deplacement,
2. alle Kreuzer über 800 t Deplacement

einander gegenübergestellt.   Diese Zahlen geben uns wohl einen
allgemeinen Ueberblick über die Stärke der Marinen, sind aber
zur Zeit angesichts der Rüstungen aller seefahrenden Nationen
in den Jahren 1899 und 1900 sowie der beabsichtigten Weiter=
entwickelung über das Jahr 1900 hinaus nicht mehr genügend.
Die nachstehenden Tabellen sind deswegen etwas genauer aus=
geführt und enthalten Linienschiffe, Küstenpanzerschiffe, große
und kleine Kreuzer.   Auch ist zu einem besseren Vergleich das
Lebensalter der Schiffe in den Tabellen angegeben; Schul= und
Transportschiffe sowie Torpedoboote sind wie bisher ganz
unberücksichtigt geblieben.

Tabelle I giebt den Bestand an Linienschiffen, Küstenpanzerschiffen und Kreuzern an, welchen die verschiedenen Staaten im Jahre 1900 aufzuweisen haben. Für Linienschiffe und Küstenpanzerschiffe ist hierbei eine Lebensdauer von 25 Jahren, für große Kreuzer eine solche von 20 Jahren, für kleine Kreuzer eine Lebensdauer von 15 Jahren zu Grunde gelegt.

I.

Länder	Linienschiffe fertig und im Bau, 25 Jahre und weniger alt		Küstenpanzerschiffe fertig und im Bau, 25 Jahre und weniger alt		Große Kreuzer fertig und im Bau, 20 Jahre und weniger alt		Kleine Kreuzer fertig und im Bau, 15 Jahre und weniger alt	
	Zahl	Tausend Tonnen Deplacement	Zahl	Tausend Tonnen Deplacement	Zahl	Tausend Tonnen Deplacement	Zahl	Tausend Tonnen Deplacement
England	55	698	2	10	60	516	84	220
Frankreich	31	308	13	38	27	203	32	89
Rußland	23	263	7	18	14	107	17	32
Vereinigte Staaten von Nordamerika	16	184	11	41	8	74	33	82
Deutschland	16	161	8	28	8	54	27	51
Italien	14	172	—	—	6	39	15	37
Japan	7	92	4	10	7	60	16	48

Tabelle II giebt auf Grund der Tabelle I die Unterschiede zwischen dem Schiffsbestand Deutschlands und dem der einzelnen Länder im Jahre 1900 an. England hat z. B. im Jahre 1900 55 Linienschiffe, Deutschland 16, folglich hat England 39 Linienschiffe mehr.

Unterschied gegen Deutschland: (+) = mehr, (—) = weniger als Deutschland.

II.

Länder	Linienschiffe fertig und im Bau, 25 Jahre und weniger alt		Küstenpanzerschiffe fertig und im Bau, 25 Jahre und weniger alt		Große Kreuzer fertig und im Bau, 20 Jahre und weniger alt		Kleine Kreuzer fertig und im Bau, 15 Jahre und weniger alt	
	Zahl	Tausend Tonnen Deplacement	Zahl	Tausend Tonnen Deplacement	Zahl	Tausend Tonnen Deplacement	Zahl	Tausend Tonnen Deplacement
England	+ 39	+ 537	— 6	— 18	+ 52	+ 462	+ 57	+ 169
Frankreich	+ 15	+ 147	+ 5	+ 10	+ 19	+ 149	+ 5	+ 38
Rußland	+ 7	+ 102	— 1	— 10	+ 6	+ 63	— 10	— 19
Vereinigte Staaten von Nordamerika	0	+ 23	+ 3	+ 13	± 0	+ 20	+ 6	+ 31
Italien	∓ 2	+ 11	— 8	— 28	— 2	— 15	— 12	— 14
Japan	— 9	— 69	— 4	— 18	— 1	+ 6	— 11	—

Die Tabellen lehren, daß Deutschland sich noch in den letzten Reihen der Flottenmächte bewegt. Rußland hat bereits ein ausgesprochenes Uebergewicht, während die Vereinigten Staaten von Nordamerika im Schiffsbestand ziemlich gleich mit Deutschland sind, an Tonnengehalt dies jedoch übertreffen.

Die Flottennovelle verlangt, daß wir uns gegen den seemächtigsten Gegner rüsten müssen, und fordert zu diesem Zweck, daß unsere Flotte bis zum Jahre 1920 auf

38 Linienschiffe,
20 große Kreuzer und
45 kleine Kreuzer

gebracht wird.

Wie ist das Uebergewicht Englands namentlich an Kreuzern zu erklären, und wird England nicht durch erhebliche Vermehrung seiner Flotte bis zum Jahre 1920 sich das numerische Uebergewicht sicherstellen?

Die maritime Machtentwickelung Englands steht im Zusammenhang mit den großen Kolonien, welche sich über den ganzen Erdball verbreiten, und mit der mächtigen Handelsflotte. Um die Kolonien und den Handel zu schützen, sind in wohldurchdachter Weise an den Hauptverkehrsstraßen der See maritime Stützpunkte und Kohlenstationen angelegt, welche den dort stationirten Kriegsschiffen einen Rückhalt geben und dieselben betreffs Versorgung mit Kohlen, Munition und Proviant von den Heimathswerften unabhängig machen. Ein weitverzweigtes Kabelnetz sorgt für die Verbindung mit dem Mutterland. Die Stationen, einschließlich des Mittelmeers, sind, wie folgt, besetzt:

	Linienschiffe	große Kreuzer	kleine Kreuzer
Mittelmeer	13 Linienschiffe	5 große Kreuzer	5 kleine Kreuzer
Ostasien einschl. Indien	6 "	6 "	12 "
Amerika	2 "	3 "	14 "
Afrika	1 "	1 "	6 "
Australien	— "	1 "	8 "
Zusammen	22 Linienschiffe	16 große Kreuzer	45 kleine Kreuzer

Bricht ein Krieg aus, so wird England diese Seestreitkräfte auf den Hauptverkehrsstraßen versammeln, die dort befindlichen feindlichen Kriegsschiffe schlagen und alsbann den gesammten feindlichen Handel lahmlegen. Der heimathlichen Flotte werden diese Schiffe zunächst entzogen. Die Mittelmeer= flotte wird je nach den Umständen Verwendung finden. Von diesem Gesichtspunkte aus betrachtet, wird der Stärkevergleich der Flotten Deutschlands und Englands bei Beachtung der vorstehenden Ausführungen bezüglich der Linienschiffe für uns etwas günstiger ausfallen. Werfen wir einen Blick auf die Marinepolitik Englands, so sehen wir, daß dasselbe sich stets bemüht hat, die Stärke seiner Flotte nach derjenigen der beiden bedeutendsten Seemächte zu bemessen. Zu einer dieser letzteren wird Frankreich unter allen Umständen zählen. Frankreich kann infolge seiner günstigen Lage im Mittelmeer, am Atlantischen Ozean und am Kanal Kreuzer zur Schädigung der englischen Handelsflotte eher mit Aussicht auf Erfolg verwenden. Es fehlt auch nicht an geeigneten Stützpunkten, um den Kreuzern die nöthige Unabhängigkeit zu geben. Deswegen hat die französische Marine von jeher sich nach beiden Seiten entwickelt, d. h. nicht nur Linienschiffe, sondern auch zahlreiche Kreuzer gebaut. Hieraus erklärt sich zum Theil mit die gewaltige Zahl der englischen Kreuzer, die gegenüber unserem Kreuzeraufwand besonders auffällt. Deutschland kann keinen Kreuzerkrieg führen. Das Führen eines Krieges gegen den Handel hat noch nie zum Ziel geführt und hat in der Gegenwart für uns weniger Aussicht wie je; die Vorbereitungen und Rüstungen zu einem solchen sind im Uebrigen sehr viel kostspieliger und umfangreicher wie diejenigen zu einem Vertheidigungskrieg der heimischen Meere; denn man müßte dazu eine große Zahl von befestigten Stützpunkten haben, damit dort die erforderlichen Vorräthe an Kohlen, Munition ꝛc. auch noch vorhanden sind, wenn die Kreuzer sie brauchen. Mangels solcher sicherer Punkte und Kohlenstationen würden unsere Kreuzer sehr bald zur Unthätigkeit gezwungen sein, wie das Schicksal der „Augusta" 1870/71 gezeigt hat. Der Feind aber würde in der Zeit unsere Küste blockiren, unseren gesammten Seeverkehr abschließen und die deutsche Volkswirthschaft töblich treffen. Deswegen müssen wir die Blockade unserer heimischen Meere verhindern, und dies können wir nur, wenn wir uns nach einer Richtung hin stark entwickeln, d. h. Linienschiffe bauen! Sie befähigen uns, gestützt auf eine günstige Operationsbasis, unsere eigene Küste, dem Feinde mit Aussicht auf Erfolg entgegenzutreten.

Des Ferneren fragt es sich, ob England seine Rüstungen zur See auch unter den augenblicklichen politischen Verhältnissen in der bisherigen Weise fortführen kann. Bei Mobilisirung der englischen Flotte gelegentlich früherer Friedensmanöver traten gewisse Schwierigkeiten betreffs der Besetzung der Schiffe auf, welche eine Aenderung des Mannschaftsersatzes für den Kriegsfall erforderten. Diese Aenderungen sollen einen guten Erfolg gehabt haben, sind aber noch nicht durchgreifend genug, um namentlich die genügende Zahl an Maschinenpersonal für die gesammte englische Flotte sicherzustellen. Bei weiterer Vermehrung derselben werden diese Schwierigkeiten wachsen, und es ist wahrscheinlich, daß die Grenze der Leistungsfähigkeit schon jetzt erreicht ist, wenigstens was technisches Personal anbetrifft. England besitzt nach dem Stärkevergleich augenblicklich 55 Linienschiffe gegenüber den 16 deutschen. Für die Beibehaltung des numerischen Uebergewichts kommt es nicht so sehr auf die Zahl der jetzt vorhandenen Schiffe an, als auf das, was in den nächsten 20 Jahren an neuen modernen Kriegsschiffen gebaut wird. Dies ist deswegen wichtig, weil die Lebensdauer eines Linienschiffes ungefähr 25 Jahre beträgt. Nach der Flottennovelle werden wir durchschnittlich jedes Jahr etwa zwei Linienschiffe auf Stapel legen. Abgesehen von dem Bau von Kreuzern 2c. müßte demnach England, um sich die dreifache Zahl von Schlachtschiffen zu sichern, jährlich sechs Linienschiffe bauen. Zugegeben, daß die bekannte Leistungsfähigkeit der englischen Werften diese Aufgabe Jahr für Jahr bewältigen wird, so kann England angesichts der großen finanziellen Ausgaben im Kriege gegen Transvaal und der nach Beendigung des Krieges für die Reorganisation der Armee aufzuwendenden Geldmittel ein derartiges beschleunigtes Tempo bei den maritimen Rüstungen nicht innehalten. Es ist vielmehr anzunehmen, daß England sich damit begnügen wird, die Linienschiffsflotte, von der ohnehin 75 pCt. bis 1920 durch Neubauten ersetzt werden muß, der Zahl nach nicht wesentlich zu vermehren. Die Nothwendigkeit, die englische Armee erheblich zu vergrößern, wird zudem eine erhebliche Vermehrung des Mannschafts- und Offizierpersonals für die Flotte nicht zulassen. Englands Seemachtstellung bleibt immerhin stark genug, und die englische Schlachtflotte wird wie bisher in den nächsten Jahrzehnten bei allen politischen Fragen ihr erhebliches Gewicht in die Wagschale legen. Gegenüber dieser Machtentfaltung sind Deutschlands maritime Rüstungen dringend geboten. Eine feste geschlossene Organisation sowie unausgesetzte, dem Ernstfall angepaßte Friedensausbildung muß unserer Flotte ersetzen, was ihr an Zahl gebricht. Eine solche Flotte wird zur Führung der friedlichen Politik, wie Deutschland sie will, einen Machtfaktor bilden, der in den Augen von Freund und Feind ausreichendes Gewicht besitzt.

Flotte und Valuta.

Politische Macht und Geldwesen.

Zwischen der politischen Macht und dem Geldwesen eines Landes besteht eine unverkennbare Wechselwirkung. Der Satz, daß zum Kriegführen vor Allem Geld und noch einmal Geld gehöre, hat zwar heute nicht mehr die völlig unbedingte Geltung wie zu Montecucculis Zeiten, wo für Geld nicht nur Waffen und Kriegsmaterial, sondern auch Heere zu kaufen waren; aber auch heute giebt es noch Söldnerheere, und im Uebrigen ist das Geld nach wie vor einer der wichtigsten Faktoren für eine nachhaltige Kriegführung. Nicht das Geld, das in Kriegs= schätzen liegt; die 120 Millionen des Juliusthurmes in Spandau sind nur ein Sparpfennig für den ersten Bedarf bei der Mobilmachung. Ein moderner Krieg verschlingt Summen, deren Bereithaltung und Aufstapelung in Friedenszeiten ganz unmöglich wäre. Die Mittel zur Kriegführung müssen viel= mehr während der kriegerischen Aktion selbst beschafft werden, und zwar auf dem Wege des Kredits, durch die Begebung von Schatzanweisungen und die Aufnahme von Anleihen. Dabei kommt natürlich das Ausland sehr stark in Betracht, denn die Auf= nahmefähigkeit des heimischen Marktes für Anleihen ist zu Zeiten kriegerischer Verwickelungen, wo Jedermann mit größerer Vorsicht und Aengstlichkeit als in normalen Zeiten mit seinen verfügbaren Mitteln zurückhält, auf die Dauer kaum groß genug.

Die finanzielle Kriegsbereitschaft eines Landes besteht des= halb in erster Reihe in seinem Kredit, vor Allem in dem unbedingten Zutrauen, welches auch das kapitalkräftige Ausland auf die Sicherheit seines Geldwesens setzt.

Während des Krieges von 1870/71 mußte der Nord= deutsche Bund, da Deutschland damals noch Silberwährung hatte, die zur Begebung im Ausland bestimmten Schatz= anweisungen auf Pfund Sterling englischer Währung ausstellen, um ihre Unterbringung zu ermöglichen. Heute haben wir das, dank unser Goldwährung, nicht mehr nöthig. Unsere einzige Sorge braucht nur die zu sein, daß man allenthalben darauf Vertrauen setzt, daß unsere Reichswährung auch die kritischen

Zeiten aushalten wird. Solange das der Fall ist, wird es
uns möglich sein, bei einem Kriege das nöthige Geld im Wege
des Kredits ohne allzugroße Opfer aufzubringen.

Wenn so auf der einen Seite ein solides Geldwesen das
wichtigste Stück der finanziellen Kriegsbereitschaft ausmacht und
somit eine wichtige Stütze unserer politischen Macht darstellt,
so bestehen doch auch Beziehungen in der umgekehrten Richtung.

Der Krieg von 1866 hat das österreichische Geldwesen,
das durch die Revolution von 1848 und den italienischen Krieg
von 1859 bereits seiner metallischen Währungsgrundlage be=
raubt war, in neue Verwirrung gestürzt; der Krieg von
1870/71 hat sogar die auf dem massiven Fundament eines
gewaltigen Volksreichthums begründete französische Währung
vorübergehend in Unordnung gebracht; beide Kriege jedoch haben
das deutsche Geldwesen, dank der frühen Erfolge unserer
Waffen, nicht berührt; hier hat sich gezeigt, daß eine starke
Machtentfaltung in Kriegsnöthen ein wirksamer
Schutz auch für die heimische Landeswährung ist,
und das bedeutet nichts Geringes. Mancher mag denken,
wenn der Himmel einstürzt, schlägt er alle Spatzen todt;
und Mancher mag den Zusammenbruch der Landeswährung
für ein geringes Uebel halten gegenüber all den anderen
Kalamitäten, welche ein unglücklicher Krieg über unser
Vaterland bringen würde. Sehr mit Unrecht! Denn die
Zerstörung des Geldwesens gehört in wirthschaftlicher Be=
ziehung unstreitig zu den schlimmsten Folgen, die ein unglück=
licher Krieg haben kann. Ein Zusammenbruch der Landes=
währung erschüttert die Grundlagen des ganzen wirth=
schaftlichen Lebens, indem er alle geschäftlichen Be=
ziehungen ins Schwanken bringt; er schädigt vor Allem
die Arbeiter, deren Lohn kaum oder bestenfalls erst
sehr allmählich der Entwerthung des Geldes ent=
sprechend steigt; er verringert den Werth der in
Landesgeld angelegten Ersparnisse und beeinflußt da=
durch in nachtheiliger Weise den Trieb zur Wirthschaft=
lichkeit und Sparsamkeit; er löst die festen Beziehungen
auf, in denen das Landesgeld zu dem Geld der wichtig=
sten Handelsvölker steht, und erschwert dadurch außer=
ordentlich die Erhaltung und Wiederanknüpfung des
Handelsverkehrs mit dem Ausland; — kurz, eine
Erschütterung der Währung erschwert es auch dem

arbeitfamften Volk in ganz befonderem Maß, fich wirthfchaftlich wieder emporzuarbeiten und die Schädigungen des Krieges wieder gut zu machen. Die Gefchichte aller Staaten, die durch unglückliche Kriege zur Papierwährung gekommen find, hat gezeigt, welcher enormen Anftrengungen und welcher langen Friedenszeit es bedarf, um die metallifche Währung wieder herzuftellen, und welch ein fchweres Hemmniß eine geftörte Valuta für die wirthfchaftliche Entwickelung und Kraftentfaltung eines Landes ift.

Politifche Macht und Geldwefen müffen fich gegenfeitig ftützen und verftärken.

Geldwefen und Zahlungsbilanz.

Wenn man im Einzelnen den Vorausfetzungen nachgeht, auf welchen die Erhaltung eines geordneten und leiftungsfähigen Geldwefens beruht, dann ergiebt fich, daß der Satz von der Bedeutung der politifchen Macht für das Geldwefen durch die neuere Geftaltung der Weltwirthfchaft eine ganz befondere Geltung hinfichtlich der Seeftreitkräfte gewonnen hat.

Die moderne Entwickelung des Weltverkehrs hat der wirthfchaftlichen Thätigkeit der einzelnen Völker das ganze Erdenrund aufgefchloffen. Der Außenhandel hat eine gewaltige Ausdehnung erfahren, und diejenigen Nationen, deren Unternehmungsgeift nicht an die heimifche Scholle gebannt blieb, fondern in freiem Fluge in die Ferne fchweifte, haben es durch den Außenhandel zu hoher wirthfchaftlicher Blüthe gebracht.

Die Kehrfeite ift, daß nunmehr die Erhaltung und Mehrung des Errungenen von der Fortdauer der wirthfchaftlichen Beziehungen zu dem Auslande abhängt, daß der Ausfchluß vom Weltmarkt und vom Weltverkehr die Volkswirthfchaft der am meiften vorgefchrittenen Länder unter furchtbaren Krifen und Kataftrophen auf eine niedrigere Stufe herabdrücken würde.

Mit der gefammten Volkswirthfchaft ift auch unfer Geldwefen in Beziehungen zum Auslande getreten, die nur unter den fchwerften Schädigungen durchfchnitten oder felbft nur zeitweilig unterbrochen werden können.

Wir find darauf angewiefen, Jahr für Jahr — und zwar zum großen Theil aus überfeeifchen Ländern — beträcht=

liche Mengen von Waaren einzuführen, die — wie z. B.
Baumwolle — in Deutschland aus Gründen des Klimas und
der Bodenbeschaffenheit überhaupt nicht erzeugt werden können;
ferner Waaren, die in Deutschland nur in einem für die
Bedürfnisse der Bevölkerung nicht genügenden Umfang pro-
duzirt werden. Um diese zur Erhaltung unserer Bevölkerung
und unseres wirthschaftlichen Niveaus unentbehrlichen Einfuhrartikel bezahlen zu können, müssen wir in erster Reihe im
Stande sein, den Produkten des Fleißes und der Intelligenz
der deutschen Bevölkerung Absatz auf dem Weltmarkte zu verschaffen. Unser Handelsverkehr mit dem Auslande ergiebt
nun aber eine sogenannte „ungünstige Handelsbilanz",
d. h. einen Ueberschuß der Einfuhr über die Ausfuhr. Nach-
stehende Zahlen geben ein Bild davon:

	Einfuhr	Ausfuhr	Mehreinfuhr
	Millionen Mark		
1894	4285,5	3051,5	1234,0
1895	4246,1	3424,1	822,0
1896	4558,0	3753,8	804,2
1897	4864,6	3786,2	1078,4
1898	5439,7	4010,6	1429,1
1899	5495,9	4151,7	1344,2

Diese Zahlen ergeben, daß die deutsche Ausfuhr bei
Weitem nicht hinreicht, um die deutsche Einfuhr zu begleichen.
Der Fehlbetrag geht in den letzten Jahren beträchtlich über
1 Milliarde Mark hinaus. Gewiß kann die Handelsstatistik
auf absolute Genauigkeit keinen Anspruch machen, aber es kann
sich doch nur um verhältnißmäßig geringe Abweichungen von
der Wirklichkeit handeln, so daß die obigen Zahlen in großen
Zügen das richtige Bild ergeben.

Gelegentlich wird dieser Einfuhrüberschuß, der Jahr für Jahr
wiederkehrt und sich im Ganzen in den letzten Jahrzehnten
erheblich gesteigert hat, immer noch als eine ungünstige Erscheinung
angesehen, weil man glaubt, dieser Einfuhrüberschuß bedeute,
daß Deutschland mehr ausgebe, als es einnehme, daß es über
seine Verhältnisse lebe, von seinem Kapital zehre und dadurch
nothwendigerweise allmählich verarmen müsse.

Deutschland theilt jedoch die sogenannte „ungünstige
Handelsbilanz" mit den ersten Handelsvölkern. Der Einfuhrüberschuß des britischen Königreichs ist seit langer Zeit ganz

erheblich größer als derjenige Deutschlands; er hat sich in den letzten drei Jahren folgendermaßen gestaltet:

	Einfuhr	Ausfuhr	Mehreinfuhr
	Millionen Mark		
1897	9021	4684	4337
1898	9407	4667	4740
1899	9702	5293	4409

Im Jahre 1898 war demnach die englische Einfuhr mehr als doppelt so groß als die englische Ausfuhr. Trotzdem ist von Verarmung und wirthschaftlichem Rückschritt nichts zu bemerken.

Die modernen Staaten beziehen eben aus dem Ausland noch andere Einnahmen als diejenigen, welche aus der Waaren= ausfuhr hervorgehen und die allein in der Handelsstatistik in Erscheinung treten.

Zunächst kommt in Betracht, daß Deutschland einen er= heblichen Besitz von ausländischen Werthpapieren hat, die jährlich einen großen Betrag an Zinsen abwerfen, die vom Ausland an Deutschland zu zahlen sind. In der gleichen Richtung wirken die Erträgnisse der im Ausland thätigen deutschen Unternehmungen, die sich im Laufe der letzten Jahrzehnte immer weiter ausgedehnt haben. Alles was in fernen Ländern deutsches Kapital und deutsche Arbeit schafft, kommt der Heimath zu gute und setzt Deutschland in den Stand, die zur Befriedigung des heimischen Bedarfs unentbehrlichen Waaren vom Ausland zu beziehen und sie zu bezahlen. Schließlich kommen in Betracht die Erträgnisse der deutschen Seeschifffahrt. Die deutsche Handels= flotte, welche um 1870 unter den Handelsflotten der Welt erst an vierter Stelle stand, ist inzwischen in die zweite Stelle auf= gerückt; sie hat die Handelsflotten Frankreichs und der Ver= einigten Staaten überholt und wird nur noch von derjenigen Englands — von dieser allerdings noch erheblich — übertroffen. In großem Umfang dient die deutsche Seeschifffahrt dem internationalen Personen= und Frachtverkehr, und die Einnahmen aus diesen Transportleistungen sind gleichfalls ein wichtiger Posten in der deutschen Zahlungsbilanz und dienen zur Deckung des großen Einfuhrüberschusses.

Solange die Erträgnisse des im Ausland angelegten und dem Ausland geliehenen Kapitals, des im Ausland wirkenden

deutschen Unternehmungsgeistes und der Leistungen der deutschen
Seeschifffahrt ausreichend sind, um den Passivsaldo unserer
Handelsbilanz zu decken, hat die sogen. „ungünstige Handels=
bilanz“ nichts auf sich.   Wenn aber diese Einnahmen verringert
werden oder gar aufhören, wenn die Gesammtheit der deutschen
Einnahmen und Bezüge aus dem Ausland nicht mehr groß
genug ist, um die aus der Einfuhr sich ergebenden Zahlungs=
verpflichtungen an das Ausland zu begleichen, mit anderen
Worten: wenn die deutsche Zahlungsbilanz ungünstig wird —,
dann entstehen mit Nothwendigkeit kritische Ver=
hältnisse für die ganze Volkswirthschaft, die ihren
ersten Ausdruck in einer Bedrohung und Erschütterung
des Geldwesens finden.

Sobald ein Land mehr Zahlungen an das Ausland zu
leisten als vom Ausland zu empfangen hat, steigt die Nachfrage
nach Zahlungsmitteln für das Ausland, nach Wechseln, Checks ꝛc.
über das Angebot hinaus.   Infolgedessen gehen die Kurse der
Wechsel aufs Ausland in die Höhe bis zu dem Punkt, bei
welchem die Ausfuhr von effektivem Gold anfängt, lohnend zu
werden.   Die Geldzirkulation des Landes muß für die Deckung
des Passivsaldos der Zahlungsbilanz herbeigezogen werden.

Nun bedenke man, wie groß der Ueberschuß der Waaren=
einfuhr ist im Vergleich mit dem Geldumlauf des Landes! Der
Einfuhrüberschuß, welcher durch die vom Ausland zu zahlenden
Schuldzinsen, durch die Erträgnisse der deutschen Seeschifffahrt
und der deutschen Unternehmungen im Ausland beglichen werden
muß, hat, wie oben nachgewiesen, in den letzten Jahren die
Summe von einer Milliarde Mark beträchtlich überschritten.
Unsere gesammte Geldzirkulation — Gold=, Silber=, Nickel= und
Kupfermünzen zusammengenommen — erreicht höchstens den
Betrag von etwa 3800 Millionen Mark.   Für die Ausfuhr
kommt jedoch nur das Goldgeld in Betracht, da unsere Silber=
münzen, die nur dem inneren Verkehr zu dienen haben, unterwerthig
ausgeprägt sind und deshalb im Außenhandel nicht gebraucht
werden können.   Unser gesammter Bestand an Goldgeld inner=
halb und außerhalb der Reichsbank ist nach vorsichtigen
Schätzungen auf etwa 2800 Millionen Mk. anzusetzen; er ist mithin
nur etwa doppelt so groß wie der jährliche Einfuhrüberschuß
unserer Handelsbilanz.   Von dem gesammten Bestand Deutsch=
lands an Goldgeld liegen in den letzten Jahren durchschnittlich
560 bis 600 Millionen Mark in der Reichsbank, aus welcher

der Goldbedarf für das Ausland in erster Linie zu schöpfen pflegt. Der Goldvorrath der Reichsbank ist also nicht einmal halb so groß wie der jährliche Einfuhrüberschuß.

Daraus geht hervor: Wenn die Nothwendigkeit entstände, den Passivsaldo unserer Handelsbilanz auch nur zu einem nennenswerthen Bruchtheil und für vorübergehende Zeit durch die Abgabe von Gold zu decken, dann müßte das deutsche Geldwesen in die schlimmste Lage kommen, und der deutsche Geldmarkt würde in die schwerste Bedrängniß gerathen. Der Goldabfluß würde eine empfindliche Einschränkung der für die deutsche Volkswirthschaft zur Verfügung stehenden flüssigen Mittel und damit eine außerordentliche Steigerung der Diskontsätze herbeiführen, und schließlich würde die Aufrechterhaltung der Reichswährung unmöglich werden.

Die Geschicke unseres Geldwesens sind mithin abhängig von der dauernden Erhaltung und Sicherung einer für Deutschland günstigen Zahlungsbilanz, die ihrerseits ganz und gar beruht auf der Sicherung unseres Waarenabsatzes im Ausland, auf dem Schutz des im Ausland investirten deutschen Kapitals und der im Ausland thätigen deutschen Unternehmungen und der Ausdehnung der deutschen Handelsflotte.

Zahlungsbilanz und Flotte.

Wenn in den vorstehenden Ausführungen vom „Ausland" die Rede war, so wurden darunter nicht ausschließlich, aber zu einem großen Theil überseeische Gebiete verstanden oder solche auch zu Land erreichbare Länder, mit denen wir vorwiegend im Seeverkehr stehen.

Soweit der Handel den Landweg benutzt, steht er unter dem Schutz derjenigen Staaten, deren Gebiet er berührt; er kann auch im Fall kriegerischer Verwickelungen im Allgemeinen von dem Gegner nur soweit geschädigt oder lahm gelegt werden, als er sich auf dem Gebiet der kriegführenden Staaten bewegt. Schlimmer ist es jedoch mit dem Seehandel bestellt. Das offene Meer ist der freie Tummelplatz für die Kriegsflotten und die Kaperschiffe aller Länder. Jedes Schiff, das sich hinausbegiebt, ist durch die feindlichen Seestreitkräfte bedroht, und der gesammte Seehandel kann durch einen auf dem Wasser überlegenen Gegner unterdrückt und vernichtet werden.

Von unserm gesammten Außenhandel entfallen nun etwa 70 pCt. auf den Seehandel und nur 30 pCt. auf den Land= handel. Etwa ein Fünftel unserer gesammten Ausfuhr geht direkt für deutsche Rechnung nach außereuropäischen Ländern; ein weiterer erheblicher Theil geht dorthin über Holland, Belgien, Frankreich und England durch Vermittlung von Zwischen= händlern. Von unserer Einfuhr kommt mehr als ein Drittel aus außereuropäischen Gebieten; und gerade auf dieser Ein= fuhr beruht hinwieder ein wesentlicher Theil der deutschen Aus= fuhr, die den Landweg benutzt. Nahezu unser ganzer Export von Textilfabrikaten steht und fällt mit der überseeischen Zu= fuhr von Wolle und Baumwolle. Nachdem deutsche Arbeit diese Rohstoffe in höherwerthige Fabrikate verwandelt hat, gehen diese Fabrikate zum Theil nach dem Ausland, und die auf sie übertragene Arbeitsleistung bezahlt die für den deutschen Bedarf nothwendigen Rohstoffe und Nahrungsmittel. Eine Unterbindung der überseeischen Zufuhr würde also gleichzeitig auch die Ausfuhr von relativ höheren Werthen unmöglich machen.

Daraus ergiebt sich, von wie großer Wichtigkeit ein gesicherter Seeverkehr für die deutsche Waaren= ausfuhr ist, die nicht nur zur Begleichung der zur Erhaltung der deutschen Bevölkerung unumgänglich nothwendigen Einfuhr dient, sondern auch zur Auf= rechterhaltung einer Zahlungsbilanz, bei welcher eine geordnete Geldverfassung bestehen kann.

Zum Schutz des deutschen Seehandels aber ist eine starke Flotte unentbehrlich.

Zwar hat sich Deutschlands überseeischer Verkehr in den letzten Jahrzehnten zu hoher Blüthe entwickelt, obwohl ihm eine starke Machtentfaltung zur See nicht zu Hülfe kam. Aber es wäre verfehlt, wenn man daraus folgern wollte, daß wir auch in Zukunft einer starken Flotte entrathen könnten. Die seegewaltigen Staaten, namentlich England, haben den deutschen Handel groß werden lassen, weil sie in uns einen nicht gleich= werthigen Konkurrenten sahen, den man ohne große Gefahr gewähren lassen könne. Aber gerade der Aufschwung des deut= schen Seehandels und die gesteigerte Konkurrenz auf dem Welt= markt hat zu einem sich fortgesetzt verschärfenden Streit um die überseeischen Absatzgebiete geführt, bei dem häufig die Macht= frage entscheidender ist als die wirthschaftliche Tüchtigkeit. Bei der Zuspitzung der handelspolitischen Lage darf

Deutschland die Erhaltung seines Absatzes nicht aus=
schließlich der wirthschaftlichen Leistungsfähigkeit
überlassen, sondern das Reich muß durch Schaffung
der nöthigen Machtmittel der Bethätigung deutschen
Fleißes und deutscher Intelligenz ein freies Feld
sichern, wenn anders nicht unser überseeischer Handel
durch die Macht unserer Konkurrenten geschädigt und
eingeschnürt werden soll.

Eine solche Einschränkung würde sogar im Wege einer
friedlichen Entwickelung eintreten, wenn Deutschland nicht im
Stande wäre, seinem Absatz einen wirksamen Schutz gegen
Uebergriffe zu geben und, wo es nöthig ist, Macht gegen Macht
zu stellen. Die Folge einer Verkrüppelung des deutschen Ab=
satzes wäre eine fortgesetzte Verschlechterung der deutschen
Zahlungsbilanz, die nicht ohne bedenkliche Wirkungen auf die
deutsche Valuta bleiben könnte. —

Ganz ähnlich steht es mit den überseeischen Kapital= und
Unternehmungs=Interessen Deutschlands.

Der Umfang dieser Interessen, abgesehen von Werthpapieren,
wurde im Jahre 1897/98 bereits auf 7½ Milliarden Mark
geschätzt; er hat inzwischen eine abermalige Erweiterung erfahren,
namentlich in der Türkei und Kleinasien, in Afrika und Ostasien.
Die jährlichen Einkünfte, welche uns diese Anlagen abwerfen,
belaufen sich auf Hunderte von Millionen Mark und sie sind
ein überaus wesentlicher Beitrag zur Deckung des deutschen
Einfuhrüberschusses.

Auch diese Unternehmungen und Anlagen haben sich in den
letzten Jahrzehnten durch die Tüchtigkeit und Regsamkeit des
deutschen Kaufmanns gewaltig ausgedehnt, obwohl ihnen eine
beträchtliche Flottenmacht nicht zur Seite stand, aber gerade in
den letzten Jahren ist auch auf diesem Gebiet ein Schutzbedürf=
niß in verstärktem Maße hervorgetreten. Allein schon die Aus=
dehnung unseres Kolonialbesitzes, den Deutschland zu ver=
theidigen hat, stellt größere Ansprüche an unsere Seestreitkräfte.
Ferner ist die Bewaffnung der kleinen süd= und mittelameri=
kanischen Staaten, denen es hin und wieder auf einen Rechts=
bruch zur Schädigung ihrer ausländischen Gläubiger und zur
Benachtheiligung der auf ihrem Gebiet thätigen ausländischen
Unternehmungen nicht so genau ankommt, eine beträchtlich
besser geworden. Infolgedessen müssen die europäischen Staaten,
welche die Interessen ihrer jenseits des Ozeans arbeitenden An=

14*

gehörigen wahren wollen, mit größeren Streitkräften auftreten
können. Schließlich hat sich auch auf dem Gebiet der überseeischen
Unternehmungen der Wettbewerb unter den Völkern europäischer
Kultur immer mehr verschärft. Namentlich die Konkurrenz um
Bergwerks- und Eisenbahn-Konzessionen ist eine immer heftigere
geworden. Oft genug hat sich in den letzten Jahren gezeigt, wie leicht
der eine oder andere Staat geneigt ist, der Bethätigung fremden
Unternehmungsgeistes Licht und Luft wegzunehmen. Die Versuchung
zu solchen Uebergriffen uns gegenüber muß wachsen, je wehr-
loser zur See Deutschland in den Augen des Auslandes dasteht.

Aufs Innigste verknüpft mit der Gestaltung unseres überseeischen Handels und unserer überseeischen Unternehmungen ist
die Entwickelung unserer Handelsflotte, deren Werth am Ende
des Jahres 1899 auf 500 Millionen Mark geschätzt wurde.
Alles, was unseren überseeischen Handel beeinträchtigt und unsere
überseeischen Unternehmungen beschränkt, muß auch auf das
Wachsthum der deutschen Handelsflotte hemmend einwirken.

Die Gestaltung der deutschen Zahlungsbilanz hängt also
bereits in Friedenszeiten sehr wesentlich davon ab, ob wir unseren
überseeischen Interessen in einer starken Flotte einen hinreichenden
Schutz zu geben im Stande sind, ob es uns möglich ist, etwaigen
Uebergriffen fremder Staaten entgegenzutreten und unseren
überseeischen Absatz, unseren überseeischen Unternehmungen und
unserer Seeschifffahrt den freien Spielraum zu sichern, welcher
für eine künftige gedeihliche Entwickelung unentbehrlich ist. Bei
der fortgesetzten Vergrößerung des Einfuhrüberschusses, welchen unser Außenhandel im Lauf der
letzten Jahrzehnte ergeben hat, ist eine weitere Ausdehnung unserer ausländischen Kapitalanlagen und
Unternehmungen und eine weitere Vergrößerung
unserer Handelsflotte eine Nothwendigkeit, falls sich
nicht unsere Zahlungsbilanz in merkbarer Weise ver-
schlechtern und dadurch den Bestand unserer Geldverfassung beeinträchtigen und untergraben soll. Die
gedeihliche Entwickelung des deutschen Geldwesens ist davon abhängig, daß dem deutschen Geldumlauf durch eine günstige
Zahlungsbilanz fortgesetzt das zur Befriedigung des wachsenden
Geldbedarfs nothwendige Gold von außerhalb zugeführt wird.
Jede Einschränkung dieser Goldzufuhr, oder gar ein starker und
anhaltender Goldabfluß würde unsere Geldverfassung schwächen
und ihre Erhaltung in kritischen Zeiten unmöglich machen.

In besonderem Maße müßte die Bedeutung einer starken Flotte für unsere Zahlungsbilanz und unser Geldwesen im Falle eines Krieges mit einem zur See überlegenen Gegner in Erscheinung treten. Die Vernichtung unserer Handelsflotte, die dauernde Einschränkung unseres überseeischen Verkehrs und die Lahmlegung eines großen Theiles unserer überseeischen Unternehmungen wären das unvermeidliche Ergebniß. Die Grundpfeiler unserer Zahlungsbilanz würden erschüttert werden, und mit ihnen wären auch die Vorbedingungen für die Erhaltung eines geordneten Geldwesens zerstört.

Aus diesen Erwägungen erhellt, daß gerade die zeitgemäße Ausgestaltung unserer Flottenmacht von ganz besonderer Bedeutung für die Sicherung der Grundlagen ist, auf welchen unsere Geldverfassung beruht. Ein Landkrieg kann unseren auswärtigen Handel und unsere sonstigen auswärtigen Interessen immer nur zu einem kleinen Theil bedrohen und sie vor Allem kaum für längere Zeit zerstören, **während ein unglücklicher Seekrieg diese Voraussetzungen für ein gesundes Geldwesen in großem Umfang und auf die Dauer vernichten würde.**

Blockade und Geldmarkt.

Unter den bestehenden Verhältnissen ist es freilich ausgeschlossen, daß Deutschland plötzlich eine der größten Seemacht der Welt gleichwerthige Schlachtflotte schaffen kann; aber unsere Schlachtflotte muß zum Mindesten so stark sein — wie die Motive zur Flottenvorlage mit Recht hervorheben —, daß ein Krieg auch für den seemächtigsten Gegner mit derartigen Gefahren verbunden ist, daß seine eigene Machtstellung in Frage gestellt wird.

Vor Allem aber muß die deutsche Kriegsflotte stark genug sein, um eine Blockade der deutschen Küsten wirksam verhindern zu können.

Bei dem heutigen Stand der deutschen Seestreitkräfte wäre eine Blockade für einen überlegenen Feind verhältnißmäßig leicht durchzuführen. Unsere Schlachtflotte würde bald niedergekämpft und in den deutschen Häfen eingeschlossen werden, und bald wäre Deutschland von allem Seeverkehr abgesperrt. Sicherlich würden sich unsere Gegner durch die Neutralität Belgiens und Hollands nicht abhalten lassen, auch den Seeverkehr über Antwerpen und

Rotterdam unmöglich zu machen. Das Verhalten Englands in der Delagoa-Bai ist ein sprechendes Beispiel dafür, wie wenig in solchen Fällen völkerrechtliche Bedenken ausschlaggebend sind.

Alle die nachtheiligen Wirkungen, welche ein un= genügender Schutz unserer Seeinteressen im Lauf einer friedlichen Entwickelung allmählich hervor= bringen müßte, würden sich im Fall einer Blockade unserer Küsten zu einer sich rasch vollziehenden Katastrophe zusammenballen.

Unsere Industrie, welche auf die Verarbeitung über= seeischer Rohstoffe angewiesen ist, würde bald nicht mehr das nothwendige Arbeitsmaterial zu ihrer Verfügung haben. Ein= schränkung und schließlich Einstellung der Betriebe wäre die nothwendige Folge.

Die daraus entstehende schwere Bedrängniß für unsere Arbeiterbevölkerung ist oft genug dar= gestellt worden. Hier sei nur darauf hingewiesen, daß eine wirksame Blockade bald auch einen sehr erheblichen Theil der den Landweg benutzenden Ausfuhr von Fabrikaten unmöglich machen würde, soweit nämlich die Versorgung Deutschlands mit den nothwendigen Rohstoffen aufhörte.

Da die Fabrikate, welche wir ausführen, wesentlich höhere Werthe darstellen als die Rohstoffe, die wir einführen, würde der Ausfall in unserem Export nur zum Theil durch die gleich= zeitige Verhinderung der Rohstoffeinfuhr aufgewogen werden. Ferner würden die höheren Preise für die unentbehrliche Ein= fuhr von Lebensmitteln den Passivsaldo unserer Handelsbilanz beträchtlich anwachsen lassen.

Gleichzeitig würden uns die Einnahmen aus den deutschen Unternehmungen in überseeischen Ländern zu einem großen Theil vorenthalten werden, und die Einnahmen aus unserer See= schifffahrt kämen vollständig in Wegfall. Es würden uns mithin die Mittel, aus welchen in normalen Zeiten der Ueberschuß unserer Einfuhr gedeckt wird, in starkem Umfange entzogen werden, während sich gleichzeitig aus unserer Handelsbilanz eine be= trächtlich stärkere Verschuldung an das Ausland ergeben würde.

Die Folge wäre ein außerordentliches Anschwellen der Nachfrage nach Zahlungsmitteln für das Ausland.

Die unentbehrliche Einfuhr könnte nur durch umfangreiche Abgaben von Gold an das Ausland bezahlt werden. Bei dem beträchtlichen Ueberschuß, welchen die Waareneinfuhr schon in normalen Zeiten über die Ausfuhr aufweist, würde der Gold= abfluß bald gefahrdrohende Dimensionen annehmen. Die Reichsbank, aus deren Kassen in erster Linie der Goldexport schöpfen würde, wäre genöthigt, zum Schutze ihres eigenen Goldvorrathes und des gesammten Goldvorrathes des Landes mit ihrem Diskontsatz scharf in die Höhe zu gehen, ohne jedoch bei den zwingenden Ursachen, auf denen ein solcher Goldabfluß beruhen würde, eine dauernde und nachhaltige Wirkung zu erreichen. Auch auf dem offenen Markte würde die durch den Goldabfluß bewirkte Verringerung der Barmittel, verbunden mit der in kritischen Zeiten stets eintretenden Steigerung der Geldnachfrage und der Zurückhaltung der Geldgeber, eine be= trächtliche Steigerung der Zinssätze hervorrufen, durch welche die Schwierigkeiten der gesammten Lage noch erheblich verschärft werden würden.

Bei einer längeren Dauer des Blockadezustandes dürfte es sich als unmöglich herausstellen, einen Zusammenbruch der Reichswährung zu vermeiden. Bei den fortgesetzten Gold= entziehungen würde der Barbestand der Reichsbank allmählich so sehr zusammenschmelzen, daß sie auf die Dauer die Einlösung ihrer Noten in Gold nicht würde aufrecht erhalten können. Es müßte die Einstellung der Bareinlösung und die Verleihung des Zwangskurses an die Noten der Reichsbank ausgesprochen werden. Daraus würde ein Goldagio und eine Entwerthung der deutschen Valuta gegenüber dem Gelde des Auslandes entstehen.

Da ein solides Geldwesen — wie bereits aus= geführt — die sicherste Basis für den Kredit eines Landes ist, würde uns durch den Zusammenbruch unserer Valuta die weitere Beschaffung der für die Kriegführung nothwendigen Geldmittel sehr er= schwert werden.

Die Verwirrung des Geldwesens würde ferner die Störungen des gesammten Wirthschaftslebens erheblich vermehren und auch nach dem Friedens= schluß eine große Erschwerung für die wirthschaft= liche Erholung sein.

Alle diese verhängnißvollen Wirkungen könnten eintreten als Folgen des bloßen Blockadezustandes,

ohne daß ein feindlicher Soldat deutschen Boden
betreten hätte. Bei einem Landkrieg dagegen wären
solche Wirkungen auf das Geldwesen nur denkbar als
Folgen einer Niederwerfung der deutschen Heere
nach dem härtesten Kampf auf Leben und Tod.

Geld und Seemacht.

Das Geldwesen ist vielleicht diejenige Einrichtung, in
welcher die gesammte wirthschaftliche Kraft eines Landes sich
am deutlichsten ausdrückt. Es ist deshalb nur natürlich,
daß durch die immer engere Verknüpfung unserer ganzen
Volkswirthschaft mit der See auch unser Geldwesen in eine
steigende Abhängigkeit von der Sicherung unserer überseeischen Interessen gerathen ist. Wenn — wie eingangs
dargelegt — politische Macht und Geldwesen sich gegenseitig
zu stützen berufen sind, dann ist deshalb unter den gegenwärtigen Verhältnissen die dringlichste Aufgabe die Schaffung
einer zum Schutze der Lebensbedingungen unserer Volkswirthschaft und unseres Geldwesens ausreichenden Flottenmacht.

Volkseinkommen und Konsum.

Man hört vielfach, sobald von einer Stärkung der Wehrkraft, sei es zu Wasser oder zu Lande, die Rede ist, die
Meinung aussprechen, das deutsche Volk sei zu arm, um eine
Erhöhung seiner Lasten ertragen zu können, es stehe in Bezug
auf Reichthum und Volkseinkommen weit hinter anderen Völkern,
insbesondere den Engländern und Franzosen, zurück. Thatsächlich war Deutschland bis in die letzten Jahrzehnte kein
reiches Land. Seither sind aber doch, was das National-
einkommen und den Konsum anlangt, Verschiebungen vor sich
gegangen, die Deutschland bereits Frankreich haben über-
flügeln lassen; auch hinter England dürfte es nicht mehr
allzuweit zurückstehen. England hat ja den Vortheil des
ältesten Industriestaates, der mit seinen Industrieerzeugnissen
lange Zeit den Weltmarkt beherrschte und dabei nicht nur seine
eigenen umfangreichen Kolonien, sondern auch fremde Länder
wirthschaftlich ausbeuten, sich zu vielen anderen Staaten in
das Verhältniß des Gläubigers setzen konnte. Frankreich hatte
in der Hauptsache Reichthümer nur gesammelt dank der Sparsamkeit seiner Bevölkerung, wobei es aber, da es im Gegensatz
zu England wenig eigene Unternehmungen in fremden Ländern
gründete, sondern häufig sehr unsicheren Schuldnern Geld lieh,
mitunter auch starken Verlusten ausgesetzt war. In der letzten
Zeit ist nun auch Deutschland Gläubigerstaat geworden; bereits
anläßlich der Börsenenquête 1892 wurde der Besitz an fremden
Werthpapieren zu 10 bis 12 Milliarden Mark geschätzt. Heute
ist er sicher noch um mehrere Milliarden gewachsen, und Deutschland wird in Bezug auf den Besitz von fremden Effekten wohl
England, aber schwerlich noch Frankreich nachstehen. Auch in
deutschen Unternehmungen im Auslande, die 1898 allein
für die außereuropäischen Länder sich auf 7 Milliarden Mark be-
wertheten, arbeiten heute größere Summen als in denen
Frankreichs. Die deutschen Kaufmanns- und Rhedereigewinne
sind, wie es schon ein Blick auf den stärkeren Außenhandel und die
größere Handelsflotte wahrscheinlich macht, sicher höher als die
französischen. Die gesammte Mehreinfuhr im Betrage von nahezu
einer Milliarde Mark jährlich muß ja aus den Schuldzinsen,

dem Handels= und Schifffahrtsgewinn bestritten werden, ja
diese Gewinne müssen noch mehr als die Differenz zwischen
Ein= und Ausfuhr betragen, weil der Besitz von fremden
Effekten, bezw. die Verschuldung des Auslandes an Deutschland
noch wächst. Nordamerika macht jetzt allerdings krampfhafte
Anstrengungen, mittelst eines Hochschutzzollsystems die fremden
Schulden möglichst schnell abzustoßen, und es scheint auch, daß
es hierin in den letzten Jahren Erfolge aufweist, Erfolge, wie
sie Rußland trotz der gleichen Zollpolitik noch fehlen.

Volkseinkommen.

Um nun näher auf das Volkseinkommen einzugehen, so
läßt sich dasselbe allerdings für keinen Staat mit absoluter
Genauigkeit feststellen. Es fehlen vielfach die genauen Daten.
Aber auch soweit solche vorhanden sind, ist ihnen nicht absolute
Zuverlässigkeit eigen. Meist ist die Steuereinschätzung, an
deren Hand die Feststellungen gemacht werden können, etwas
zu niedrig. Indessen haben wir doch so viel Anhaltspunkte,
daß wir ruhig Vergleiche vornehmen können. Die Fehler liegen
in der Regel nach der einen Seite, der zu niedrigen Ein=
schätzung. Zu hohe Einschätzungen, wie sie mitunter zwecks Er=
haltung des Kredites gemacht werden, werden doch mehr Aus=
nahmen bilden.

Eine vollständige Statistik über alle Einkommen besitzt
vor der Hand von den größeren Staaten erst Sachsen. In
Preußen werden bekanntlich nur die Einkommen von über
900 Mark zur Steuer herangezogen und registrirt. In Eng=
land wurden 1876 bis 1894 nur die Einkommen von über
3000 Mark zur Einkommensteuer herangezogen, seit 1895 nur
noch die Einkommen, die 3200 Mark überschreiten. Dabei ist
noch für die Einkommen von unter 8000 Mark ein Abzug bei
der Entrichtung der Steuer von 3200 Mark zulässig, für die
Einkommen von 8000 bis 10 000 Mark ein solcher von 3000 Mark,
bei 10 000 bis 12 000 Mark 2400 Mark, bei 12 000 bis
14 000 Mark 1400 Mark. Diese Bestimmungen erklären dann
den kleinen Rückgang des versteuerten Einkommens in England
in den letzten Jahren.

Das Volkseinkommen in Preußen betrug nach Soetbeer
1876 etwa 7840 Millionen Mark, bezw. 316 Mark per Kopf;
bis 1890 war es auf 10 000 Millionen Mark bezw.

342 Mark per Kopf gestiegen. Doch sind die Soetbeerschen Schätzungen wegen der mangelhaften Unterlagen ziemlich unsicher. Genauere Nachweise besitzen wir erst seit der Steuerreform von 1892. Es betrug nach den Steuerlisten das Einkommen der steuerpflichtigen Censiten:

	Preußen*) Mill. Mark	Großbritannien und Irland**) Mill. Pfund	Sachsen (gesammtes Volkseinkommen)***) Mill. Mark
1891/92		597,8	1567,7
1892/93	5724	597,1	1584,9
1893/94	5725	594,6	1621,3
1894/95	5785	540,1	1666,5
1895/96	5937	553,2	1714,0
1896/97	6076	562,7	1792,7
1897/98	6374		1902,6
1898/99	6775		2002,4

Die Ergebnisse für das letzte Jahr sollen für Preußen und Sachsen, soweit bekannt, ein weiteres Ansteigen in Aussicht stellen. Jedenfalls hat schon von 1892 bis 1898 das steuerpflichtige Einkommen in Preußen um etwa 1051 Millionen Mark = 18,4 pCt. zugenommen, während die Bevölkerung nur um etwa 8 pCt. zunahm. In Sachsen übersteigt die Zunahme des Volkseinkommens in den letzten sechs Jahren sogar 25 pCt. Die Zunahme des gesammten Volkseinkommens ist also der der Bevölkerung weit vorausgeeilt. Dies ist um so bedeutsamer, als von den wichtigsten Nahrungsmitteln Fleisch nicht theurer und Getreide und Kleidungsstoffe sogar billiger geworden, nur die Wohnungen etwas im Preise gestiegen sind.

In England wurde früher das gesammte Volkseinkommen zu etwa dem Doppelten des steuerpflichtigen Einkommens geschätzt. Das Absinken des versteuerten Einkommens infolge des neuen Steuermodus hat von 1893 zu 1894 etwa 54 Millionen Pfund betragen, danach dürfte 1896/97 das gesammte Einkommen über 3000 Mark, etwa 617 bis 620 Millionen Pfund, betragen haben. Das gesammte Volkseinkommen könnten wir danach zu etwa 1250 bis 1300 Millionen Pfund = 25 bis 26,5 Milliarden Mark schätzen, bezw. etwa 600 bis 646 Mark per Kopf.

---

*) Nach den Veranlagungen zur Einkommensteuer für 1892/93 bis 1898.
**) Statistical Abstract for the United Kingdom 1898, S. 35ff.
***) Zeitschrift des Königl. Sächs. Statist. Bur. 1894, S. 211 ff.; Statist. Jahrbuch für das Königreich Sachsen für 1900, S. 52.

In Frankreich schätzte de Foville für 1892 das gesammte Volkseinkommen auf 25 Milliarden Franks*), bezw. etwa 526 Mark per Kopf. Seitdem dürfte das Volkseinkommen daselbst bei der mangelnden Volksvermehrung und infolge der verschiedenen finanziellen Zusammenbrüche Anfang der 90er Jahre, als des Panama-, des argentinischen, portugiesischen, griechischen Krachs, schwerlich bedeutend gewachsen sein.

Für Sachsen ergeben sich für 1898 etwa 513 Mark per Kopf, womit es Frankreich ziemlich nahe kommt. Für die anderen deutschen Staaten, außer Preußen, werden wir das relative Einkommen kaum niedriger ansetzen können. In den Hansestädten ist es sogar beträchtlich höher. Hamburg hatte bereits 1895 etwa 410 Millionen Mark steuerpflichtiges Einkommen, dabei aber 167 000 einkommensteuerfreie Erwerbsthätige. Setzen wir deren relatives Einkommen auf 700 Mark an, so kommen wir auf ein Gesammteinkommen von etwa 527 Millionen Mark bezw. 773 Mark per Kopf der Hamburger Bevölkerung. Selbst wenn wir das Einkommen der von der Einkommensteuer Befreiten zu nur 500 Mark ansetzen wollten, kämen wir auf 494 Millionen Gesammteinkommen bezw. 726 Mark per Kopf.

Um das Gesammteinkommen für Preußen zu berechnen, haben wir uns daran zu erinnern, daß es 1898 etwa 2,91 Millionen Censiten und 8,79 Millionen Einkommensteuerfreie, Einzelnsteuernde und Haushaltungsvorstände gab. Setzen wir das Durchschnittseinkommen dieser Gruppe zu nur 500 Mark an, so kommen wir auf 4395 Millionen Mark, somit für das preußische Gesammteinkommen auf 11 175 Millionen bezw. 343 Mark per Kopf. Niedriger können wir es unter keinen Umständen ansetzen. In Sachsen betrug z. B. 1898 die Gesammtzahl der Censiten, die 400 bis 800 Mark Einkommen hatten, 796 807 mit einem Gesammteinkommen von 455,4 Millionen Mark; von 800 bis 950 Mark hatten 165 138 Personen mit 146,3 Millionen Mark; steuerfrei waren 199 730 Personen mit 60,0 Millionen Einkommen. Unter 900 Mark hatten somit etwa $796\,807 + 199\,730 + \frac{2}{3} \times 165\,138 = 1\,110\,000$ Personen mit etwa 615 Millionen bezw. 555 Mark per Censit.

---

*) Dictionnaire des Finances, auch im Journal of the Royal Statistical Society 1893.

Für das Gesammteinkommen des deutschen Volkes gelangen wir dann für 1898 zu folgenden Zahlen:

Preußen . . . . . . 11 175 Millionen Mark
Sachsen . . . . 2 002   =   =
Hamburg etwa   570   =   =
Andere Staaten etwa . . 8 600   =   =
                    22 347 Millionen Mark.

Thatsächlich dürfte aber diese Berechnung hinter der Wirklichkeit zurückbleiben. May schätzt (Schmollers Jahrbuch, Bd. XXIII, 1) unter Berücksichtigung der zu geringen Steuereinschätzung bereits für 1895/96 das gesammte deutsche Volkseinkommen zu 25½ Milliarden Mark. Aehnlich schätzt Mulhall (North American Review 1898, Bd. I, S. 63) für 1895 zu etwa 6160 Millionen Dollars = 25,8 Milliarden Mark, und zwar rechnet Mulhall das Einkommen aus

Landwirthschaft . . . . 1210 Millionen Dollars
Fabriken und
  Manufakturen 1660   =   =
Handel 1350   =   =
Anderer Beschäftigung . . 1940   =   =

Doch hat Mulhall es unterlassen, die Grundlagen für seine Berechnung genauer anzugeben, wie denn alle Mulhall'schen Angaben nur mit großer Vorsicht zu gebrauchen sind. Indessen dürften doch selbst bei vorsichtigster Einschätzung unter Berücksichtigung aller Momente schon die von uns berechneten 22 307 Millionen als ein recht angemessenes Volkseinkommen erscheinen, das etwaige weitere Opfer zum Besten der Sicherheit und der Zukunft des Vaterlandes als durchaus erschwinglich erscheinen läßt, zumal bereits die in den letzten sechs Jahren eingetretene Einkommenssteigerung allein für das steuerpflichtige Einkommen in Preußen und Sachsen 1½, für das Gesammteinkommen im Deutschen Reich wahrscheinlich 3 bis 4 Milliarden beträgt.

Der Volkskonsum.

Zu genauen Schlußfolgerungen reicht freilich ein Vergleich des absoluten und relativen Einkommens verschiedener Nationen nicht aus, weil die Lebensmittelpreise durchaus nicht überall die gleichen sind. Es ist deshalb noch die Konsumstatistik für den Vergleich heranzuziehen. In Betreff der Konsumstatistik sind wir glücklicherweise in einer günstigeren Lage, als dies in Bezug auf die Einkommenstatistik der Fall ist. Die Konsum-

statistik ergiebt nun, daß die Lebenshaltung des deutschen
Volkes zwar hinter der des englischen und amerikanischen
zurückbleibt, Frankreich gegenüber aber höchst wahrscheinlich
günstiger dasteht. Der Fleischkonsum betrug in Nordamerika
nach Mulhall 140 Pfund (= 64,0 kg) per Kopf,*) in Eng=
land ist er in den letzten 20 Jahren von 112 auf 122 Pfund
englisch (von 50 auf 54,5 kg) gestiegen.**)

In Deutschland schätzte Scheyer Ende der siebziger Jahre
den Konsum auf 35 kg,***) Lichtenfelt für 1893 auf
39,9 kg;†) in der Anfang 1899 erschienenen Denkschrift über die
Fleischnoth ist er auf 46 kg geschätzt. In Frankreich ist der
Konsum von Rind=, Kalb= und Schaffleisch von 1862—1892
von 571 000 auf 857 000 Tons gestiegen, bezw. von 16 auf
etwa 22,3 kg per Kopf.††) Den gesammten Fleischkonsum
schätzt Mulhall 1887 daselbst auf 77, für Deutschland bloß
auf 64 Pfund englisch.†††) Allein seine Schätzung der fran=
zösischen Fleischproduktion ist ziemlich untauglich: er berechnet
für Frankreich eine stärkere Produktion an Rindfleisch als für
Deutschland, während der Viehstand in Deutschland beträchtlich
größer und auch das Durchschnittsgewicht der Rinder keines=
wegs niedriger ist. Eine starke Zunahme des Fleischkonsums
läßt sich mit voller Sicherheit für Sachsen konstatiren. 1850
entfielen daselbst nach Martin 15,1 kg auf den Kopf der
Bevölkerung, 1860 22,2, 1876/80 bereits 29,2, 1886/90 34,8
und 1891/94 35,1 kg.*†)

In Bezug auf den Milch= und Butterkonsum scheint
Deutschland heute Großbritannien gleichzukommen, Frankreich
aber um ein Bedeutendes zu übertreffen.

In Großbritannien betrug 1876/78 die Milchproduktion
45 Gallons (zu 4,54 Liter) per Kopf, 1894/96 war sie auf
40 Gallons gesunken. Die Einfuhr an Milchnahrungsmitteln
(in Form von Butter, Käse u. s. w.) stieg jedoch gleichzeitig von 20
auf 35 Gallons,**†) so daß der Gesammtkonsum von 65 auf
75 Gallons, bezw. von 295 auf 340 Liter gestiegen ist. Noch
etwas günstiger dürfte der Konsum an Molkereiprodukten im

---

*) North American Review 1897.
**) Journal of the Board of Agriculture 1897; S. 294.
***) Das wirthschaftliche Leben der Völker, Leipzig 1885, S. 310 ff.
†) Thiels Jahrbücher f. wissenschaftl. Landwirthschaft 1896, S. 144.
††) Journal of the Board of Agriculture 1897, S. 325.
†††) Dictionary of Statistics, London 1892, Artikel Food.
*†) Zeitschrift des Königl. Sächs. Statist. Bür. 1895, S. 150.
**†) Journal of the Board of Agriculture 1897, S. 294 ff.

Triennium 1896/99 gewesen sein, indem im Mittel 3,25 Millionen Centner Butter, 2,45 Millionen Centner Käse, 775 000 Centner kondensirte Milch eingeführt wurden, was zusammen einem Aequivalent an frischer Milch von über 6000 Millionen Liter bezw. 150 Liter Milch per Kopf der Bevölkerung gleichkommt.

In Frankreich stieg die Anzahl der Milchkühe von 1882 bis 1892 von 5,02 auf 5,40 Millionen, der Milchertrag von 1500 auf 1694 Millionen Gallons*) bezw. von 184 auf 200 Liter per Kopf. In Deutschland gab es um 1880 etwa 6 Millionen Milchkühe, die nach Scherzer etwa 9300 Millionen Liter Milch lieferten, gleich 200 Liter per Kopf. Nach der Vieh= zählung von 1892 hatte Deutschland 9,9 Millionen über zwei Jahre alte Kühe und Färsen; die Zahl der Milchkühe wird daher kaum unter 9 Millionen betragen haben. Da das Lebendgewicht der Kühe von 1883 bis 1892 von 394 auf 416 kg stieg, so dürfte der Milchertrag ebenfalls gestiegen sein und kaum unter 1800 Liter per Kuh betragen. Einige Sachverständige schätzen ihn sogar auf 2000 Liter. Bleiben wir aber bei der niedrigeren Zahl, so kommen wir für 1892 auf $1800 \times 9 = 16\,200$ Millionen Liter Milch, bezw. 320 Liter per Kopf. Da bis 1897 die Anzahl aller Rinder von 17,55 auf 18,49 Millionen zugenommen hatte, so dürfte der Milchkonsum trotz der gleichzeitigen Zunahme der Bevölkerung sicher nicht zurückgegangen, wahrscheinlich aber noch gestiegen sein. Der relative Milchkonsum dürfte also der Quantität nach keines= wegs ungünstiger stehen als in England. Während aber in England bei dem starken Butterimport die Ausnutzung der Magermilch, die ja die gesammten Eiweißstoffe enthält, für den menschlichen Konsum fortfällt, bezw. schwach ist, dürfte Deutschland auch hier weit günstiger dastehen.

In Bezug auf den Konsum von Brotgetreide steht Deutsch= land in der Mitte zwischen England und Frankreich. In Eng= land stieg der Weizenkonsum von 1876/78 bis 1894/96 von 5,5 auf 5,99 Bushels per Kopf**) (von 143 auf 156 kg). In Deutschland ist der Weizenkonsum von 51 kg im Durch= schnitt der Jahre 1879/84 auf etwa 81 kg 1896/98 gestiegen; der Roggenkonsum ist sich annähernd gleich geblieben (etwa 125 kg per Kopf). In Frankreich beträgt allerdings der Weizenkonsum etwa 190 bis 200 kg per Kopf, dazu noch

*) Journal of the Board of Agric. 1897, S. 325.
**) Ebenda, 1897, S. 294 ff.

etwa 40 kg Roggen; allein es ist zunächst in Betracht zu
ziehen, daß Frankreich im Verhältniß zu Deutschland mehr
Erwachsene und weniger Kinder hat (in Frankreich stehen etwa
28 pCt. der Bevölkerung im Alter von 0 bis 15 Jahren, in
Deutschland und England 35 bis 36 pCt.) und schon aus
diesem Grunde das Nahrungsbedürfniß um einige Prozent
höher zu rechnen. Weiter aber kommt in Betracht der um
40 bis 45 pCt. geringere Milchkonsum und aller Wahrscheinlichkeit nach auch bedeutend geringere Fleischkonsum.

Was den Konsum von Webstoffen anlangt, so ist der
Konsum von Baumwollengeweben in den letzten 25 Jahren um
etwa 60 pCt. von 2,4 auf etwa 4,1 kg per Kopf gewachsen.
Der Konsum von Wollengeweben hat von etwa 1,1 auf
1,2 bis 1,3 kg per Kopf zugenommen. Bedeutend ist auch
die Zunahme bei Seide. Was den Leinwandkonsum anlangt, so haben wir darüber mangels der Ausweise über die
einheimische Leinenproduktion keine sicheren Anhaltspunkte, es ist
jedoch sicher, daß derselbe nicht zurückgegangen ist.

Sonach ergiebt sich für Deutschland eine erfreuliche Auf-
wärtsbewegung des Einkommens und der Lebenshaltung der
Bevölkerung.

Wenn wir weiter noch in Betracht ziehen das
Verhältniß des Nationaleinkommens zur Besteuerung,
so steht darin Deutschland unzweifelhaft günstiger da
als ein jeder andere europäische Staat. An indirekten
Steuern und Zöllen bezahlt das deutsche Volk etwa 16 bis
17 Mark per Kopf einschl. der so viel angefeindeten Getreide-
zölle (selbst unter Einbeziehung der an die einheimische Landwirthschaft mehr bezahlten Getreidepreise kommen wir kaum
auf 18 bis 19 Mark), das englische dagegen etwa 25 bis 26,
das französische gar 32! Die günstigen Steuerverhältnisse des
deutschen Volkes sind freilich allen Fachmännern längst bekannt
und von einigen, wie namentlich Adolf Wagner, in ausgezeichneter
Weise populär dargestellt worden (in der „Zukunft" 1898 Nr. 17).
Natürlich soll damit in keiner Weise einem starken Anziehen
der Steuerschraube das Wort geredet werden, vorsichtige, spar-
same Finanzpolitik ist unter allen Umständen geboten. Aber
es muß doch hervorgehoben werden, daß, wenn einmal für die Größe und Zukunft des Vaterlandes
Opfer gebracht werden sollen, das deutsche Volk
finanziell dazu weit eher im Stande ist als andere
europäische Nationen.

Anhang.

Entwurf einer Novelle

zum

Gesetze, betreffend die deutsche Flotte, vom 10. April 1898
(Reichs-Gesetzbl. S. 165).

Wir Wilhelm, von Gottes Gnaden Deutscher Kaiser, König von Preußen ꝛc. verordnen im Namen des Reichs, nach erfolgter Zustimmung des Bundesraths und des Reichstags, was folgt:

I. Schiffsbestand.

§. 1.

1. Der in dem Gesetze, betreffend die deutsche Flotte, vom 10. April 1898 festgesetzte Schiffsbestand wird vermehrt um:

   a) verwendungsbereit:

      1 Flottenflaggschiff,

      2 Geschwader zu je 8 Linienschiffen,

      2 Große Kreuzer ⎫ als Aufklärungsschiffe der

      8 Kleine Kreuzer ⎭ heimischen Schlachtflotte,

      5 Große Kreuzer ⎫

      5 Kleine Kreuzer ⎭ für den Auslandsdienst;

   b) als Materialreserve:

      2 Linienschiffe,

      1 Großen Kreuzer ⎫

      2 Kleine Kreuzer ⎭ für den Auslandsdienst;

vermindert um:

2 Divisionen zu je 4 Küstenpanzerschiffen.

2. Auf diese Vermehrung kommen die 8 Küstenpanzer=
schiffe bis zu ihrem Ersatz als Linienschiffe in Anrechnung.

II. Indiensthaltungen.

§. 2.

In Folge dieser Vermehrung gelten bezüglich der Indienst=
haltungen der heimischen Schlachtflotte folgende Grundsätze:

1. Das erste und zweite Geschwader bilden die aktive
   Schlachtflotte, das dritte und vierte Geschwader die
   Reserve=Schlachtflotte.
2. Von der aktiven Schlachtflotte sollen sämmtliche, von
   der Reserve=Schlachtflotte soll die Hälfte der Linien=
   schiffe und Kreuzer dauernd im Dienste gehalten werden.
3. Zu Manövern sollen einzelne außer Dienst befindliche
   Schiffe der Reserve=Schlachtflotte vorübergehend in
   Dienst gestellt werden.

III. Bereitstellung der Mittel.

§. 3.

Die Bereitstellung der in Folge dieses Gesetzes erforder=
lichen Mittel unterliegt der jährlichen Festsetzung durch den
Reichshaushalts=Etat.

Urkundlich 2c.

Gegeben 2c.

Begründung.

I. Nothwendigkeit und Umfang der Vermehrung der Kriegsmarine.

Das Deutsche Reich bedarf des Friedens zur See. Für das heutige Deutsche Reich ist die Sicherung seiner wirth-schaftlichen Entwickelung, im Besonderen seines Welthandels, eine Lebensfrage. Zu diesem Zwecke braucht das Deutsche Reich nicht nur Frieden auf dem Lande, sondern auch Frieden zur See — nicht aber Frieden um jeden Preis, sondern einen Frieden in Ehren, der seinen berechtigten Be-dürfnissen Rechnung trägt.

Ein Seekrieg um wirthschaftliche Interessen, insbesondere um Handelsinteressen, wird voraussichtlich von längerer Dauer sein, denn das Ziel eines überlegenen Gegners wird um so voll-ständiger erreicht, je länger der Krieg dauert. Dazu kommt, daß ein Seekrieg, der nach Vernichtung oder Einschließung der deutschen See-Streitkräfte auf die Blockade der Küsten und die Wegnahme der Handelsschiffe auf den Weltmeeren beschränkt wird, dem Gegner wenig kostet, im Gegentheile die Kosten des Krieges durch den gleichzeitigen Aufschwung seines eigenen Handels reichlich deckt.

Ein unglücklicher Seekrieg von auch nur einjähriger Dauer würde Deutschlands Seehandel vernichten und dadurch zunächst auf wirthschaftlichem und, als unmittelbare Folge davon, auf sozialem Gebiete die verhängnißvollsten Zustände herbeiführen.

Ganz abgesehen von den Folgen der möglichen Friedens-bedingungen würde eine Vernichtung des Seehandels während des Krieges auch nach Beendigung desselben in absehbarer Zeit nicht wieder gut zu machen sein und dadurch zu den Opfern des Krieges einen schweren wirthschaftlichen Niedergang hin-zufügen.

15*

Flottengesetz trägt der Möglichkeit eines Seekriegs gegen große Seemächte noch nicht Rechnung. Das Flottengesetz hat der Möglichkeit eines Seekriegs gegen eine große Seemacht nicht Rechnung getragen, weil es bei Aufstellung desselben im Sommer 1897 zunächst darauf ankam, die Ausführung des Flottengründungsplans vom Jahre 1873 in zeitgemäßem Schiffsmateriale sicher zu stellen, unter Beschränkung der Vermehrung auf diejenige geringe Anzahl von Linienschiffen, welche erforderlich war, um wenigstens für ein Doppelgeschwader die durch taktische Erwägungen gebotene Organisation durchführen zu können.

Die Begründung zum Flottengesetze hat über die militärische Bedeutung der Schlachtflotte keinen Zweifel gelassen. In derselben ist ausdrücklich gesagt:

„Größeren Seemächten gegenüber hat die Schlachtflotte lediglich die Bedeutung einer Ausfallflotte."
Das heißt: die Flotte muß sich in den Hafen zurückziehen und auf eine günstige Gelegenheit zu einem Ausfalle warten. Selbst wenn sie bei einem derartigen Ausfall auch einen Erfolg davonträgt, wird sie doch ebenso wie der Gegner größere Verluste an Schiffen erleiden. Der stärkere Gegner kann die Verluste ergänzen, wir nicht. Im Kriege mit einer erheblich überlegenen Seemacht wird die im Flottengesetze vorgesehene Schlachtflotte eine Blockade erschweren, namentlich im ersten Stadium des Krieges, aber niemals verhindern können. Es wird stets nur eine Frage der Zeit sein, daß sie niedergekämpft oder nach erheblicher Schwächung im eigenen Hafen eingeschlossen ist. Sobald dies der Fall, läßt sich kein Großstaat leichter von jeglichem nennenswerthen Seeverkehre — sowohl der eigenen Schiffe als auch der Schiffe neutraler Mächte — abschließen als Deutschland. Es bedarf dazu nicht der Blockirung langer Küstenstrecken, sondern nur der Blockade der wenigen großen Seehäfen.

In gleicher Weise wie der Verkehr nach den heimischen Häfen sind die deutschen Handelsschiffe auf allen Weltmeeren der Gnade des seemächtigeren Gegners ausgeliefert. Feindliche Kreuzer auf den Haupthandelswegen, im Skagerrak, im Englischen Kanal, im Norden von Schottland, in der Straße von Gibraltar, am Eingange des Suezkanals und am Kap der guten Hoffnung machen deutschen Schiffsverkehr nahezu unmöglich.

Auch hierüber spricht sich die Begründung zum Flottengesetz unzweideutig aus. In derselben ist ausgeführt:

„Schutz des Seehandels auf allen Meeren fällt vor=
wiegend in die Friedenszeit. Im Kriegsfalle
wird es die Aufgabe der Auslandskreuzer sein, den
eigenen Handelsschiffen den »möglichsten« Schutz zu
gewähren.“

Das heißt, die Schiffe werden ihr „Möglichstes“ thun. Was in dieser Beziehung möglich ist, erhellt, wenn man sich ver= gegenwärtigt, daß das Flottengesetz im Ganzen 42 Kreuzer vorsieht, während beispielsweise die größte Seemacht heute bereits 206 Kreuzer (fertige und im Bau) besitzt und außerdem an allen Haupthandelsstraßen über Stützpunkte und Kohlen= stationen verfügt.

Zum Schutze des Seehandels und der Kolonien giebt es nur ein Mittel: eine starke Schlachtflotte. Um unter den bestehenden Verhältnissen Deutschlands Seehandel und Kolonien zu schützen, giebt es nur ein Mittel: Deutschland muß eine so starke Schlachtflotte besitzen, daß ein Krieg auch für den seemächtigsten Gegner mit derartigen Gefahren ver= bunden ist, daß seine eigene Machtstellung in Frage gestellt wird.

Zu diesem Zweck ist es nicht unbedingt erforderlich, daß die deutsche Schlachtflotte ebenso stark ist als die der größten Seemacht, denn eine große Seemacht wird im Allgemeinen nicht in der Lage sein, ihre sämmtlichen Streitkräfte gegen uns zu konzentrieren. Selbst wenn es ihr aber auch gelingt, uns mit größerer Uebermacht entgegenzutreten, würde die Niederkämpfung einer starken deutschen Flotte den Gegner doch so erheblich schwächen, daß dann trotz des etwa errungenen Sieges die eigene Machtstellung zunächst nicht mehr durch eine ausreichende Flotte gesichert wäre.

Um das gesteckte Ziel: Schutz unseres Seehandels und unserer Kolonien durch Sicherung eines Friedens in Ehren, zu erreichen, sind für Deutschland nach Maßgabe der Stärkeverhältnisse der großen Seemächte und unter Berück= sichtigung unserer taktischen Formationen 2 Doppelgeschwader vollwerthiger Linienschiffe mit dem nothwendigen Zubehör an Kreuzern, Torpedobooten u. s. w. erforderlich. Da das Flotten= gesetz nur 2 Geschwader vorsieht, ist noch der Bau eines dritten und vierten Geschwaders in Aussicht zu nehmen. Von diesen 4 Geschwadern bilden je 2 eine Flotte. Die zweite Flotte soll in ihrer taktischen Zusammensetzung in gleicher Weise organisirt werden wie die im Flottengesetz vorgesehene erste Flotte.

Für den Umfang der Friedensindiensthaltungen ist folgende Erwägung maßgebend: Da der Schiffsbestand der deutschen Marine auch nach Durchführung der geplanten Vermehrung noch mehr oder minder gegen den Schiffsbestand einzelner anderer Großmächte zurückstehen wird, muß ein Ausgleich in der Ausbildung des Personals und in der taktischen Schulung im größeren Verbande gesucht werden.

Eine zuverlässige Ausbildung der einzelnen Schiffsbesatzungen sowie eine ausreichende taktische Schulung im größeren Verbande kann nur durch dauernde Friedensindiensthaltungen gewährleistet werden. An Friedensindiensthaltungen sparen, heißt die Leistungsfähigkeit der Flotte im Kriegsfalle in Frage stellen.

Das Mindestmaß der Friedensindiensthaltungen ist die dauernde Formirung derjenigen Flotte, welche die neuesten und besten Schiffe umfaßt, als aktiver Verband, d. h. ein Verband, in dem sich sämmtliche Linienschiffe und Kreuzer im Dienste befinden. Diese Flotte bildet die Schule für die taktische Ausbildung im Doppelgeschwader und hält im Kriegsfalle den ersten Anprall aus. Für die zweite Flotte, welche die älteren Linienschiffe umfassen wird, muß es genügen, wenn sich dauernd nur die Hälfte der Schiffe im Dienste befindet. Zur Schulung im größeren Verbande müssen dann allerdings zu Manövern vorübergehend einzelne weitere Schiffe in Dienst gestellt werden. Im Kriegsfalle wird diese zweite Flotte — die Reserve-Schlachtflotte — geschützt durch die aktive Schlachtflotte, die geringere Ausbildung der einzelnen Schiffsbesatzungen und die fehlende Schulung im größeren Verbande nach der Mobilmachung nachholen müssen.

Eine Uebersicht der Organisation der aktiven und Reserve-Schlachtflotte — nach ihrer taktischen Zusammensetzung und nach ihren Friedensindiensthaltungen.

Bei 4 Liniengeschwadern ist Küstengeschwader minder wichtig. Wenn Deutschland 4 Geschwader vollwerthiger Linienschiffe besitzt, ist ein aus kleinen Panzerschiffen bestehendes Küstengeschwader minder wichtig.

Vermehrung der Auslandsschiffe. Außer der Vermehrung der heimischen Schlachtflotte ist auch eine Vermehrung der Auslandsschiffe erforderlich. In Folge der Besitzergreifung von Kiautschou und der starken Steigerung unserer überseeischen Interessen in den letzten beiden Jahren ist es schon jetzt erforderlich geworden, auf Kosten der Aufklärungsschiffe der Schlachtflotte 2 große Schiffe mehr ins Ausland zu senden, als planmäßig im Flottengesetze vorgesehen waren. Zu einer wirkungsvollen Vertretung unserer Interessen hätten sogar noch mehr Schiffe hinausgesandt werden müssen, wenn solche nur verfügbar gewesen wären. Um zu beurtheilen, von welcher Bedeutung eine Vermehrung der Auslandsschiffe ist, muß man sich vergegenwärtigen, daß sie die Repräsentanten deutscher Wehrkraft im Auslande sind, und daß ihnen vielfach die Aufgabe zufällt, Früchte einzusammeln, welche die durch die heimische Schlachtflotte geschaffene Seegeltung des Reiches hat reifen lassen.

Außerdem beugt eine ausreichende Vertretung an Ort und Stelle, gestützt auf eine starke heimische Schlachtflotte, in vielen Fällen Differenzen vor und trägt so auch ihrerseits zur Aufrechterhaltung des Friedens unter voller Wahrung deutscher Ehre und deutscher Interessen bei.

Ein zahlenmäßiger Nachweis des Mehrbedarfs läßt sich für einen längeren Zeitraum — in gleicher Weise wie bei der auf einer organisatorischen Grundlage beruhenden Schlachtflotte — nicht geben.

Wenn die Forderung gestellt wird, daß die Auslandsflotte im Stande sein soll,

1. deutsche Interessen im Frieden überall kraftvoll zu vertreten,
2. kriegerischen Konflikten mit überseeischen Staaten ohne nennenswerthe Marine gewachsen zu sein,

so erscheint mindestens eine Vermehrung um 5 Große und 5 Kleine Kreuzer, sowie um 1 Großen und 2 Kleine Kreuzer als Materialreserve geboten. Das Flottengesetz sieht als verwendungsbereit 3 Große und 10 Kleine Kreuzer und als Materialreserve 3 Große und 4 Kleine Kreuzer vor.

Eine Vertheilung der Auslandsflotte auf die auswärtigen Stationen kann nicht gegeben werden, da diese Vertheilung von den politischen Verhältnissen abhängt und hierüber nur von Fall zu Fall entschieden werden kann.

II. Durchführung der Vermehrung. Kosten. Beschaffung der Mittel.

Erforderliche Seemacht ist baldmöglichst zu beschaffen. Wird die Nothwendigkeit einer so starken Flotte für Deutschland anerkannt, so wird nicht bestritten werden können, daß Ehre und Wohlfahrt des Vaterlandes gebieterisch fordern, die heimische Seemacht so bald als möglich auf die erforderliche Stärke zu bringen.

Bis zum Ablaufe des Sexennats kann daher mit der Vermehrung nicht gewartet werden. Mit dem Etat für 1900 ist die im Flottengesetze vorgesehene Vermehrung der Marine mit Ausnahme eines kleinen Kreuzers durchgeführt. Die Vermehrungsbauten werden nach Bewilligung des Etats im Sommer dieses Jahres auf Stapel stehen. Für die weiteren Jahre kommen nur noch Ersatzbauten in Frage. Für die nächsten 3 Jahre war im Bauplane des Flottengesetzes die Stapellegung von 5 großen und 7 kleinen Ersatzbauten vorgesehen. Bei den kleinen Schiffen handelt es sich um vollständig veraltete und gänzlich kriegsunbrauchbare Schiffe. Nimmt man deren Ersatz als besonders dringlich in erster Linie in Aussicht, so bleiben für die Inbaugabe großer Schiffe fast keine Mittel übrig, da die im Bauplane hierfür vorgesehene Summe — 35 Millionen Mark — durch Preissteigerungen der übrigen Schiffe und eine erforderlich gewordene Vermehrung der Munitionsvorräthe nahezu aufgebraucht wird. Wollte man sich daher innerhalb der im Flottengesetz ausgeworfenen Mittel halten, so würden von 1901 bis 1903 große Schiffe nicht auf Stapel gesetzt werden können.

In Folge der Dringlichkeit der Verstärkung der Marine einerseits und der Beschränkung im Bau großer Schiffe durch die Limitirung des Flottengesetzes andererseits war es geboten, die Forderung einer Vermehrung des Schiffsbestandes nicht bis zum Ablaufe des Sexennats aufzuschieben, sondern schon jetzt zu stellen.

Darstellung des Bauplans. Die Vermehrungsbauten haben sich zweckmäßig in die Lücken, welche die in den nächsten Jahren fällig werdenden Ersatzbauten lassen, einzugliedern, und zwar kommen wegen ihrer erheblichen Kosten vor Allem die Ersatzbauten für große Schiffe in Frage.

Wenn man die im Flottengesetze vorgesehene Limitirung der Geldmittel außer Acht läßt und nur das Alter der Schiffe in Betracht zieht, so werden ersatzfällig

1. im Jahre 1901:

> 7 große Schiffe (4 Sachsenklasse, König Wilhelm, Kaiser, Deutschland),

2. in den 12 Jahren 1902 bis 1913:

> 3 große Schiffe (Oldenburg, Kaiserin Augusta, Siegfried),

3. in den 4 Jahren 1914 bis 1917:

> 17 große Schiffe (7 Siegfriedklasse, 4 Brandenburg= klasse, 5 Herthaklasse, Fürst Bismarck).

Unter Berücksichtigung der Ersatzbauten wäre daher die erforderliche Vermehrung der Marine in den Jahren 1902 bis 1913 durchzuführen. Aber auch dann bleibt die jährliche Bauthätigkeit noch eine so ungleichmäßige, daß es richtig er= scheint, den Gesammtbedarf von 46 großen Schiffen gleich= mäßig über 16 Jahre zu vertheilen und als Regel jährlich 3 große Schiffe auf Stapel zu legen. Daß ein solches Bau= tempo innegehalten werden kann, ist nach den Erfahrungen der letzten Jahre, in denen gleichfalls 3 große Schiffe auf Stapel gelegt worden sind, nicht zu bezweifeln.

Bezüglich der Kleinen Kreuzer würde man zweckmäßig ein ähnliches Bautempo wählen. Zu ersetzen sind innerhalb der nächsten 16 Jahre 29 Schiffe, die Vermehrung beträgt 16 Schiffe. Bei einem auf 16 Jahre bemessenen Bauplane entfallen mithin der Regel nach auf jedes Jahr 3 Stapel= legungen.

Daneben läuft noch der Bau von Torpedobootsdivisionen, Kanonenbooten und Spezialschiffen.

Bezüglich der Lebensdauer der neuen großen Torpedo= boote fehlt es zur Zeit noch an Erfahrungen. Nimmt man dieselbe auf 16 Jahre an, so entfällt auf jedes Jahr die Stapellegung einer Torpedobootsdivision (4 Vermehrungs= divisionen für das neue Geschwader, 12 Ersatzdivisionen für die vorhandenen beiden Geschwader und das Küstenpanzerschiffs= geschwader).

Die Zahl der innerhalb der nächsten 16 Jahre erforder= lichen Vermehrungs= und Ersatzbauten an Kanonenbooten und Spezialschiffen läßt sich nicht übersehen.

Reihenfolge der Bauten. Es ist nun noch über die Reihenfolge der Bauten zu entscheiden. Um möglichst schnell zu einer größeren militärischen Leistungsfähigkeit zu gelangen, ist es in erster Reihe erforderlich, ein drittes Geschwader aus modernen Linienschiffen nebst Zubehör fertig zu stellen. Nach Vollendung desselben kann eine aktive Schlachtflotte aus 17 Linienschiffen modernster Konstruktion und eine Reserve-Schlachtflotte aus 17 — mit Ausnahme der Brandenburgklasse — minderwerthigen Panzerschiffen (4 Brandenburgklasse, 4 Sachsenklasse, 8 Siegfriedklasse und Oldenburg) formirt werden. Dadurch wird allerdings eine Zurückstellung des Ersatzes der Sachsenklasse hinter die Vermehrungsbauten zur Ergänzung der aktiven Schlachtflotte bedingt. Es ist dies ein erheblicher Nachtheil, erscheint aber angängig, da die Sachsenklasse erst in den letzten Jahren einem größeren Umbau unterzogen worden ist. Dadurch sind freilich aus 25 Jahre alten Küstenpanzerschiffen keine vollwerthigen modernen Linienschiffe geworden; immerhin aber sind die Schiffe noch seefähig und stehen auch nur wenig hinter der gleichfalls zur Reserve-Schlachtflotte gehörigen Siegfriedklasse an Brauchbarkeit zurück.

Kosten für Schiffsbauten und Armirungen. Bei diesem Bauplane wären zu Schiffsbauten einschl. Torpedobootsdivisionen (Vermehrungsbauten und Ersatzbauten) nach den Einheitspreisen des Etats 1900 im Ganzen 1306 Millionen Mark erforderlich, oder durchschnittlich jährlich 81,6 Millionen Mark. Nun wird es aber nothwendig werden, auf den Linienschiffen und Großen Kreuzern die schwere Artillerie und für alle Schiffsklassen die Munitionsausrüstung zu verstärken. Den Geldberechnungen sind daher etwas höhere Einheitspreise zu Grunde gelegt, wodurch sich ein durchschnittlicher Jahresbedarf von 87,6 Millionen Mark ergiebt. Es entstehen aber noch weitere Kosten:

1. durch den Bau von Kanonenbooten und Spezialschiffen,
2. durch nothwendig werdende Umbauten älterer Schiffe, soweit deren Kosten aus den Etatsmitteln zu fortdauernden Ausgaben nicht bestritten werden können,
3. durch Preissteigerungen in Folge technischer Verbesserungen,
4. durch Erhöhung der Materialpreise und Arbeitslöhne.

Der voraussichtliche Geldbedarf für diese Anforderungen läßt sich nicht angeben. In der Geldberechnung ist zu der vorstehenden durchschnittlichen Jahresquote von 87,₆ Millionen Mark ein Zuschlag von 12,₄ Millionen Mark gemacht worden. Alsdann ergiebt sich als voraussichtlicher Durchschnittsbedarf für Schiffsbauten und Armirungen die Summe von jährlich 100 Millionen Mark.

Vermehrung des Militärpersonals. Die Vermehrung des Schiffsbestandes macht bis zum Jahre 1920 (Kriegs= bereitschaft der im Jahre 1916 in Bau gegebenen Schiffe) eine Vermehrung des militärischen Personals um 35 551 Köpfe erforderlich, und zwar:

	Im Ganzen.	Jährlicher Durchschnitt.
Seeoffiziere	1 212	60
Marine=Ingenieure	283	14
Aerzte	188	9
Zahlmeister	122	6
Mannschaften	33 746	1 687
Summe . . .	35 551	1 776

Es ist in Aussicht genommen, während der ersten 10 Jahre (Bereitstellung des 3. Geschwaders und Vermehrung der Auslandsschiffe) eine höhere Personalvermehrung als die durchschnittliche und in den letzten 10 Jahren (Ersatz der minderwerthigen Panzerschiffe des 4. Geschwaders durch voll= werthige Linienschiffe) eine entsprechend niedrigere Vermehrung zu fordern.

Die Beschaffung des für eine solche Vermehrung erforder= lichen Berufspersonals bedingt die jährliche Einstellung von etwa 200 Seekadetten und 1000 Schiffsjungen.

Daß sich Einstellungen in dieser Höhe durchführen lassen, wenn die Erweiterung der Marine gesetzlich sichergestellt wird, erscheint nach den Erfahrungen der letzten Jahre nicht zweifelhaft.

Sonstige einmalige Ausgaben. Die „Sonstigen ein= maligen Ausgaben" welche durch die Flottenvermehrung er= forderlich werden, lassen sich nicht veranschlagen. Um aus den vielen Möglichkeiten, die vorhandenen Bedürfnisse zu decken, im Einzelfalle das Richtige wählen zu können, bedarf es sehr oft der Durcharbeitung von Konkurrenzprojekten und infolgedessen zeitraubender und kostspieliger Vorarbeiten. Es können daher nur allgemeine Anhaltspunkte gegeben werden.

Erweiterung der Werft= und Hafenanlagen. Von hauptsächlicher Bedeutung für die Kostenfrage ist die Erweiterung der Werftbassins und Hafenanlagen, um Liege= und Ausrüstungsplätze für den vermehrten Schiffsbestand zu schaffen. Dies Bedürfniß liegt vor Allem in Wilhelmshaven und Danzig vor; in Kiel weniger, da der geräumige und geschützte Kieler Hafen für die nicht in Reparatur oder in der Ausrüstung befindlichen Schiffe zu Liegeplätzen herangezogen werden kann. In Wilhelmshaven und Danzig stößt eine Erweiterung der Werftanlagen voraussichtlich auf keine erheblichen Schwierigkeiten.

Das Dockbedürfniß ist in Kiel und Wilhelmshaven durch die im Baue befindlichen beziehungsweise für 1900 geforderten Docks vorläufig gedeckt, so daß nur noch in Danzig die Dockgelegenheit zu vermehren ist.

Eine Erweiterung der Werkstätten wird nur durch den vermehrten Bedarf für Instandhaltung der Schiffe bedingt, da eine Steigerung der Neubauthätigkeit der Werften nicht erforderlich ist.

Außerdem kommen für die Werften noch in Betracht:

a) Vermehrung der Betriebsmittel: Schleppdampfer, Prähme, Krähne u. s. w.

b) Vermehrung der Ausrüstungsmaterialien für Schiffe: Kohlen, Schmiermaterial u. s. w.

c) Vermehrung der Magazine.

Küstenbefestigungen. Größere Aufwendungen für Küstenbefestigungen sind um so weniger bringlich, je mehr die Schlachtflotte verstärkt wird. Immerhin müssen die vorhandenen Küstenbefestigungen leistungsfähig erhalten werden.

Auch wird sich infolge Erweiterung der Hafenanlagen, möglicher Veränderungen im Fahrwasser u. s. w. der Bau vereinzelter neuer Batterien innerhalb eines längeren Zeitraums nicht vermeiden lassen.

Garnisoneinrichtungen, Artillerie=, Torpedo= und Minenbauten. Die Ausgaben für Erweiterung der Garnisoneinrichtungen (Kasernen, Lazarethe u. s. w.) sowie der Depots

für Artillerie=, Torpedo= und Minenmaterial werden in An=
betracht des langen Zeitraums, über den sie sich vertheilen,
und im Vergleiche zu den Kosten für Schiffsbauten erhebliche
Summen nicht erfordern.

Berechnung der Sonstigen einmaligen Ausgaben. Um
für die Berechnung der Sonstigen einmaligen Ausgaben einen
brauchbaren Anhalt zu gewinnen, erscheint es zweckmäßig, auf
die Erfahrungen der Vergangenheit zurückzugehen.

In der größeren Entwickelungsperiode der Marine von
1873 bis 1882 sind hierfür durchschnittlich 9 Millionen Mark
jährlich aufgewendet worden. Dieselbe Durchschnittssumme war
für die ersten 6 Jahre des Flottengesetzes in Aussicht genommen.

In der kommenden Periode werden sich die Ausgaben über
die einzelnen Jahre nicht gleichmäßig vertheilen, sondern im
Anfange den Durchschnittssatz übersteigen, weil in diese Zeit
die großen Ausgaben für Erweiterung der Werften fallen.

Legt man eine Durchschnittssumme von 15 Millionen Mark
— also 6 Millionen Mark mehr als das Maximum früherer
längerer Zeitperioden — zu Grunde und bringt für die ersten
10 Jahre 18 Millionen Mark, für die nächsten 10 Jahre ein
allmähliches Herabgehen auf 9 Millionen Mark — den bis=
herigen höchsten Betrag — in Ansatz, so dürfte hiermit eine
ausreichende Summe in die allgemeine Geldbedarfsberechnung
eingestellt sein.

Steigerung der fortdauernden Ausgaben. Für die Ver=
anschlagung der Steigerung der fortdauernden Ausgaben bietet
erfahrungsmäßig den besten Anhalt die Höhe, auf welche die
Ausgaben für Militärpersonal und Indiensthaltungen voraus=
sichtlich anwachsen werden.

Eine Berechnung auf dieser Grundlage ist in der Anlage IV
gegeben. Dieselbe führt zu einer durchschnittlichen Jahres=
steigerung von 5,4 Millionen Mark. Der Umstand jedoch, daß
die Personalvermehrung und die Indiensthaltungen mit der
Vermehrung des Schiffsbestandes nach Möglichkeit Schritt
halten müssen, läßt es richtig erscheinen, für die Steigerung
der fortdauernden Ausgaben in der ersten Hälfte der zwanzig=
jährigen Periode 6 Millionen Mark, in der zweiten Hälfte
4,8 Millionen Mark in Rechnung zu stellen.

Steigerung der Gesammtausgaben für Marinezwecke.
Der Geldbedarfsberechnung liegen folgende Voraussetzungen
zu Grunde:

1. Jährliche Schiffbau- und Armirungsquote 100 Millionen Mark, (Gesammtbedarf für 16 Jahre 1600 Millionen Mark, davon zu decken aus jährlichen Anleihen 603 Millionen, aus ordentlichen Einnahmen 997 Mill. Mark.

Die Heranziehung von Anleihemitteln zur Beschaffung der Vermehrungsbauten entspricht den bisherigen Grundsätzen. Die Anleihebeträge der einzelnen Jahre sind derart bemessen, daß sie allmählich gleichmäßig abnehmen und im Jahre 1920 nach Fertigstellung der letzten Schiffe Null sind, so daß die normale Erneuerungsquote alsdann auf ordentliche Einnahmen entfällt.

2. Durchschnittliche Quote für Sonstige einmalige Ausgaben 15 Millionen Mark, und zwar: in den ersten 10 Jahren 18 Millionen Mark, in den nächsten 10 Jahren allmählich abnehmend auf 9 Millionen Mark, insgesammt für 16 Jahre 261 Millionen Mark. Von dieser Summe sollen entsprechend den bisherigen Grundsätzen 166 Millionen Mark aus Anleihen, 95 Millionen Mark aus ordentlichen Einnahmen gedeckt werden. Auch hier ist die Vertheilung der Anleihe auf die einzelnen Jahre derart erfolgt, daß die Anleihebeträge allmählich abnehmen, dagegen die aus ordentlichen Einnahmen aufzuwendenden Summen entsprechend wachsen. Im Jahre 1920 beträgt der Anleihebetrag Null, die Höhe der zur Deckung aus ordentlichen Einnahmen in Ansatz gebrachten Summe 9 Millionen Mark, das ist diejenige Quote, welche zur Erhaltung des Bestehenden als erforderlich angenommen wird.

3. Durchschnittliche jährliche Steigerung der fortdauernden Ausgaben 5,4 Millionen Mark, und zwar:
   in den ersten 10 Jahren . 6 Millionen Mark,
   = = letzten 10 = . 4,8 = = .

4. Anwachsen des Pensionsfonds auf das Dreifache der jetzigen Höhe.

5. Die Schuldzinsen sind für die bisherigen und bis 1920 aufzunehmenden weiteren Marineanleihen berücksichtigt.

Wie aus der Geldbedarfsberechnung ersichtlich, ergeben sich als Gesammtkosten für 16 Jahre

1. Anleihen im Betrage von 769 Millionen Mark,
2. eine durchschnittliche jährliche Steigerung der aus ordentlichen Einnahmen zu deckenden Marineausgaben (einschließlich Pensionen und Schuldzinsen) von 11 Millionen Mark.

Die jährlichen Gesammtaufwendungen für die Marine (einschließlich Pensionen und Schuldzinsen) würden von 169 Millionen Mark im Jahre 1900 auf 323 Millionen Mark im Jahre 1916 steigen oder durchschnittlich um 9,6 Millionen Mark jährlich.[1])

Diese Geldbedarfsberechnung soll und kann nur einen Ueberblick über die Gesammtkosten geben. Die in die Jahres-Etats einzustellenden Ausgaben sowie die Vertheilung derselben auf Anleihe und ordentliche Einnahmen soll der jährlichen Festsetzung durch die gesetzgebenden Faktoren überlassen bleiben. Legt man dabei die Methode der Geldbedarfsberechnung zu Grunde, so würde in den einzelnen Jahren der in der Tabelle errechnete Betrag auf ordentliche Einnahmen anzuweisen sein, der jeweilige Rest auf Anleihe.

Aufbringung der Mittel. Die bisherige Entwickelung der Reichsfinanzen läßt erwarten, daß sich eine jährliche Steigerung der Beanspruchung der ordentlichen Einnahmen für Marinezwecke in der vorstehend berechneten Höhe ohne neue Steuern decken lassen wird.

Sollte sich dies vorübergehend in dem erforderlichen Umfange nicht ermöglichen lassen, so erübrigt nur, wenn neue Einnahmequellen nicht erschlossen werden, in solchen Jahren den Anleihebetrag zu erhöhen.

---

[1]) Daß die Durchschnittssteigerung des Gesammtaufwandes — 9,6 Millionen Mark — geringer ist als die Durchschnittssteigerung des auf die ordentlichen Einnahmen des Reiches entfallenden Theiles der Marineausgaben — 11,1 Millionen Mark — beruht auf der jährlichen Verminderung der in der ersteren Summe enthaltenen, auf die Anleihe verwiesenen Beträge.

III. Gesetzliche Festlegung der Vermehrung.

Nothwendigkeit der gesetzlichen Festlegung von Stärke und Organisation der Marine ist bereits anerkannt. Durch die Annahme des Flottengesetzes ist die Nothwendigkeit an= erkannt worden, die Stärke der Marine und ihre Organisation auf eine gesetzliche Grundlage zu stellen. Hieraus folgt an sich schon, daß eine Vermehrung der Marine ebenfalls gesetzlicher Anordnung bedarf. Wenngleich bei dieser Sachlage eine weitere Begründung der Nothwendigkeit gesetzlicher Festlegung nicht erforderlich ist, so sollen im Nachstehenden doch die Gründe nochmals dargelegt werden, aus welchen die verbündeten Regie= rungen die Gesetzesform für unerläßlich halten.

Nur wenn die ganze Vermehrung durchgeführt wird, wird der Zweck derselben erreicht. Die verbündeten Regie= rungen sind der Ansicht, daß eine Vermehrung der Marine nur dann den beabsichtigten Zweck: Sicherung des Friedens auch gegen den seemächtigsten Gegner, erfüllen kann, wenn sie in dem Umfange durchgeführt wird, in welchem sie in Aussicht genommen ist. Bruchtheile eines Geschwaders bilden keine Formation und haben militärisch nur die Bedeutung einer verstärkten Materialreserve. Ebensowenig genügt die Beschränkung auf 3 Geschwader, weil dadurch der Zweck der Vermehrung nicht erreicht wird.

Vor Beginn der Ausführung muß daher der Gesammt= plan angenommen werden. Es ist daher nothwendig, daß die gesetzgebenden Faktoren, bevor in die Ausführung des Planes eingetreten wird, sich darüber einigen, ob der Gesammtplan für richtig gehalten wird und ausgeführt werden soll. Ueber diese Frage muß eine Entscheidung herbeigeführt werden, und zwar eine solche von dauernder Gültigkeit. Dies ist nur durch ein Gesetz zu erreichen.

Weitere Gründe für die gesetzliche Festlegung. Abgesehen von dieser Erwägung ist die gesetzliche Festlegung der Ver= mehrung auch noch aus folgenden Gründen erforderlich:

1. **Unsicherheit, ob der Gesammtplan durchgeführt werden soll, erschwert die Ausführung.**
   1. Nur die gesetzliche Festlegung der Vermehrung kenn= zeichnet den festen Willen, die Flotte zu schaffen. Ohne daß dieser feste Wille zum zweifellosen Aus= drucke gelangt, erwachsen der Durchführung des großen

Planes sowohl auf personellem als auch auf materiellem
Gebiet erhebliche Schwierigkeiten.

Nur wenn für die Durchführung des Planes
eine sichere Garantie gegeben ist, ist dauernd auf die
Betheiligung einer größeren Anzahl leistungsfähiger
Betriebe am Baue der Flotte zu rechnen, da nur dann
das erforderliche Kapital in kostspieligen Anlagen zum
Baue von Kriegsschiffen angelegt wird. Nur dadurch
aber, daß die Marine nicht auf ganz wenige große
Unternehmungen beschränkt ist, wird eine gesunde Konkurrenz ermöglicht. Nur wenn eine weitere Entwickelung der Marine gesetzlich sichergestellt wird, ist der
Andrang von Seekadetten, Schiffsjungen und Freiwilligen, d. h. von solchen Personen, die den Marine-
dienst als Lebensberuf wählen, ein ausreichender.

Nur bei gesetzlicher Festlegung des Zieles ist der
innere Ausbau der Marine sowie im Besonderen die
Erweiterung der Werft- und Hafenanlagen von vornherein dem späteren Bedürfnisse richtig anzupassen.

2. Bedeutung der gesetzlichen Festlegung für das Ansehen des deutschen Namens im Auslande.

2. Der durch gesetzliche Festlegung der Vermehrung ge-
kennzeichnete einmüthige Beschluß von Bundes-
rath und Reichstag, die Kriegsmarine zu verdoppeln, ist für das Ansehen des deutschen Namens
im Auslande und damit für die gesammte politische und
wirthschaftliche Entwickelung des Deutschen Reiches
von größter Bedeutung.

Einwendungen gegen eine gesetzliche Festlegung. Gegen
eine gesetzliche Festlegung der Vermehrung ist eingewendet worden,
die zur Durchführung eines so großen Planes erforderliche Zeit
sei eine so lange, daß man nicht zu übersehen vermöge, ob sich
innerhalb dieser Zeit nicht die technischen, politischen und finanziellen
Vorbedingungen für eine solche gesetzliche Festlegung von Grund
aus ändern könnten.

Die verbündeten Regierungen halten derartige radikale
Aenderungen nicht für wahrscheinlich. Sollten sie wider Erwarten doch eintreten, so sind die beiden gesetzgebenden Faktoren jederzeit in der Lage, das Flottengesetz mit der in

Ausſicht genommenen Novelle zu ändern. Aehnliche Verhältniſſe
liegen bei allen Geſetzen vor.

Daß ſich die verbündeten Regierungen jemals gegen eine
Aenderung des Flottengeſetzes, welche infolge Aenderung der
techniſchen und militäriſchen Bedingungen der Kriegführung
nothwendig wird, verſchließen ſollten, wird Niemand glauben
können.

Man wendet ferner ein, gerade das Flottengeſetz hätte
den Beweis geliefert, daß ſich die Sollſtärke einer Marine,
d. h. das Ziel der Entwickelung, zu einer geſetzlichen Feſt=
legung nicht eigne, man dürfe daher denſelben Fehler nicht noch
einmal begehen.

Dieſer Einwand iſt nur durch eine nicht zutreffende Auf=
faſſung des Flottengeſetzes erklärlich. Letzteres beſteht aus
zwei Theilen, einem Theile von dauernder Gültigkeit, welcher
in den früheren Reichstagsverhandlungen als „Aeternat“ be=
zeichnet wurde, und einem Theile von nur vorübergehender
Bedeutung, welcher den Namen „Sexennat“ erhielt.

Der erſte Theil iſt der weſentliche. Er regelt die
Stärke und Organiſation der Flotte (§. 1, 1), den Erſatzbau
(§. 2), die Indienſthaltungen (§. 3) und den Perſonalbeſtand
(§§. 4 und 5). An dieſem weſentlichen Theile, dem „Aeter=
nat“, ſollen durch das neue Geſetz die Stärke (§. 1, 1) und
als nothwendige Folge davon auch die Beſtimmungen über
Indienſthaltungen (§. 3) erweitert werden. Die übrigen Be=
ſtimmungen des Flottengeſetzes werden hierdurch nicht berührt.

Der zweite Theil des Flottengeſetzes, das ſogenannte
„Sexennat“, hatte lediglich den Zweck, eine Friſt für die
Erreichung des geſetzlichen Schiffsbeſtandes, nicht etwa auch
für die Durchführung von Erſatzbauten — ſiehe §. 1, 3 —
geſetzlich feſtzuſetzen, denn die Erſatzbauten laufen in ununter=
brochener Reihe weiter, auch über das Sexennat hinaus.

Bei den Reichstagsverhandlungen über das Flottengeſetz
ſtieß die geſetzliche Feſtlegung einer Beſchaffungsfriſt für den
Schiffsbeſtand aus etatsrechtlichen Bedenken bei Weitem auf die
meiſten Schwierigkeiten. Dies hatte zur Folge, daß das eigent=
liche Weſen des Flottengeſetzes in den Hintergrund trat und
die geſetzliche Feſtlegung einer Beſchaffungsfriſt für
den Sollbeſtand, d. h. derjenige Theil, der nach Bewilligung
des Etats von 1900 ſichergeſtellt und dadurch gegenſtandlos

geworden iſt, dem Geſetz in der öffentlichen Meinung ſeinen
Charakter und den Namen des Sexennats verlieh.

Forderung der verbündeten Regierungen für die Novelle.
In Folge der damaligen Schwierigkeiten und in Anerkennung
der Thatſache, daß es etwas Bedenkliches hat, für einen Plan,
zu deſſen Durchführung ein ſo langer Zeitraum erforderlich
iſt, eine Ausführungsfriſt geſetzlich feſtzulegen, haben
die verbündeten Regierungen geglaubt, hiervon Abſtand nehmen
zu ſollen, und ſich lediglich auf die geſetzliche Feſtlegung
des Zieles, d. h. der in Ausſicht genommenen Vermehrung
der Marine und der dadurch bedingten Indienſthaltungen, be=
ſchränkt. Sie werden hierbei von der Zuverſicht geleitet, daß
der Reichstag, wenn er das Ziel der Entwickelung angenommen
hat, ſein Möglichſtes thun wird, dieſes Ziel nach Maßgabe der
finanziellen Leiſtungsfähigkeit des Reiches ſeiner Vollendung
entgegenzuführen.

Index.

A

Aegospotamos, Seeschlacht S. 105.
Amerikanischer Sezessionskrieg, Blockadewirkungen S. 17.
Anleihen, ihre staatswissenschaftliche Rechtfertigung S. 66.
Anleihen sind für Neubauten berechtigt S. 61.
Ausfall des Seehandels, seine unberechenbaren Folgen für Deutschland S. 119.
Ausfuhr Deutschlands S. 206.
Auslandsschiffe, Die S. 162.
Auslaufefrist für neutrale Schiffe S. 3.
Auswärtige Politik verlangt die Flottenverstärkung S. 158.
Außenhandel, seine Bedeutung S. 99.

B

Belastung der Massen S. 71.
Bemannungsfrage bietet keine Schwierigkeiten S. 135.
Beschlagnahme deutscher Dampfer S. 21.
Bevölkerungszunahme S. 70.
Binnenland, Deutsches, seine Verbindung mit dem Meer S. 88.
Bismarck-Archipel, seine Bedeutung S. 50.
Bismarcks Politik S. 172.
Blockade der Südstaaten S. 113.
Blockade und Geldmarkt S. 213.
Blockadebruch durch Handelsschiffe S. 9.
Blockadegefahr S. 1.

Blockademinen S. 9.
Blockadewirkungen für Deutschland S. 18.
Blockadewirkungen während des Sezessionskrieges S. 16.
Bündnisse und politische Macht S. 170.

C

Chinesische Frage S. 166.
Costarica, deutsche Interessen S. 43.
Cuba, Der Krieg um S. 114.

D

Dänemark, blockirt deutsche Ostseehäfen S. 3.
Deckungsfrage, Die S. 58.
Demarkationslinie S. 107.
Deutsche Interessen in Mittelamerika S. 35.
Deutsche Küsten, sind leicht zu blockiren? S. 5.
Deutsche Schifffahrt in Hongkong S. 27.
Deutsche Volk, Das, ist eher im Stande, finanzielle Opfer zu bringen, als andere europäische Nationen S. 224.
Deutschland, ein Hort des Friedens und der Kultur S. 173.
Deutschland bewegt sich in den letzten Reihen der Flottenmächte S. 199.
Deutschland liegt günstig zum Meer- und Seeverkehr S. 91.

E

Effektive Blockade S. 2.
Einfuhr Deutschlands S. 206.
Einfuhr, ihre Bezahlung S. 102.
Einfuhr und Industrie S. 99.
Eisenschiffbau; anfängliche Schwierigkeiten in Deutschland S. 180.
Eisenschiffbau, Deutscher, sein Aufblühen S. 184.
England, kann es seine maritimen Rüstungen in der bisherigen Weise fortführen? S. 201.
England gegen Dänemark S. 112.
England gegen Frankreich S. 110.
England gegen Holland S. 107.
Englands Aufblühen während der Seekriege gegen Frankreich S. 111.
Englands Interesse bei einer künftigen Blockade S. 126.
Englands Uebergewicht zur See S. 199.
Englische Marine, aktives Personal S. 141.
Englische Marine hat Schwierigkeiten in der Personalvermehrung S. 146.
Englische Marine, Mannschaftsreserve S. 144.
Englische Marine, Vor- und Nachtheil des Werbesystems S. 145.

F

Feindliche Flotte, ihre Stellung bei der Blockade S. 10.
Finanzen des Deutschen Reichs und die Flottenverstärkung S. 56.
Finanzplan der Flottengesetz-Novelle S. 57.
Finanzwissenschaftliche Grundsätze S. 60.
Firmenstatistik in Hongkong S 23.
Flotte und Valuta S. 203.
Flottengesetz berücksichtigt nicht den Seekrieg gegen eine große Seemacht S. 13.
Flottenmacht schützt Volkswirthschaft und Geldwesen S. 216.
Föhrdenküste, Deutsche S. 84.

Französische Marine, Landersatz S. 150.
Französische Marine, Personal S. 148.

G

Geldwesen und Zahlungsbilanz S. 205.
Geographische Lage Deutschlands zur See S. 76.
Gewerbebetriebe und ihre Entwickelung S. 95.
Gewerblicher Aufschwung in Deutschland S. 94.
Goldvorrath und Goldabfluß S 215.
Guatemala, Deutsche Interessen S. 39.

H

Häfen, Deutsche S. 85.
Hamburg, als natürlicher Haupthafen des Kontinents S. 90.
Handelsmarine, hat gleiche Interessen wie Kriegsmarine S. 138.
Hansa, Die Lahmlegung ihres Schiffbaus durch England und Holland S. 176.
Historische Rückblicke S. 104.
Holländische Seekriege S. 108.
Holzschiffbau und Eisenschiffbau S. 178.
Honduras, Deutsche Interessen S. 42.
Hongkong, Der größte Schifffahrtsplatz der Welt S. 27.
Hongkong, Deutschlands Interessen S. 23.
Hongkong, Schätzung der Handelsthätigkeit S. 34.
Hongkong, seine Bedeutung für Industrie, Handel und Verkehr S. 25.
Hülfsindustrie des Schiffbaues S. 192.

J

Imperialismus in England S. 165.
Indirekte Steuern, sollen nach dem Flottengesetz nicht erhöht werden S. 73.

Industrie, ihre Schädigung durch die Kontinentalsperre S. 118.
Industrie-Arbeiter werden brotlos durch Blockade S. 18.
Industrie und Einfuhr S. 99.
Industrie und Rohstoffbedarf S. 127.

K

Karthago S. 106.
Kolonial-politische Ziele S. 161.
Kontinentalsperre, Die S. 116.
Kontinentalsperre, Folgen für Deutschland und Preußen S. 118.
Kontinentalsperre, ihre Folgen für den französischen Seehandel S. 117.
Kontinentalsperre, Noth der ärmeren Bevölkerung S. 121.
Kontinentalsperre, Vertheuerung der kolonialen Artikel S. 120.
Kontinentalsperre, Wirkung auf die Lebenshaltung S. 120.
Kreuzerkrieg kann Deutschland nicht führen S. 200.
Kriegsschiffbau, seine günstige Einwirkung auf den Handelsschiffbau S. 186.
Küstenbildung, Deutsche S. 78.

L

Lagunenküste, ihre Nutzbarkeit S. 81.
Landeswährung wird durch starke Machtentfaltung in Kriegsnöthen wirksam geschützt S. 204.
Landtransport bei Blockade S. 20.
Landwirthschaft, ihre Schädigung durch eine Blockade S. 19.
Landwirthschaftliche Einfuhr S. 101.
Leinenindustrie, schlesische, wurde durch die Kontinentalsperre schwer geschädigt S. 118.
Linienschiffe können nur Entscheidung bringen S. 12.

M

Machtmittel in der Weltpolitik S. 167.
Marinen, Stärkevergleich S. 156.

Marinepersonal, deutsches S. 131.
 = englisches S. 140.
 = französisches S. 146.
 = russisches S. 152.
 = amerikanisches S. 155.
Maritime Lage Deutschlands S. 77.
Maritime Lage Deutschlands ist günstig S. 94.
Maschinenpersonal für englische Marine S. 143.
Militärische Durchführung einer Blockade S. 8.
Militärischer Stützpunkt für Blockade S. 8.

N

Napoleon und die Industrie S. 123.
Navigationsakte Cromwells S. 108.
Neu-Guinea, wirthschaftlicher Werth S. 54.
Neutrale, ihr Verhalten bei der Blockade S. 6.
Nicaragua, Deutsche Interessen S. 42.
Nicaragua-Kanal und Samoa S. 50.
Nordsee, Vortheile der Schwemmlandküste S. 82.
Novelle zum Flottengesetz: Die im Flottengesetz von 1898 vorgesehene Schlachtflotte kann die Blockade nicht verhindern S. 8.
Novelle zum Flottengesetz, Wortlaut S. 225 u. ff.

O

Ostasiatische Küstenschifffahrt, Ankauf zweier englischer Linien durch den Norddeutschen Lloyd S. 31.
Ostsee, Blockadegefahr ist im gleichen Maße wie für die Nordsee vorhanden S. 7.
Ostsee, ihre Küstenbildung S. 79.

P

Pariser Seerechts-Deklaration S. 2.
Personalbedarf an Mannschaften S. 134.

Personalbedarf an Offizieren S. 133.
Personal der fremden Marinen S. 140.
Personalfrage in der deutschen Kriegsmarine S. 131.
Personalfrage, ihre günstige Entwickelung in der deutschen Marine S. 132.
Politische Macht und Geldwesen S. 203.
Politische Machtstellung und Kriegsmarine S. 158.
Ponape, wichtiger Hafen S. 49.
Preußisches Prisen - Reglement S. 3.
Produktion der Industrie kommt den breiten Massen zu gute S. 96.
Produktionsstatistik S. 96.

R

Reichseinnahmen, ihre jährliche Steigerung S. 68.
Reichseinnahmen; ihre natürliche Zunahme reicht zur Deckung der Vermehrung der ordentlichen Ausgaben des Marineetats aus S. 70.
Reichsfinanzen, ihre Gefährdung durch Schwäche zur See S. 70.
Reichsschuld, ihre Deckung bei uns und in anderen Staaten. S. 63 ff.
Reichsschuld, ihre Deckung in anderen Staaten S. 65.
Reichsschuld, ihre Verzinsung S. 62.
Reichsschuld, ihre Verzinsung kostet dem Bürger direkt keinen Pfennig S. 64.
Reorganisation der englischen Armee S. 201.
Rohstoffe für Industrie, ihre Vertheuerung durch die Kontinentalsperre S. 127.
Russische Marine, Landersatz S. 153.
Russische Marine, Personal S. 152.
Russische Marine, Schwierigkeiten der Personalausbildung S. 154.

S

Salamis S. 105.
Salvador, Deutsche Interessen S. 41.
Samoa, seine Bedeutung als Verkehrscentrum. S. 52.
Samoa und der Nicaragua-Kanal S. 50.
Schiffbau der Hansa S. 175.
Schiffbau, Deutscher, seine Leistungsfähigkeit S. 193.
Schiffbau, Deutscher, seine Schädigung durch die Kontinentalsperre S. 177.
Schiffbau, Deutscher, und seine Entwickelung S. 175.
Schlachtflotte, heimische, dient zur Erhaltung eines Friedens in Ehren S. 164.
Schnelldampfer, Deutsche S. 187.
Schulschiffe für Handels- und Kriegsmarine S. 137, 142.
Schutzzoll-Systeme S. 160.
Schwäche zur See macht Weltpolitik unmöglich S. 169.
Seekrieg, unglücklicher, vernichtet die Voraussetzungen für ein gesundes Geldwesen S. 213.
Seemännische Bevölkerung und Landersatz S. 137.
Sezessionskrieg, sein Ausgang wurde durch die Blockade entschieden S. 18.
Sezessionskrieg, seine Lehren über Blockade S. 15.
Spanisches Weltreich S. 107.
Stärkevergleich der wichtigsten Kriegsmarinen S. 196.
Stärkeverhältniß der Seestreitkräfte bei einer Blockade S. 14.
Steilküste, Deutsche S. 79.
Steuern, neue, sind für die Flottenverstärkung voraussichtlich nicht nothwendig S. 75.
Steuer-Projekte S. 73.
Südsee, Deutschland in der S. 46.
Südsee, ihre heutigen Beherrscher S. 47.
Südsee, unser dortiger Besitz als Verbindungsmittel zwischen Ostasien und Australien S. 49.

Südsee, wirthschaftlicher Werth
S. 53.
Suez-Kanal, darf nicht blockirt werden
S. 4.

T

Torpedoboote, kein Blockade-
Gegenmittel S. 12.
Torpedofahrzeuge bei der Blockade
S. 10.
Tyrus, seine Seemacht S. 104.

U

Uebergewicht Englands zur See
S. 13, 199.
Ueberseeische Kapitalanlagen ver-
bessern die Zahlungsbilanz S. 212.
Unternehmungen, deutsche, im Aus-
lande, ihr Werth S. 217.

V

Vereinigte Staaten, eine neue Welt-
macht S. 166.
Vereinigte Staaten, Schwierigkeiten
in der Personalergänzung für die
Kriegsmarine S. 156.
Vereinigte Staaten von Nord-
amerika; Marinepersonal S. 155.
Verlängerung von Schiffskörpern
S. 189.
**Verstärkung der Flotte liegt im
dringendsten Interesse der un-
bemittelten Volksschichten
S. 130.**

Völkerrechtlich anerkannte Grund-
sätze über Blockade S. 1.
Volkscharakter und Seewesen S. 76.
Volkseinkommen, Statistik für
Deutschland, England und Frank-
reich S. 218.
Volkseinkommen und Konsum
S. 216.
Volkskonsum S. 221.

W

Weberbevölkerung, schlesische,
ihre Noth datirt zum guten
Theil aus der Zeit der
Handelssperre S. 118.
Weltmachtpolitik S. 164.
Weltmarkt und Seegeltung S. 160.
Weltpolitik fordert eine
starke Flotte S. 171.
Werften, deutsche, ihre Jahres-
produktion S. 195.
—, —, ihre Vermehrung S. 188.
Werkstattschiffe für Blockade S. 9.
Wettlauf der Mächte in Marine-
rüstungen S. 168.

Z

Zahlungsbilanz und Flotte S. 209.
Ziele der Weltpolitik S. 165.
Zinsen der Reichsschuld,
werden gedeckt durch Ueber-
schüsse der Reichsbetriebe
S. 64.
Zölle und Verbrauchssteuern, ihre
Erträge S. 68.

Ueberſicht
der ſeit Herbſt 1899 erſchienenen Marinelitteratur.

———

Beaulieu-Marconnay, Frhr. v., Unter der Kriegsflagge des Reichs. Verlag von George Weſtermann, Braunſchweig. M. 1,50.

Beitrag zur Beleuchtung der Flottenfrage. Verlag der „Allgemeinen Zeitung“, München.

Beiträge zur Beleuchtung der Flottenfrage, zweite Folge (Kern der Flottenfrage) und dritte Folge (Die Seeintereſſen Süddeutſchlands). Verlag der „Allgemeinen Zeitung“, München.

Bitter noth iſt uns eine ſtarke deutſche Flotte. Verlag von E. S. Mittler & Sohn, Berlin, Kochſtr. 68—71. 20 Pf., in Partien billiger.

du Bois, Kapitän z. S. z. D., Deutſchlands Seeintereſſen und Seemacht. Verlag der Norddeutſchen Buchdruckerei und Verlagsanſtalt, Berlin SW., Wilhelmſtr. 32. 20 Pf.

Bökel, Auguſt, Marinetaſchenbuch für das Jahr 1900. Verlag von Auguſt Bökel in Kiel.

Bonamico, D., Die Lehre von der Seemacht. Verlag von E. S. Mittler & Sohn, Berlin. M. 3,—.

Brentano, Lujo, Profeſſor, Cobdens Argumente gegen Flottenvermehrungen. (Nr. 15 und 16 für 1900 der „Nation“ von Dr. Barth.) Verlag von H. S. Herrmann, Berlin SW., Beuthſtr. 8.

Die deutſche Kriegsmarine. Verlag von A. O. Paul, Leipzig. 10 Pf.

Deutſchland am Scheidewege. Verlag von A. O. Paul, Leipzig. 10 Pf.

Dix, Arthur, Die Wurzeln unſerer Kraft (Heft 4 der „Deutſchen Zeitſchrift“ von E. Wachler). Verlag von H. Walther, Berlin W. 66. M. 1,—.

—, Das Herz Europa, aus der Zeitſchrift „Das neue Jahrhundert“. Verlag von Friedrich Werth in Köln. 40 Pf.

—, Die Zukunft des deutſchen Seehandels. (Beilage zur „Allgemeinen Zeitung“ Nr. 10 vom 13. Januar 1900.) Verlag der „Allgemeinen Zeitung“, München.

—, Die Flottenfrage — marinetechniſch oder volkshiſtoriſch? (Februarheft 1900 der „Deutſchen Zeitſchrift“.) Verlag von H. Walther, Berlin W. 66. M. 1,—.

—, Deutſchlands Antheil am Welthandel. (Nr. 2 „Der Handelsſtand“ vom 15. Januar 1900.)

Dürkheim, Graf Eckbrecht v., Vaterland und Flotte. (Nr. 585, Morgen-Ausgabe der „Kreuz-Zeitung“ vom 14. Dezember 1899.) Verlag der „Kreuz-Zeitung“, Berlin W., Köthenerſtr. 2. 10 Pf.

Erdmann, Deutſchlands Seeherrſchaft im XX. Jahrhundert. Verlag von Fr. Luckhardt, Berlin und Leipzig. M. 1,50.